Dicotomías Ideológicas

Germinal Boloix

Germinal Boloix
2024

Dicotomías Ideológicas

Germinal Boloix

Germinal Boloix
2024

Portada: "Polos Opuestos"

Primera Impresión: 2024

ISBN 978-1-7771234-3-7

Germinal Boloix
email: gboloix@hotmail.com
Página web: gboloix.wordpress.com
Blog: gboloix.blogspot.com, ideolocity.blogspot.com

Dedicación

A todos los que desean un mundo mejor respetando al ser humano, su autonomía y su libertad. También a aquellos que comprenden la naturaleza y desean mantener la sostenibilidad del planeta.

Contenido

Reconocimiento

Quiero agradecer a todos los que de una forma u otra inspiraron la elaboración del libro. Las publicaciones, videos, textos y los intercambios formales e informales que promueven el intelecto permitieron completar esta obra.

Prefacio

La filosofía siempre me intrigó, es una disciplina que estudia la vida, el comportamiento y la búsqueda del conocimiento en todas sus formas. Los individuos y la sociedad salen beneficiados con las recomendaciones de esta disciplina. Hace mucho tiempo tuve la inquietud de ser filósofo pero nunca supe cómo lograrlo. Gracias a mis padres me interesé en todos esos temas, ellos no tenían una educación formal, eran autodidactas y conocían mucho sobre la vida. ¿Qué se necesita para ser filósofo? me preguntaba. Con los años adquirí bastante conocimiento pero no me sentía filósofo, no era sobre la vida lo que dominaba, era tecnológico. El tiempo pasaba, escuché la afirmación de que para ser filósofo hace falta dedicarse a un proyecto filosófico, y me dije, ya he realizado varios proyectos científicos en mi vida, pero ninguno filosófico. Para mí, los filósofos eran Socrates, Platon, Aristóteles, Spinoza, Shopenhauer, Nietzche, Russell, ellos habían dado una contribución a la humanidad con sus ideas y sus escritos. Finalmente, me di cuenta de que gracias a mis estudios universitarios y a mi trabajo sobre ideología me encaminaba hacia un proyecto filosófico. ¡Aleluya! lo había logrado, podía afirmar con convicción y sin vergüenza, soy filósofo. Hace siete años que comencé a investigar sobre el tema ideológico y considero que estoy dando una contribución a la civilización.

Las ideologías y la sociedad

Las ideologías son sistemas de ideas, aplican en todas las áreas de la vida, son como la filosofía que busca el conocimiento para beneficiar a la humanidad. La ideología aplica al individuo, se relaciona con la sociedad y estudia la interacción entre ambos. La sociedad ha venido desarrollándose como una entidad que abruma al individuo, lo lleva a convertirse en un sirviente de la voluntad comunitaria. El individuo pierde su dignidad para obedecer las reglas establecidas por la sociedad. Todos sabemos que nacemos bajo ciertas condiciones y que no nos han pedido opinión sobre nuestra satisfacción al respecto. Las tradiciones y las creencias hacen más difícil opinar sobre la sociedad en que evolucionamos, hay una tendencia a mantener el status quo.

En esta obra, el trabajo realizado sobre ideologías se refiere a darle importancia al ser humano primero que nada. Después viene la sociedad, el último eslabón de la cadena, pasando por la familia y los grupos. Los seres humanos son diversos, todos son diferentes por lo tanto hace falta comprender el potencial de diferencias de que disponemos. Un segundo nivel se relaciona con la familia, el núcleo inicial de nuestra vida. La institución que nos permite desarrollarnos en armonía y seguridad. Un tercer nivel está representado por los grupos de individuos que se reunen para intercambiar opiniones, bienes o servicios. Es una asociación formal o informal que nos permite desarrollar nuestras habilidades y ganarnos el sustento para mitigar las necesidades básicas. La sociedad sería el siguiente nivel, engloba a todos los niveles anteriores. Hay que entender que el individuo, por ser diferente, tiene inclinaciones propias. Cuando intercambia en familia, empieza a encontrar limitaciones provenientes de los que lo acompañan. A los grupos y organizaciones les pasa lo mismo, nuevas limitaciones son incorporadas. Finalmente, la sociedad impone otro nivel limitativo. Esas limitaciones deben ser aprobadas por los miembros, por lo tanto están sujetas a constante escrutinio. Es evidente que cuanto menos limitaciones haya, mayor será la integración de los individuos. Se desprende de todo esto que los gobiernos no deben ser un obstáculo al desarrollo individual sino todo lo contrario, facilitar que los individuos progresen.

Lamentablemente, la sociedad nos lleva a darle importancia solo a las actividades lucrativas y menos a las espirituales. El juicio y los consejos son buscar actividades que produzcan beneficios económicos para garantizar la subsistencia, se pierde la posibilidad de crecer intelectualmente como persona pensante. A mi alrededor encuentro una sociedad en que el trabajo lucrativo es el único aliciente para seguir viviendo. Cuando me preguntan cómo puedo salir de viaje sin la presión de regresar a cumplir con un trabajo, les contesto que no trabajo, que soy escritor; la gente piensa que los escritores no trabajan. Se quedan mirándome con desconfianza, como si fuera rico y dudando de la veracidad de mi afirmación. Otros se burlan de mi enfoque, dicen, ten cuidado, que si no acumulas capital, vas a sufrir las consecuencias cuando no puedas pagar los recibos o las deudas adquiridas. Ese enfoque negativo que nos empuja solo hacia el trabajo lucrativo no beneficia a la civilización, es mucho el conocimiento que queda por descubrir y la única manera es que los que puedan hagan el esfuerzo. Cuantas experiencias beneficiosas quedan en el olvido al no poder transmitirlas a las nuevas generaciones.

La única salvedad es que en la vida hay períodos en que podemos ofrecer una contribución a la humanidad. En general, la juventud y la vejez son esos períodos en que manifestamos nuestra disconformidad con el estatus actual de la sociedad. Los adultos están en un dilema, tienen responsabilidades y tienen que proveer, son pocos los que pueden dar una contribución filosófica en esa etapa. Los jóvenes son los rebeldes y manifiestan su descontento, estudian a los grandes filósofos y proponen cambios sociales, representan una primera fuente de transformación. Los adultos mayores han tenido inquietudes toda su vida y solo en el otoño existencial tienen esa oportunidad de contribuir y transformar.

La chispa creativa

En mi caso, me inspiré gracias al descontento con el socialismo absurdo del Siglo XXI en Venezuela. Ese socialismo ofrecía cambios transformadores pero al final solo contribuyó a repartir migajas a la población, el funcionamiento de la sociedad empeoró. Por qué un pueblo acepta con lenidad un gobierno ineficiente e injusto sin expresar contundentemente su disgusto. Pensaba que era una deficiencia intrínseca del pueblo venezolano, que aceptaba las injusticias hacia los pudientes sin darse cuenta de que tarde o temprano les repercutirá a ellos mismos. La experiencia demuestra que muchas sociedades permanecen apáticas ante el poder político. La gente quiere sobrevivir y disfrutar, considera que la política es para los profesionales, no se dan cuenta de que al no participar activamente dejan en manos inescrupulosas las decisiones del país.

No tengo la solución para corregir ese desinterés ciudadano pero considero que hay patrones familiares que hacen que la gente acepte la injusticia. La familia, en muchos países latinoamericanos, utiliza el modelo patriarcal o matriarcal para la crianza de los hijos y el trato hacia otros familiares cercanos. Estos modelos combinan modelos autoritarios y solidarios. El modelo patriarcal es totalitario, el modelo matriarcal está orientado al bienestar social de la familia. Una hipótesis es que al provenir de familias patriarcales se acepta el totalitarismo en la sociedad. Asimismo, el modelo matriarcal favorece el bienestar social ya que exagera el cuidado de los hijos y familiares, haciendo sacrificios y creando familias dependientes. Independiente del modelo, la gente participa colaborando con la familia pero al nivel de las decisiones de un país, tienen dificultad para canalizar su contribución o descontento.

Es difícil para la sociedad civil revelarse ante la injusticia, se necesita un liderazgo preclaro para evitar la inercia social. Si se le pregunta a los ciudadanos qué es lo que quieren en la vida, siempre se inclinarán por resolver sus problemas primarios antes de enfrentar la realidad política, inalcanzable para el común de los ciudadanos. Los políticos trabajan para la sociedad ya que aman el poder, la fama y los tesoros públicos. La gente no se da cuenta, el poder debe supervisarse de cerca para corregir sus desviaciones.

Mi conocimiento inicial sobre ideologías era insuficiente para proponer soluciones, conocía algunas en profundidad y otras superficialmente. Tenía que investigar sobre el tema, revisar todas las ideologías. Identificar sus atributos, determinar los principios y valores sustentados y comparar unas con otras para establecer los parecidos y las diferencias.

Son muchos los conocimientos adquiridos y las reflexiones realizadas, pasé por la política, la historia, la naturaleza humana, la sociedad, la filosofía, la ética, y los principios y valores que afectan a los seres humanos y la sociedad. Primero, reconocí que el pueblo venezolano no tenía las herramientas para encaminar una transformación social para salir de ese régimen oprobioso. Se necesitaba trabajo político organizado y no existían líderes para el cambio, los profesionales de la política habían abandonado la lucha. Segundo, los políticos tradicionales, adecos y copeyanos, dejaron al teniente coronel avanzar impunemente en un viaje sin retorno, marcado por la destrucción de la democracia tradicional y sin solucionar la situación. El finado comandante impuso una versión totalitaria que hacía ver que ayudaba a los pobres pero que al final los empeoró. Tercero, los 40 años de democracia fueron dirigidos por líderes socialdemócratas y socialcristianos, utilizando un modelo rentista de bienestar social que creó una población dependiente del gobierno de turno. Ese modelo, aunque mejor que el chavismo, no favorece la autonomía individual. La población no decide cómo llevar las riendas de su vida, recibe migajas del gobierno y se conforma. Cuarto, admiro la figura de Simón Bolívar, fue un hombre tenaz que cumplió con su deber histórico y encabezó una lucha a muerte contra los españoles. Los militares contemporáneos venezolanos, inspirados en la lucha independentista no supieron interpretar el mandato histórico que les correspondía y obedecieron las medidas injustas emanadas del difunto Chávez. Con su poder, doblegaron la voluntad del pueblo, que deseaba el progreso civil añorado, y se aliaron a la concepción militarista autoritaria que no acepta la crítica.

Evolución de la investigación

Mi proyecto filosófico son las ideologías. Aunque en esta obra la política es fundamental, aspiro a profundizar en un futuro sobre lo que llamaría la ideología humana. El estatus quo enfatiza lo social, colocando al individuo como un simple peón de la élite al mando. He llegado a un nivel en el que sobrepaso la pura visión política para concebir una ideología de la vida que integra la importancia del individuo y su entorno social. Comenzando por el individuo, el entorno familiar y grupal, y finalmente llegar a lo social. Ese es el enfoque de mi próximo trabajo, que espero sintetizar en una nueva obra, mientras tanto les presento la evolución que desemboca en el presente trabajo.

La investigación comenzó por una inquietud ciudadana relacionada a la retardataria experiencia del socialismo absurdo del siglo XXI en Venezuela. [Boloix 2017]

A continuación siguió un estudio sobre la relación de la filosofía con el socialismo, usando la visión moralista de Friedrich Nietzsche. [Boloix 2018]

Seguí con el estudio histórico del socialismo, la experiencia tenebrosa en la Unión Soviética, China, Vietnam, Korea del Norte, Alemania Nazi, Venezuela y Cuba; todos terminan en desastres y los que se estabilizan lo hacen incorporando el capitalismo o extremando el totalitarismo. [Boloix 2019a]

La importancia de la naturaleza humana apareció en el siguiente trabajo. Los humanos rechazan al socialismo. Los seres humanos tienen una configuración mental y física que los hace, ante todo, seres independientes que ceden a la necesidad de seguridad y compañía para mejorar sus condiciones de vida. [Boloix 2019b]

Una plataforma para analizar los sistemas sociopolíticos siguió a continuación. La plataforma se concentra en la dimensión socializadora que engloba los sistemas políticos y económicos, la influencia personal y social, y las esferas ideológicas y pragmáticas. [Boloix 2020]

La investigación continuó en la obra Ideolocity (1): Humanidad Consciente, referida a la importancia del ser humano en todas las decisiones que afectan la sociedad; incluye una integración de conceptos que requieren del establecimiento de un modelo universal de valores que permite documentar y estructurar ideologías. [Boloix 2021]

La obra anterior a la presente se refiere al estudio de la política, Ideolocity (2): Las Llaves de la Política. Transmite el deseo de fortalecer las bases formativas de todo político prudente para promover la honestidad de los actores políticos. [Boloix 2023]

Esta obra se concentra en las dicotomías ideológicas, permiten estudiar los temas contrastando los extremos. Esos extremos permiten analizar los conceptos ya que barren todo el espectro del tema, incluyendo el lado positivo y el lado negativo.

Motivación e inspiración

La motivación general de mi obra ha sido desarrollar un conocimiento estructurado para comparar las ideologías uniformemente. En esta obra estudio conceptos ideológicos contrastando extremos conceptuales. Se utilizan dicotomías para organizar los conceptos y poderlos expresar en rangos extremos, positivos y negativos, utopías y distopías, bondades o perjuicios. La estrategia de discusión de cada tema, utilizando extremos opuestos, se parece mucho a las nociones de utopía y distopía. Sobre utopías les presento solo una introducción con el fin de contrastarlas con el extremo distópico pero sin extenderme sobre el tema. En el fondo las utopías y distopías son dicotomías conceptuales. Ideolocity es la guía estructural, es una plataforma que identifica los conceptos principales de las ideologías; mantiene cierto grado de flexibilidad para incorporar y asociar atributos e incorporar los que sean necesarios.

Un ejemplo sencillo para entender las dicotomías se refiere a los extremos: bondad – maldad. Los seres humanos navegan entre esos extremos dependiendo de las decisiones que toman en la vida. No somos todo el tiempo bondadosos ni somos todo el tiempo malvados. Asociar una acción o situación con la bondad y la maldad depende de los criterios que se manejan, por lo tanto es necesario presentar los argumentos que sustentan los diversos puntos de vista. Esos criterios son los principios y valores que aplicamos en el momento que nos toca tomar decisiones.

Acompañar a alguien que atraviesa momentos difíciles,

ayudar a levantar a alguien que se ha caído,

ayudar en la mudanza a un amigo,

asistir a una persona enferma,

son todos gestos bondadosos, la gente responderá afirmativamente a ese tipo de bondad.

Por otro lado podemos analizar si hay atenuantes para no colaborar en esos casos;

alguien pasa momentos difíciles pero no lo ayudamos por estar apurados;

si alguien se ha caído y preferimos pasar de largo para no enredarnos en problemas ajenos;

alguien está enfermo y no le ofrecemos asistencia, creemos que la familia es la encargada de cuidarlo.

No son comportamientos directamente asociados a la maldad pero indirectamente no somos bondadosos, es una maldad o bondad a medias.

La maldad como tal debemos estudiarla con acciones o situaciones que manifiestan falta de bondad. La falta de empatía, la falta de tolerancia y la falta de decencia son también manifestaciones de maldad. Una empresa que promete condiciones laborales excelentes y luego no las cumple demuestra incomprensión, Un constructor que utiliza materiales de baja calidad en una carretera sabiendo que puede causar serios accidentes merece ser castigado ya que incumple su responsabilidad. Un candidato a las elecciones que engaña al pueblo para conseguir el voto y después no cumple con sus promesas hace perder el tiempo de vida de la gente, que dejó de recibir los beneficios ofrecidos.

Además de la falta de valores morales, la gente malvada puede tener justificación para sus acciones, a veces no las entendemos pero ellos sí. Esos malvados creen tener la razón en innumerables ocasiones, Un caso sencillo se refiere a la amabilidad con los peatones cuando conducimos un auto. Conozco múltiples situaciones en que los conductores creen que tienen la preferencia cuando se cruzan con un peatón. Para ellos, no es el peatón el que merece el paso, son ellos en su automóvil. Creen que como llevan un auto muy pesado, no deben detenerse y que es más fácil para el peatón hacerlo. Es muy desagradable querer cruzar una calle cuando la luz está verde para el peatón y el conductor te agrede con el auto quitándote el privilegio. Hay grandes ciudades en que son los autos los que tienen el privilegio, los peatones deben cuidarse y aprender a torear a los vehículos para no resultar atropellados.

En mi estudio he determinado que las ideologías políticas se enfocan solo a la importancia de la sociedad para dirigir la vida de las personas. Los criterios manejados se enfocan a la vida en sociedad y menos a la importancia del individuo. Tomemos los casos del capitalismo y el socialismo, dos visiones opuestas para la distribución de recursos en la sociedad que luchan por la hegemonía en el mundo moderno. El capitalismo es un enfoque económico muy popular que se generó gracias al comercio y que permite la libertad individual mientras que el socialismo es un invento promovido por unos intelectuales para aprovecharse del proletariado y tomar el poder. El socialismo uniformiza al individuo a un modelo caprichoso, uniforme, que no acepta la diversidad. Lo único social del socialismo es el nombre: no es para ayudar a los pobres o mejorar la justicia social, es más bien todo lo contrario, enquista una clase elitista en el poder que permanece eternamente abusando de la bondad del pueblo.

Contenido de la obra

La obra presenta dicotomías ideológicas, organizadas de acuerdo a las dimensiones de la plataforma Ideolocity. Las dimensiones de la plataforma incluyen consideraciones ideológicas, políticas, personales, sociales, filosóficas, éticas y pragmáticas. La plataforma está en constante evolución, por lo tanto, la flexibilidad es intrínseca del diseño.

Utilizando diálogos se discuten las diferentes dicotomías, el intercambio de ideas facilita la comprensión. Los personajes son personas reales, tuvieron un impacto durante la vida de Jeremy. Unos son amigos y otros conocidos, dos personajes son ficticios, inspirados de intelectuales y empresarios célebres con expertica en desarrollos tecnológicos y psicología.

Las dicotomías propuestas no deben interpretarse como las únicas que son, ni tampoco como todas las que son. Se trata de una aproximación documentada sobre el tema, siempre habrá la posibilidad de mejorarla. Lo que puedo afirmar es que las dicotomías tienen el potencial de facilitar la discusión de los temas utilizando los extremos. Facilita la discusión de los temas asociándose a los modelos ideológicos corrientes y permitiendo la comparación entre modelos.

Los Personajes

Los personajes son conocidos de Jeremy. Joseph, su compañero de bachillerato, altruista indómito, beato consumado; Bertold, con su orientación religiosa relacionada a las comunidades; Naveda, su compañero de la academia, conocedor de ideologías, que favorecía una política pragmática; Gabriel, su compañero universitario, mejor conocido como 'el abogado del diablo,' un filósofo en potencia y conocedor de utopías; Ivory, su compañero de mocedades, simpatizante del oprobioso marxismo-comunismo; Nuyma, su amiga de la niñez, y con una visión sociológica; Úrsula, su quasi hermana adoptada, intelectual progresista, con sabiduría económico-política. Los otros personajes de más reciente cuño, Eloncio Muskatel, un empresario exitoso que se autodenomina anarquista utópico; y Yordano Faderson, psicólogo del pensamiento humano y la interacción social.

Joseph vivió en una familia católica y aunque realizaba todos los ritos cristianos, no favorecía los dogmas de la iglesia. Tiene mente abierta, inclusive simpatiza con Martín Lutero, promotor del protestantismo. Otra figura que influenció su pensamiento fue Teresa de Calcuta, por su carácter benefactor.

Bertold simpatiza con lo que hoy en día se denomina pensamiento progresista y uno de sus referentes es Thomas Piketty por sus trabajos sobre la desigualdad en la distribución de la riqueza y el ingreso. Piketty ha influido en el discurso sobre desigualdad económica y sus graves consecuencias. Aunque Bertold está influenciado por Piketty, no deja de reconocer el aporte de otros economistas con ideales liberales, como Milton Friedman, que proponen el libre mercado, una intervención limitada del gobierno en la economía y la importancia de la libertad de los individuos realizando labores afines a su naturaleza.

Nuyma usa como referente a Auguste Comte y simpatiza con sus creencias; la sociología y la filosofía eran sus preferencias intelectuales. La ideología del positivismo de Comte representa un avance para la comprensión de la sociedad y se apoya en el desarrollo de las ciencias sociales; el uso de principios científicos en los aspectos humanos y de la sociedad había transformado la forma de atacar los problemas cotidianos con una visión de futuro. Nuyma está al tanto de otros grandes maestros, como por ejemplo, Michel Focault, un filósofo y teórico social que contribuyó con filosofía, sociología y teoría crítica durante el siglo XX. En su ideología, la interrelación entre el poder y el conocimiento se hace fundamental, sustenta que el poder no es simplemente una fuerza opresiva ejercida por ciertas autoridades sino que representa una red dispersa de relaciones a todos los niveles de la sociedad.

Ivory está influenciado por Marx, probablemente por un deseo de reivindicación social que atrae a los seres humanos. Karl Marx es considerado un filósofo, economista y político que criticó fuertemente al capitalismo. Su orientación ideológica fue hacia la lucha de clases, la desigualdad y la explotación. Marx introdujo el materialismo histórico, el desarrollo de la sociedad ligado a las condiciones materiales de producción. Consideraba que con la evolución de la sociedad las estructuras económicas y las relaciones de clases cambiarían de mutuo acuerdo. Eso le permitió situar al capitalismo dentro de un contexto amplio de la historia y predijo que terminaría fracasando.

Gabriel simpatiza con muchos filósofos, entre otros, Spinoza, Nietzsche y Schopenhauer. Spinoza fue un filósofo del siglo XVII que tuvo influencia en el mundo occidental, sus contribuciones envuelven temas sobre racionalismo, panteísmo, ética, dios y libertad humana; su ideología contiene principios relacionados a la metafísica, la ética y la relación del individuo con el universo. Schopenhauer fue una influencia intelectual del siglo XIX. Su filosofía es pesimista, orientada hacia la existencia humana y basada en exploraciones sobre los deseos humanos;

los humanos sufren, están insatisfechos y consideran que su vida es fútil. En la vida hay mucho dolor, no importa lo que desees, te lleva al sufrimiento en lugar de a la felicidad; el mundo es un espacio imperfecto lleno de eventos trágicos. Con respecto a Nietzsche, un filósofo alemán del siglo XIX, retó la moralidad tradicional, la religión y la filosofía occidental. Se le asocia al nihilismo, al deseo de poder y al 'superhombre.' [Nietzsche 1998]

Son muchos los economistas que han influido en el pensamiento de Úrsula, además de los clásicos, como Adam Smith y Karl Marx, se asocia a la ideología de Thomas Piketty. Adam Smith se considera el padre de la economía moderna, fue un economista y filósofo del siglo XVIII que diseñó los fundamentos de los principios capitalistas y la economía de libre mercado; propuso ideas sobre la 'mano invisible,' el rol del interés propio y dejó una contribución extensa sobre el pensamiento económico. Marx enfatiza la teoría de la lucha de clases, las sociedades se han caracterizado por divisiones y la aparición de conflictos. Vislumbró una contradicción entre la burguesía y el proletariado explotado y alienado. La lucha de clases lleva finalmente a una revolución donde el proletariado derrocará a la burguesía. Piketty ha influido en el discurso sobre desigualdad económica y sus graves consecuencias, crítica al capitalismo, recomienda que haya transparencia e intervención en las políticas públicas para atacar la desigualdad y propone soluciones.

Eloncio Muskatel es un empresario afortunado, joven, tiene mucha influencia en la opinión pública y se caracteriza por la creatividad y la ruptura con los esquemas obsoletos. La innovación es fundamental en su pensamiento, es la fuerza que dirige el progreso; las empresas tecnológicas que ha fundado le han permitido demostrar el poder de su filosofía.

Yordano Faderson es un psicólogo clínico exitoso que está muy preocupado por el bienestar de la humanidad. Se ha convertido en un intelectual con influencia mundial en aspectos que distinguen y afectan a los seres humanos. Los temas que suele abordar en sus intervenciones incluyen, nociones de identidad, la libre expresión y el desarrollo personal. Ideológicamente está orientado al individualismo, crítica lo que se denomina la política correcta (la creencia de que el lenguaje o comportamiento que ofende la sensibilidad de ciertos grupos debe ser eliminado, incluyendo regulaciones o penalidades a los transgresores) y está preocupado por la erosión de los valores del mundo occidental.

Estructura del libro

El libro está dividido en dos partes, la primera, por los capítulos uno al ocho, presenta detalles sobre los personajes y su inspiración intelectual:

Jeremy de regreso para arreglar al mundo,

Gabriel y las utopías,

Bertold y las comunidades,

Naveda y las ideologías,

Nuyma y la sociología,

Úrsula y la economía,

Eloncio Muskatel y la tecnología,

y Yordano Faderson y la psicología.

La segunda parte, capítulos nueve al dieciocho, presenta las dicotomías organizadas de acuerdo a: ideología, humanidad, principios y valores, sociedad, gobierno, economía, filosofía, ética, pragmatismo, y seguridad y defensa.

Proceso de escritura del libro

Este libro evolucionó durante su desarrollo, no fue un proceso lineal, hubo ajustes a lo largo del desarrollo. Investigando sobre las utopías encontré una orientación hacia las bondades de la vida pero por mi naturaleza inconforme descubrí que las distopías presentaban la visión opuesta y concluí que un estudio de contrastes tenía utilidad estructuradora. A partir de ese momento decidí que las dicotomías eran la herramienta a utilizar para profundizar en el conocimiento de los temas que influyen en las ideologías.

El proceso de escritura me llevó primero que nada a utilizar Ideolocity como la referencia en el estudio de principios y valores que definen las diferentes tendencias ideológicas.

Segundo, tenía ideas de discutir los principios de libertad, igualdad y fraternidad, relacionados con las ideologías políticas. Me llamaba la atención discutir esos principios en profundidad, tengo raíces asociadas a las grandes luchas sociales que se desencadenaron en Europa hace muchos años.

Tercero, me intrigaban las utopías, esas sociedades perfectas que funcionan tan bien y nadie sabe cómo. Al otro extremo estaban las distopías, el mundo opuesto a la utopía. Ese fue un momento de inspiración que desnudó el potencial de las dicotomías. La discusión de los temas no podía ser puramente retórica, el estudio de los extremos le daba un orden y profundidad a los argumentos. Hacía falta poner orden y contraste en la discusión de los temas, las dicotomías e Ideolocity permitían esa argumentación profunda.

Finalmente, introduje personajes reales y ficticios para discutir los temas utilizando las dicotomías.

Aunque no lo detallo en la presente obra, quiero dejar la semilla del trabajo por realizar. Para cada tema dicotómico se elaboran preguntas que ubican la respuesta favorable o desfavorable para cada extremo. La opinión de expertos establece los principios y valores que soportan las preferencias expresadas con las dicotomías. Finalmente, se asocian los resultados con las ideologías.

Introducción

El socialismo absurdo del siglo XXI en Venezuela ha sido una experiencia desastrosa que desemboca en propuestas intimidantes para el cambio. Esta obra es un ejemplo palpable de creatividad para transformar un país que ha retrocedido por lo menos cien años. Un ciudadano común y silvestre fue afectado por las políticas colectivistas nefastas iniciadas por un teniente coronel con una ignorancia supina de los seres humanos. Este sistema nefasto se ha mantenido en el poder por más de 20 años gracias a la permisividad de los ciudadanos y a la alianza cívico-militar desarrollada por el finado Hugo Chavez. El socialismo absurdo es un sistema sociopolítico inviable que se apoderó totalmente del poder, con la anuencia de algunos ciudadanos mentecatos, políticos descarriados, comerciantes inescrupulosos y militares aprovechadores. La sociedad quedó condenada a la voluntad de una élite opresora que manipuló a la población y secuestró el sistema legal para perpetuarse en el poder. Este sistema utilizó las instituciones democráticas existentes durante 40 años, legítimamente establecidas, para apoderarse del poder. Interpretó a su capricho la constitución y las leyes con la complicidad del tribunal supremo de justicia. Expropió tierras e industrias, acabó con la producción nacional de alimentos, perjudicó a ciudadanos honestos aplicando sectarismo, penaliza a los opositores. Terminó controlando las instituciones del país sin tomar en cuenta la opinión del pueblo. Los chavistas siguieron el manual del Manifiesto Comunista de Marx y Engels que recomienda medidas totalitarias e injustificadas, haciendo ver que ayudan a los más necesitados, pero que al fin de cuentas desmejoran aún más a los pobres. Todos los ciudadanos han sufrido los abusos del estado sin poder revelarse ante tamaña injusticia. En esa sociedad no existe separación de poderes, las instituciones están administradas por los leales al gobierno y obedecen los mandatos del ejecutivo, solo la élite absurda decide por la sociedad.

Los ciudadanos no participan en las decisiones del país y los militares se apoderan de todas las instituciones públicas, quitándole trabajo a los civiles, con la anuencia de los líderes todopoderosos. Es bien conocida la ineptitud de los militares en el área económica y social, no tienen ninguna preparación profesional para hacer progresar un país. Con todo el poder, el caudillo utilizó todos los subterfugios habidos y por haber para torcer el

22

destino de una población indefensa.

destino de una población indefensa. El líder galáctico dañó el futuro de varias generaciones de ciudadanos, son muchos los que emigran, muchos los que sufren desnutrición y enferman, y muchos los que obedecen. El gobierno se encargó en buena parte del suministro de alimentos subsidiados para demostrar su compasión por el pueblo. El país se arruinó desviando los recursos a los bolsillos de la élite política. La falta de inversión en servicios públicos sumió a la población a una vida ardua y penosa. La fuerza bruta del gobierno fue utilizada para la represión y el mal vivir de todos.

En el libro se menciona constantemente el modelo socialista y comunista para indicar que son caimanes del mismo charco, el socialismo tiene una relación acentuada con el comunismo aunque sus proponentes no lo quieran aceptar. El modelo capitalista es muy conocido, propugna el comercio y la libertad de empresa, se manifiesta claramente en los sistemas liberales y conservadores. El libro critica fuertemente al socialismo y comunismo pero sin dejar de reconocer que el capitalismo tiene sus desventajas. Sin embargo, la libertad no es uno de los atributos del socialismo y comunismo mientras que el capitalismo promueve la libertad individual. Para los que están a favor del totalitarismo, vayanse hacia el socialismo y comunismo, los demás somos libertarios, nos vamos hacia el liberalismo y conservatismo.

Capitalismo y Socialismo

Las ideologías que han dirigido la historia están afectadas por el capitalismo y el socialismo. Son dos extremos que dicen oponerse pero que en definitiva coexisten. Los piropos que cada uno de esos extremos ideológicos suele atribuirse son exagerados. Tanto los capitalistas como los socialistas demuestran una autoestima enfermiza. Los capitalistas tienen sus defectos pero han demostrado que el comercio y el dinero fueron inventos útiles que transformaron el intercambio de bienes materiales. No quisiera burlarme de las afirmaciones socialistas, pero cualquier persona que conozca de historia sabe que nunca han logrado convencer. [Brown 2009] [Niemietz 2019]

Dejo para su reflexión los piropos más comunes que suelen expresar los socialistas, y lo hacen sin pruebas fehacientes:

- Nadie se muere de hambre, todos comen una dieta sana.
- Todos tienen cobijo, nadie vive en las calles o tiene que mudarse a cada rato pues no pueden pagar la renta.
- Todos tienen servicio médico de calidad.

- Todos tienen acceso a una educación de calidad.
- Todos tienen acceso a la justicia, nadie está por encima de la ley.
- Todos tienen acceso al negocio de los recursos naturales, no hay que ser mafioso, enchufado, rico o poderoso para poder explotarlos.
- Las empresas no tienen más derechos que las personas; las empresas deben justificar cómo contribuye su esfuerzo a la sociedad.
- Todos tienen igual acceso a una vida satisfactoria, saludable y productiva; el bienestar de cada persona es importante.
- En el socialismo no se decreta que los pobres deben progresar.
- Todos tienen derecho a un salario digno.
- Los salarios no pueden ser inferiores a un determinado mínimo de subsistencia para una vida saludable y significativa.
- Todos deben trabajar y ser recompensados por ello.
- Los trabajadores que realizan trabajos esenciales deben ser recompensados de acuerdo a la importancia que tiene para la sociedad.
- La gente no gana el mismo salario, pero el rango de ganancia está limitado, aplicando impuestos a los que ganan más.
- En socialismo, la vara de medición está en función del conjunto de la sociedad para evitar que las diferencias sean pronunciadas.

Encuentro que las afirmaciones capitalistas son más sobrias que las de los socialistas, cualquier persona que conozca la historia del capitalismo sabe que sí han logrado convencer.

Dejo para su reflexión los piropos más comunes que suelen manifestar los capitalistas:

- Es un sistema económico que enfatiza la propiedad privada y la producción de bienes y servicios con el objetivo de obtener un provecho.
- Promueve el crecimiento y la innovación.
- La gente sale de la pobreza por su propio esfuerzo.
- Los estándares de vida mejoran.
- Se permite la propiedad privada de los medios de producción.
- Los individuos pueden acumular capital y prosperar invirtiendo y comerciando.

- El capitalismo permitió la aparición de empresarios, comerciantes y fabricantes que invirtieron en nuevas tecnologías y aventuras de negocios.
- En capitalismo se crearon nuevos puestos de trabajo, mayores salarios y mejora en la calidad de vida.
- Las fuerzas del mercado, la oferta y la demanda, facilitaron la colocación eficiente de recursos y la creación de nuevas industrias.
- El capitalismo está a favor de la competencia.
- Un libre mercado genuino hace que las empresas existentes continúen innovando y ofreciendo mejor valor a los consumidores para competir con los nuevos empresarios recién llegados.
- En un libre mercado, los negocios existentes no pueden contar con regulaciones o ventajas para mantener su ventaja.
- El capitalismo no se fundamenta en una ideología única ni llegó al poder por una revolución. Tampoco se originó de un proceso consciente, ascendente o descendente, para crear una sociedad basada en un sistema económico predeterminado. El capitalismo comenzó cuando se sustituyó al feudalismo de la edad media.
- La historia del capitalismo está ligada a la libertad; durante el renacimiento se le permitió a las personas comerciar libremente para emanciparse del feudalismo; fueron las ideas de libertad durante el 'enlightment' (libertad individual y búsqueda de la felicidad) que fundaron un nuevo sistema económico basado en la propiedad privada y el libre mercado.
- Posteriormente, la revolución industrial del Siglo XVIII se convirtió en un período de transformación de la historia humana, aumentando la productividad y el crecimiento económico.
- Se transformó la manufactura y el transporte con nuevas tecnologías como la máquina a vapor y los telares automatizados; la producción aumentó y los precios bajaron.
- El capitalismo permitió la aparición de la clase media, compuesta por pequeñas empresas, profesionales y trabajadores capacitados.
- La relación individuo – estado se alteró; retaron la autoridad de los mandatarios, prefirieron la democracia, incrementaron los derechos y libertades políticas.
- La industrialización y la globalización fomentaron el capitalismo en Europa y el resto del mundo.

Los críticos al capitalismo afirman que independientemente de sus resultados o éxitos, es un sistema dañino y explotador.

Dicotomías

Las dicotomías son una herramienta para profundizar en cada uno de los temas importantes. Proporcionan un rango entre extremos y permiten establecer preferencias asociadas a los sistemas sociopolíticos, éstos son los que implementan las ideologías. Permiten entender y analizar ideas complejas en un formato más digerible pero la realidad puede resultar mucho más compleja, haciendo impráctica la simplificación binaria. Se utiliza la plataforma Ideolocity como la guía estructuradora de las dicotomías. Los principios y valores definen las dicotomías, considerando la naturaleza humana, la ética, la filosofía y la pragmática.

Nietzsche identificó la dicotomía moral del amo-esclavo. La moralidad del amo refleja la nobleza y la fuerza, valorando los conceptos de bueno y malo. La moralidad del esclavo se origina en el resentimiento del débil, valorando los conceptos de bondad y maldad.

Se presentan las dicotomías como un mecanismo simple para el estudio de situaciones, conceptos, políticas e ideologías. Contrastando dos polos o extremos opuestos es posible estudiar en profundidad los temas importantes. Las dicotomías permiten entender y analizar ideas complejas en un formato. Debemos tomar en cuenta que la realidad puede resultar mucho más compleja, haciendo impráctica la simplificación binaria. Utilizar dicotomías permite estudiar cada tema y comparar sus parecidos o diferencias. Las dicotomías que podemos identificar, relacionados con las ideologías, es inmenso, por lo tanto no he sido exhaustivo sino demostrativo, y para ello las separamos por grandes tópicos: Humanidad, Ideología, Filosofía, Ética, Principios, Sociedad, Gobierno, Economía, Pragmatismo y Seguridad. La plataforma Ideolocity representa la referencia fundacional para elegir los temas.

Algunas de las dicotomías ideológicas más representativas son:

Izquierda y Derecha

Es una de las dicotomías más populares, colocando a la izquierda los liberales y progresistas, y a la derecha los conservadores; describe las preferencias por políticas económicas y sociales, según el caso. La izquierda favorece la igualdad social, la intervención del gobierno en la economía y las políticas de bienestar social. La derecha favorece la no intervención de la economía, el individualismo y los valores sociales tradicionales.

Autoritarismo y Libertarianismo

Contrasta el control gubernamental y la libertad personal. El extremo autoritario mantiene un fuerte control gubernamental, aplica la ley y mantiene el orden, y gobierna centralizadamente. El modelo libertario promueve un mínimo de intervención en los aspectos personales y económicos, enfatiza la libertad y autonomía de los individuos.

Nacionalismo y Globalismo

Explora la importancia de la nación que quiere beneficiar exclusivamente a sus ciudadanos y la visión globalista que busca la cooperación entre los pueblos para compartir beneficios. El enfoque nacionalista enfatiza la soberanía, la identidad cultural y las políticas proteccionistas de la industria y productividad locales. El modelo globalista promueve la cooperación internacional, las fronteras abiertas, y se focaliza en aspectos internacionales, incluido el clima.

Conservatismo y Progresismo

La dicotomía conservadora, progresista contrasta el mantenimiento de las tradiciones con la posibilidad de cambio y adaptación. El modelo conservador enfatiza las tradiciones, los valores sustentables y el mantenimiento del status quo, siendo resistente a los cambios sociales rápidos. El modelo progresista fomenta las reformas sociales, la inclusividad para evitar la marginalidad, y la adaptación a las normas sociales cambiantes.

Capitalismo y Socialismo

La dicotomía capitalismo, socialismo puede estudiarse de varias maneras, una de ellas considera los efectos económicos y el rol del estado como distribuidor de riqueza. El modelo capitalista promueve la propiedad privada, el libre mercado, y una mínima intervención del estado en la economía. El modelo socialista patrocina la propiedad colectiva de los recursos, la redistribución de la riqueza, y una participación activa del estado en la economía.

Halcón y Paloma (Hawk and Dove)

Esta dicotomía se refiere a la lucha por los recursos entre dos grupos con estrategias diferentes, se utiliza en teoría de juegos y en este caso define relaciones internacionales agresivas o diplomáticas; el uso de la fuerza militar o las relaciones exteriores pacíficas. El modelo agresivo (Halcón) favorece una actitud agresiva en las relaciones internacionales, incluyendo el uso de la fuerza militar. El modelo diplomático (Paloma) persigue soluciones pacíficas, evitando intervenir en conflictos internacionales.

Bondad y Maldad

Retomando el ejemplo del prefacio: bondad – maldad. Acompañar a alguien que atraviesa momentos difíciles; ayudar a levantar a alguien que se ha caído; ayudar en la mudanza a un amigo; asistir a una persona enferma. Son gestos bondadosos, la gente responderá afirmativamente a la bondad realizada.

En el otro extremo podemos analizar si hay maldad en esos casos, pero invertidos, alguien pasa por momentos difíciles pero no lo ayudamos; alguien se ha caído y preferimos pasar de largo para no enredarnos en problemas ajenos; alguien está enfermo y no le ofrecemos asistirlo.

Los seres humanos navegan entre esos extremos dependiendo de las decisiones que toman en la vida. La bondad y la maldad dependen de los criterios que se manejan, por lo tanto es necesario presentar los argumentos que sustentan los diversos puntos de vista, utilizando la identificación de los valores manejados.

Una forma de analizar esos casos es haciendo preguntas a las personas y a los expertos en el tema dicotómico. En una mayoría de casos, la bondad es patente, habrá tendencia a responder positivamente a la ayuda, ya que son gestos bondadosos.

Para el extremo contrario, una actitud menos benigna, relacionada a la maldad, aunque no sea adrede, puede tener explicación de acuerdo a las circunstancias. No ayudo a alguien porque no tengo tiempo, estoy apurado, tengo una urgencia por resolver.

Por ello las preguntas no pueden ser tan directas, hace falta colocar al entrevistado en un escenario específico y permitirle expresar que tan bondadosa o malvada le parece la actuación.

Por ejemplo, los padres que están dispuestos a ayudar a sus hijos toda la vida, en cualquier situación. La otra opción, si los hijos son adultos, es que se independicen y hagan su vida. Hay casos de hijos que se vuelven dependientes de los padres y es allí donde ocurre una incidencia que altera la posición bondad-maldad.

Si los padres no los ayudan en ese momento pueden considerarlos malvados en lugar de bondadosos. Si los padres crían a sus hijos para que siempre dependan de ellos, no los dejan independizarse, no facilitan su autonomía, son bondadosos relativamente pero causan un daño a largo plazo.

Hay dos valores opuestos: mantenerlos dependientes de los padres o criarlos para que se independicen. Las preguntas sobre bondad y maldad deben hacerse en ese contexto valorativo.

Haciendo preguntas y contestarlas utilizando una escala de uno a cinco (cinco es la mayor):

¿Son bondadosos los padres con los hijos, en ese contexto?

Si la respuesta es afirmativa y alta, digamos cinco, se está de acuerdo con hacer dependientes a los hijos. Si la respuesta es uno, no se está de acuerdo con un gesto bondadoso que hace a los hijos dependientes.

Aquí se demuestran qué valores manejamos:

Criar hijos dependientes

Criar hijos independientes

Si los queremos dependientes, esa bondad está parcializada a querer tanto a los hijos, estar siempre pendientes de ellos, ayudarlos en todo, sin que sean ellos los que decidan su propia vida.

En el caso contrario, queremos criar hijos independientes que sean capaces de afrontar los problemas de la vida tomando sus propias decisiones.

Capítulo 1: Jeremy de Regreso

Jeremy se había retirado de la vida pública y notoria por muchos años, a su manera, se parecía al Zaratustra de Nietzsche retirado en la montaña, viviendo aislado con los animales salvajes por unos diez años. Jeremy estuvo fuera de la civilización por unos seis años, diez era mucho, no hacía falta imitar a Zaratustra con tanta exactitud, ya era suficiente el conocimiento alcanzado en ese tiempo, le sobraba miel para repartirla entre los que la necesitaban. Se sentía bajando de la montaña, como Zaratustra, buscando la civilización para ofrecerle todo el conocimiento que había alcanzado en todo ese tiempo. Hacía falta que su sabiduría fuese repartida a los brazos abiertos que lo estarían esperando, aquellos que habían gastado su tiempo en la rutina diaria sobreviviendo en la ignorancia. Tenía mucha esperanza de éxito, sabía de sobra la evolución de su capacidad al progresar de lo elemental a lo complejo, de lo banal a lo fundamental, de lo temporal a lo trascendente, profundizó en el origen de los elementos que caracterizan la naturaleza humana, pero reconoció haber olvidado a sus familiares, amigos y conocidos trabajando con la computadora sobre las piernas y las manos y dedos sobre el teclado, rebuscando conocimientos para incorporarlos a su ideario transformador. Había motivos contundentes para apurar la marcha y comunicarse con los desposeídos de conocimiento, era transformar la sociedad, el deber lo llamaba, debía responder a su consciencia.

Creía haber encontrado la explicación de todos los males del mundo y las respuestas a todas las interrogantes humanas. Quería ofrecer su sabiduría, había llegado al cenit y necesitaba compartir con los demás para que mejoraran sus vidas. Eran muchos los años de ausencia del contacto humano, todo se lo había imaginado, la falta de contacto se convertía en fantasía, le faltaba ese toque de realidad para comprender por donde iban los humanos en esos momentos. Recuerda, con una mezcla de amargura y felicidad, que la motivación de su periplo ideológico fue la triste suerte de Venezuela con el socialismo absurdo del siglo XXI. Cómo, a partir de un fracaso social evidente, pudo identificar las estrategias renovadoras que harían transformar una sociedad en decadencia. Deseaba con todas sus fuerzas ofrecer alternativas para la reconstrucción de un país que sufrió mucho más que todas las desgracias de la guerra Rusia – Ucrania, el terremoto de Turquía – Siria o la guerra Israel – Gaza.

Su esfuerzo era palpable, siete libros relacionados con las ideologías que le abrieron un abanico abundante de conocimiento que contrastaba con la simplicidad absurda del populacho y de la élite política al mando. La complejidad de los conceptos requeridos para transformar la sociedad requiere de soluciones profundamente estudiadas, adentrarse en los detalles que relacionan a los seres humanos con el entorno social. Todos esos textos reflejan los avances de una investigación pormenorizada que considera al ser humano como el eje sobre el cual giran los engranajes de la sociedad y no a la inversa. Ciertas ideologías manifiestan, equivocadamente, que el individuo gira alrededor de la sociedad y se convierte en una pieza intercambiable sin importancia relativa. Los seres humanos funcionan por convicción y no por coerción, la sociedad requiere de principios que admiten la diversidad de pensamiento y que no obliguen a los ciudadanos a seguir visiones caducas y uniformes de vida que no se compaginan con los intereses específicos de distintos grupos con motivaciones divergentes.

No se daba cuenta de que nadie tenía interés en mejorar al mundo, todos se habían quedado aletargados en los problemas cotidianos, buscando respuestas sencillas a problemas complicados. No daban pie con bola, lo que creían era una solución, solo representaba otro espectáculo pasajero, que en fin de cuentas los precipitaba al precipicio profundo que tenían que remontar de nuevo para regresar al mismo punto del cual partieron. No habían avances tangibles, todo era esfuerzo desperdiciado pasando el tiempo y la población sufriendo.

Sabía que tenía que transmitir sus hallazgos pero no sabía cómo, él era uno entre millones, quién le iba a hacer caso. La gente que necesita conocimiento no quiere o no tiene el tiempo para adquirirlo; hay otros que creen tener el conocimiento pero sin hacer esfuerzo para entenderlo, solo siguen las consignas de una élite perturbada; y las élites tienen intereses foráneos a las necesidades de la sociedad y viven muy bien como para gastar tiempo aprendiendo. La tarea no era fácil pero Jeremy estaba convencido de que tenía que hacerlo, el camino le abriría los caminos a medida que avanzara.

Los Personajes

La diáspora venezolana se ha desperdigado por el mundo y no ha dejado rastros claros, ni siquiera buscando por internet se encuentra información sobre el paradero de muchos de ellos. En Venezuela quedan los inmortales, los que luchan con constancia para defender una vida libre de ataduras totalitarias. Afirman, como la mayoría de venezolanos, que el país esta destruido, que el daño es irreparable, que hace falta muchos años para recuperarla. Pero hay unos cuantos testarudos, incluidos algunos comunistas, que afirman que 'esto se arregló,' o que sabrosa la 'Venezuela Premium,' o quiero ir a los 'bodegones para comprar las mejores delicatesses.' Todo un cuento publicitario del cual se nutren las huestes ignorantes para apaciguar sus trastornos emocionales. Jeremy decidió volver al pasado, visitando a los que con tanto cariño inmortalizó en sus peninos literarios al comienzo de sus jornadas pero también decidió incorporar a otros personajes importantes del momento.

Entre los conocidos inmortalizados en sus libros quería contactar a Joseph, su compañero de bachillerato, altruista indómito, beato consumado; a Bertold, por su orientación religiosa relacionada a las comunidades; a Naveda, su compañero del Instituto, que sabía cómo manejarse entre Tirios y Troyanos, usando una política pragmática; a Gabriel, su compañero universitario, mejor conocido como 'el abogado del diablo,' un filósofo en potencia y conocedor de utopías; a Ivory, su compañero de aventuras juveniles, simpatizante del oprobioso marxismo-comunismo; a Nuyma, su amiga de la niñez, y con una visión sociológica; a Úrsula, su hermana adoptada, intelectual progresista, por su sabiduría económico-política. Incorpora a personajes importantes del momento, como por ejemplo, Eloncio Muskatel, un empresario exitoso que se autodenomina anarquista utópico; y Yordano Faderson, de origen sueco, que se ha ganado el respeto del público por sus trabajos como psicólogo del pensamiento humano y la interacción social.

Jeremy quería comparar puntos de vista después de seis años de investigaciones. La búsqueda fue ardua para encontrarlos, tuvo que visitar varios países de Europa, América Latina, los países asiáticos, los países nórdicos, inclusive Hong Kong y Taiwán. En este capítulo presenta a Joseph y Ivory, los demás aparecen en capítulos subsiguientes.

Joseph
Durante el bachillerato, Jeremy conoció a muchos estudiantes, podría escribir un libro de experiencias en el liceo. Joseph fue su 'pana-burda,' estudió casi todas las materias con él. A pesar de su carácter calmado, tenía una mente inquisitiva que no se conformaba con explicaciones superficiales. Sacaba notas normales, no era uno de esos estudiantes

cuantitativamente aventajados, era más cualitativo. Joseph vivió en una familia católica y aunque realizaba todos los ritos cristianos, no favorecía los dogmas de la iglesia; era de mente abierta, inclusive simpatizaba con Martín Lutero, promotor del protestantismo. Otra figura que influenció su pensamiento fue Teresa de Calcuta, por su carácter benefactor. Jeremy no era religioso, tuvo la suerte de crecer en una familia ácrata, sin poder político ni religioso.

Martin Lutero vivió en el siglo XVI y participó en la reforma de la iglesia católica. La religión sufrió transformaciones importantes en aquella época; la sociedad, la religión y la iglesia salieron afectadas. Su primera contribución fue retar a las autoridades eclesiásticas, específicamente La Iglesia Católica Romana. Lutero cuestionó la venta de indulgencias y por extensión, la autoridad espiritual de la iglesia. Ese desafío causó cambios profundos en los pensamientos y prácticas religiosas. Los escritos de Lutero propusieron el 'sola fide' y el 'sola scriptura,' una sola fe y una sola escritura. La salvación solo se logra con la fe en Jesús y no a través de los intermediarios de la iglesia, los curas o los sacramentos. Ese énfasis en la fe personal y la importancia de las escrituras influenció de forma significativa la teología protestante y el término Luterano se popularizó.

Otra contribución de Lutero fue su traducción de la Biblia al Alemán, la gente común y corriente tuvo acceso a las escrituras sin intermediarios. La Biblia estaba escrita en Latín, un lenguaje poco popular, los creyentes pudieron finalmente interpretar la biblia democráticamente y decidir cómo usar sus mandamientos. Según Lutero, 'todos los creyentes son curas,' por lo tanto tienen igual derecho de acceder a Dios e interpretar la Biblia a su manera; esa idea retó la jerarquía eclesiástica Católica, ahora cada persona era un referente espiritual sin ataduras con los curas u otros representantes.

Las creencias de Lutero originaron el protestantismo, sus seguidores compartían el rechazo a la autoridad del papa, la creencia en la salvación gracias a la fe y el énfasis en las escrituras. Las distintas ramas del protestantismo fueron el Luteranismo, el Calvinismo y el Presbiterianismo. Asimismo, hubo un gran impacto hacia la sociedad, su énfasis en el individualismo, la educación y lo vernáculo, cambió las estructuras culturales y sociales. La ética de trabajo de los protestantes, enfatiza diligencia, disciplina y una vocación productiva. Jugó un rol crucial en el desarrollo del capitalismo moderno e influenció la cultura occidental.

Joseph es un ser caritativo, trata de ayudar a su familia y a sus vecinos, ha influido en sus hijos hasta el punto de que uno de ellos estudia teología en La Iglesia Católica. Uno de sus referentes espirituales es La Madre Teresa de Calcuta, figura del siglo XX, dedicada a servir a los pobres y desposeídos, un icono de compasión y altruismo alivió el sufrimiento de los marginados. La Madre Teresa ha hecho un llamado a servir a los más pobres, su ideología está profundamente arraigada a la fe cristiana y su creencia en la dignidad inherente de todo ser humano. Ella mencionó haber recibido 'un llamado,' 'una divina inspiración,' que la hizo dejar su confortable vida de monja en la congregación de las Hermanas de Loreto, en India, para servir a los desposeídos y moribundos que deambulaban por las calles de Calcuta. Su compromiso inquebrantable para realizar esa misión definió su trabajo durante toda su vida.

Puede afirmarse que Joseph tiene principios que demuestran su voluntad de amar a sus semejantes, ser compasivo y altruista. Esos mismos principios fueron importantes para la Madre Teresa, no solo la ayuda física es importante, sino que también se necesita la ayuda emocional y espiritual. La Madre Teresa fundó Los Misioneros de la Caridad en 1950 y se convirtió en el símbolo global de compasión, operando en más de 130 países al momento de fallecer. [Keltner 2010]

Para la Madre Teresa, una idea motivadora era ver a Jesús en la cara de los pobres, por lo tanto tenía que ayudarlos ya que cada pobre o marginado representaba a Jesús que había pasado por tanto sufrimiento en la cruz. El 'Ustedes me lo hicieron a mí,' expresado por ella, significaba la necesidad de ayuda que claman todos los creyentes cuando pasan por momentos difíciles, como le pasó a Jesús. Para ella, no importaba el estatus social, la religión o la raza, todo pobre merece ser bien tratado, así aspiramos que Jesús fuese tratado en su época.

La vida de Joseph no se compara con la de la Madre Teresa, por supuesto, pero también vive una vida simple y de sacrificio personal. Aprovecha su vejez para cuidar a su familia, ayuda a sus hijos con los nietos, juega con ellos, les da comida, los lleva al colegio, los ayuda a resolver problemas de matemáticas o ciencias; le quedan todavía muchos años para seguir ayudándolos sin ningún interés. La vida de la Madre Teresa estuvo marcada por una tremenda simplicidad, vivía al lado de los pobres, en las mismas condiciones de ellos y abandonando el confort material y los lujos; su ejemplo personal de humildad y autosacrificio demuestra claramente su legado altruista. Puede afirmarse que Joseph es una imagen de la Madre Teresa ya que se preocupa por lo que pasa en Venezuela y desea ayudar fraternalmente.

Además de su trabajo directo con los pobres, la Madre Teresa avoga por una vida digna de los seres humanos, por ejemplo, no promueve el aborto ni la eutanasia, defiende el derecho a la vida. Considera que la vida, sin importar su fragilidad o insignificancia tiene un valor intrínseco y merece protección. Por suerte, Joseph, aún siendo católico, tiene mente abierta y no es dogmático, favorece la argumentación en lugar de la prohibición. Su posición sobre el aborto y la eutanasia es flexible, primero que nada hay que educar y después convencer a las madres para que cuiden a su hijo por nacer, pero jamás obligar a alguien a criar un hijo no deseado. [Fromm 1980]

Ivory

'La juventud, divino tesoro,' las experiencias de esa época tampoco se olvidan, traen recuerdos agradables al pasar de los años. Ivory es otro personaje del libro Bingo Socialista, cuenta algo de su historia, cómo un joven que nunca habla de política se convierte en un marxista acérrimo sin que sus conocidos se enteren. Definitivamente, Ivory se dejó influenciar por Marx, probablemente porque alojaba un deseo de reivindicación social que atrae a muchos individuos. Karl Marx es considerado un filósofo, economista y político que criticó fuertemente al capitalismo, su orientación ideológica fue hacia la lucha de clases, la desigualdad y la explotación. Marx introdujo el materialismo histórico, el desarrollo de la sociedad ligado a las condiciones materiales de producción. Consideraba que con la evolución de la sociedad las estructuras económicas y las relaciones de clases cambian de mutuo acuerdo; eso le permitió situar al capitalismo dentro de un contexto amplio de la historia y predijo que terminaría fracasando, aunque erró.

Para Ivory, la ideología de Marx, con su componente materialista, determina lo apropiado de la crítica al capitalismo; es injusta la propiedad privada de los medios de producción, tales como fábricas y tierras, ya que los bienes y servicios se realizan solo para obtener un beneficio; el capitalismo es inherentemente explotador ya que permite a los burgueses o clase capitalista acumular riqueza sacando un superávit del trabajo de los proletarios: la clase trabajadora; la explotación del proletariado lleva a la alienación de los trabajadores ya que están desconectados del producto de su labor y se convierten en otro producto más para la venta al mejor postor.

Según Ivory, la idea fundamental de Marx es la teoría de la lucha de clases; sostiene que durante la historia, las sociedades se han caracterizado por divisiones entre clases y la aparición de conflictos; vislumbra una contradicción entre la burguesía, que controlaba los medios de producción y el proletariado que era explotado y alienado; esa lucha de clases lleva finalmente a una revolución donde el proletariado derrocará a la burguesía produciendo una sociedad sin clases.

Ivory estaba iluminado por el comunismo, aunque no sabía lo que significaba; el comunismo nunca ha existido en sociedades humanas. Marx imaginó una época de transición entre el capitalismo y el comunismo, denominada la dictadura del proletariado; en esa fase, la clase trabajadora controlaría los medios de producción y establecería un estado que protege los intereses de los trabajadores y reorganiza la sociedad; ese estado sería una institución temporal que desaparece eventualmente para producir una sociedad sin clases y sin estado, denominada comunismo; en esta utopía comunista, la riqueza y los recursos son compartidos colectivamente y distribuidos basados en el principio 'de cada uno según su habilidad, a cada uno según su necesidad.'

Las Ideologías

El trabajo de Jeremy se había concentrado en las ideologías, al principio orientado a la política pero con el tiempo fue ampliando el espectro para incluir nociones sociales, económicas, filosóficas y éticas. Las ideologías representan sistemas de ideas para entender al mundo y proponer cambios para mejorarlo; esas propuestas se basan en la importancia de los conocimientos teóricos y prácticos que no dejan dudas sobre los valores sustentados. La ciencia de las ideas manifiesta una lucha con una misión: ayudar a la gente, inclusive salvarla, ayudándolos a deshacerse de los prejuicios y prepararlos para utilizar la soberanía de la razón.

Para Jeremy, las ideologías abarcan desde una concepción informal, orientada a las acciones diarias en pequeños grupos, hasta una orientación formal viviendo en grandes sociedades. Las familias y los vecinos representan un dominio rutinario informal sobre ideologías; las asociaciones vecinales y las empresas son ejemplos de grupos que necesitan una ideología que defina el comportamiento es esos escenarios.

La sociedad, con sus instituciones y las nociones de estado representa el nivel formal de aplicación del concepto ideológico; las regiones de un país, los países enteros, la organización del estado y de la sociedad son típicos de este nivel. Por experiencia personal, sabemos de la existencia de dificultades familiares, vecinales y empresariales que enfrentamos día a día; cada familia puede definir sus propios criterios para convivir. Existen varios modelos familiares, unos más estrictos que otros, los hay paternalistas, también maternalistas o combinados; los vecinos se asocian en organizaciones de propietarios para definir el comportamiento y la organización que beneficie a todos; las empresas u organizaciones, con fines o no de lucro, definen su funcionamiento para el logro de objetivos. Por experiencia personal viviendo en sociedad, conocemos los distintos modelos políticos que definen la organización de la sociedad, los niveles de autoridad, el comportamiento esperado, el cumplimiento de los contratos, etc.

Las ideologías son modelos para interpretar y poner en práctica principios de comportamiento y convivencia humana que mejoran la vida en sociedad. Las ideologías sugieren una ruta de transformación desde la situación actual hasta una nueva sociedad deseada. En el sentido estricto, las ideologías definen una teoría explicativa de la experiencia humana en el mundo que los rodea; establecen un programa general y abstracto de la organización social y política; conciben la lucha por lograr implantar el programa deseado; no solo persuaden a la población sino que reclutan partidarios comprometidos con la lucha; y finalmente, dirigen sus ideas para el beneficio de la población pero entregan el liderazgo a los intelectuales comprometidos con el proceso.

Recuerdo a un profesor en ciencias políticas, que insinuó que las ideologías no sirven para nada. La verdad es que no entendí como un profesor puede referirse así a las ideologías. En política las ideologías no han resultado satisfactorias, por lo tanto, tenemos que trabajar más duro para definir ideologías que sí produzcan resultados positivos para los pueblos. Las ideologías se definen para generar modelos de organización de la sociedad, toman en cuenta la diversidad y definen las instituciones necesarias para que cada individuo tenga un trato digno y contribuya con esfuerzo a su desarrollo humano y a erradicar la ignorancia que se mantiene de generación en generación. Los ciudadanos deben comprender que sin modelos no hay manera de implantar ideas; si las ideologías no sirven, no podemos vivir en sociedad ya que se necesita definir los criterios utilizados para convivir.

Interpretando el lenguaje dañino del profesor, podríamos decir que no debemos confiar ciegamente en las ideologías políticas y que debemos alentar conceptos beneficiosos y desdeñar los inútiles. Leon Tolstoi dijo, "Es más fácil escribir diez volúmenes de principios filosóficos que poner en práctica uno solo de ellos," si lo aplicamos a las ideologías, podemos decir algo parecido. La realidad demuestra que ningún modelo propuesto ha sido implantado completo en la sociedad. Ni siquiera el capitalismo ha sido utilizado eficientemente según los preceptos de los primeros patrocinadores; no digamos el comunismo que nunca ha sido implantado, no tiene ejemplo. La realidad es que las sociedades siguen mezclando modelos, combinando principios y comprobando empíricamente los resultados para adaptarse a las buenas prácticas.

La Religión y las Ideologías

Las ideologías se comparan a las religiones, ambas están en la búsqueda de la verdad, del comportamiento correcto y solidario en sociedad, pero difieren en la concepción y la aplicación. Las religiones se basan en un orden divino que sugiere cómo comportarse, las ideologías se basan en un orden social; las religiones buscan introspección humana para justificar el comportamiento personal, las ideologías influyen en el comportamiento personal, incorporandolo al grupal; las religiones usan la revelación sagrada, o las escrituras, como fuente de inspiración, las ideologías el razonamiento para convencer. Sin embargo, las primeras propuestas ideológicas provienen de movimientos religiosos. La definición temprana de ciertas utopías, por ejemplo la de Savonarola, incluye la propuesta de una comunidad cristiana como modelo para implantarlo en lo inmediato. Busca dominar al estado llamando al pueblo y después, usando los poderes del estado, controlar la economía y las personas.

Hay diferencias ideológicas entre el oriente y el occidente, en el oriente, hay un fuerte componente teocrático, principalmente los musulmanes y los talibanes, donde la religión tiene toda la influencia sobre los gobiernos. En esas sociedades, el poder del estado y el de la iglesia están integrados, mientras que en occidente están separados. Los gobiernos teocráticos funcionan en muchos aspectos como en occidente, ya que los ciudadanos necesitan servicios básicos, pero son los principios religiosos los que guían las decisiones. En occidente, la iglesia tiene mínima influencia en el estado, es al ser humano al que se le debe toda la atención, protegiendo el medio ambiente, fomentando el comercio y promoviendo la productividad. Hay ideologías que favorecen específicamente el nacionalismo, el humanismo, el populismo, la ecología o el feminismo, pero en general todas las ideologías conocidas tratan esos temas integralmente. El humanismo se considera una ideología en sí mismo, pero el anarquismo y el socialismo promueven también la dignidad del ser humano.

Sistemas Sociopolíticos

Los sistemas sociopolíticos representan la implantación de las ideologías en la sociedad. No existe ninguna sociedad que implante formalmente una sola ideología, todas usan una amalgama de conceptos y principios derivados de muchas ideologías. La interpretación de las ideologías que hacen los países define a los gobiernos; por muchos años, China se consideró comunista pero hoy en día sabemos que maneja el capitalismo a su antojo; países que llamamos liberales terminan aplicando medidas de bienestar social como en la socialdemocracia. Los políticos manipulan los principios para lucir humanistas y progresistas ante las masas: todos seremos iguales, solidarios, libres, son los lemas más comunes. El pueblo idealiza estos principios buscando justicia social y las emociones desencadenadas desembocan en la imposición de modelos autoritarios. La felicidad y el progreso que persiguen los humanos permite identificar los principios básicos que superan la mera supervivencia; el conocimiento, la superación y la autorrealización son apenas algunos temas de interés para los individuos y las sociedades.

El modelo de vida social depende de los principios que se manejan en la sociedad. Es diferente vivir bajo un sistema socialista o comunista que vivir bajo un sistema liberal o conservador. Los socialistas y comunistas se imaginan una vida ficticia donde todo es de nadie y nada es de todos; todo lo que se produce lo comparten, aún sin contribuir a la producción. Los liberales, conservadores, socialdemócratas y capital demócratas por otro lado, saben que hay que trabajar para producir y que los que más trabajan y lo hacen con mejor calidad, merecen disfrutar de su esfuerzo; eso de que dios nos hizo a todos iguales y merecemos lo mismo es utópico, hay que ganarse el bienestar con el sudor de la frente.

Jeremy ha identificado los principios que caracterizan a cada una de las ideologías y eso le permite comparar las ventajas y desventajas entre ellas. Hay un cúmulo de coincidencias entre las ideologías, sobre todo en los aspectos relativos a la supervivencia; toda ideología se fundamenta en garantizar la supervivencia de la población. Las ideologías se popularizaron gracias a los escritos sobre sociedades utópicas; los intelectuales buscaban referencias constructivas para sugerir los caminos a seguir en la vida. Al pasar el tiempo, los gobiernos se deslindaron de las utopías llamandolas irrealizables pero mantuvieron un lenguaje ideológico que denigraba de las utopías; criticaban a las que eran utópicas por lo fantasioso pero a otras las consideran factibles sin pruebas. Se dice que el anarquismo es utópico, pero el comunismo y el socialismo también lo son; países llamados comunistas tienen parte de su economía capitalista, es innumerable la cantidad de contradicciones. Lo mismo pasa con el capitalismo, no puede implantarse solamente usando los principios de libre mercado ya que los seres humanos requieren de consideración; por eso siempre encontraremos bienestar social en los países llamados capitalistas.

Las grandes ideologías que compiten por el poder político en las sociedades pueden subdividirse en dos grandes grupos, libertarios y totalitarios. Los socialistas y comunistas se oponen al capitalismo, los libertarios se oponen al totalitarismo. Los sistemas totalitarios son socialistas, comunistas y fascistas; los social demócratas son un caso especial que merece consideración. Los sistemas libertarios son liberales, conservadores, anarquistas y capitalistas. Los sistemas totalitarios implantan modelos autoritarios que obligan a la población a seguir una doctrina única, simplista y equivocada, en lugar de considerar la diversidad y complejidad real de la sociedad. Los modelos libertarios afrontan la variedad implantando principios flexibles que se adaptan a las necesidades de cada región, grupo o condición particular; la concentración de la riqueza, la centralización del poder, los pobres viviendo en condiciones precarias, y la clase media con dificultades para cubrir sus necesidades, reflejan las inquietudes que deben resolverse.

Jeremy ha basado sus investigaciones en la premisa de que las ideologías deben dirigirse al bienestar humano y por lo tanto es fundamental entender la naturaleza humana. Las ideologías que parten de esa premisa tienen posibilidad de éxito; las que ponen a la sociedad por encima de los individuos tienden a fracasar ya que no parten de la comprensión del ser humano. Se necesita un modelo ideológico fundado en las bases personales y ascendiendo hacia las necesidades de la sociedad; el modelo descendente, desde la sociedad hacia el individuo es incapaz de resolver los problemas por su carácter totalitario.

Las Necesidades

Las necesidades determinan el comportamiento humano, por lo tanto, las sociedades se organizan para facilitar la vida de los pueblos, dijo Jeremy. Cuando tenemos carencias nos planteamos la necesidad de obtener los elementos que producen bienestar. Tomamos decisiones y actuamos para satisfacer esas necesidades. La teoría de la motivación de Maslow es una referencia para identificar los factores del comportamiento humano que favorecen el logro de las necesidades. Maslow propuso una jerarquía de necesidades que refleja una visión optimista del ser humano. Las necesidades principales son fisiológicas, seguidas de seguridad; el deseo de amar y la lucha por lograr la estima de los demás contribuye a la estabilidad. Finalmente, mantenernos actualizados, educados, preparados, para ser más eficientes en nuestras acciones representa la fuerza que nos guía en la dirección correcta. [Maslow 1970]

Las necesidades fisiológicas son básicas, la respiración, la comida, los líquidos, el sueño, el sexo, la libertad de movimiento y una temperatura moderada. Cuando cualquiera de éstas nos falla sentimos falta de aire, hambre, sed, fatiga, frustración sexual, confinamiento, o la molestia de pasar frío o calor. Es evidente que el ser humano lucha por garantizar sus necesidades fisiológicas, no le queda más remedio, sino muere.

Seguridad

Uno de los temas que afecta a los seres humanos es la inseguridad, para Jeremy, representa un instinto de supervivencia que motiva la mayoría de las acciones humanas. Las ideologías deben tomar en cuenta ese factor para incorporarlo al bagaje de conceptos útiles. El ser humano desea vivir en un ambiente seguro, donde sepa lo que ha pasado, pasa y pasará en el futuro, se rebela contra la inestabilidad. Las necesidades de seguridad se refieren al mantenimiento de la estabilidad, garantizar la protección de sus allegados y sus propiedades, superar el miedo a lo desconocido, evitar la ansiedad y suprimir el caos.

La ley y el orden son los principales argumentos que pregonan los ciudadanos para mantener el estatus quo; la necesidad de estructura organizacional, orden ciudadano, leyes justas y límites a los excesos es fundamental en la sociedad. Las necesidades de seguridad se manifiestan más que todo a nivel físico pero el lado psicológico tiene gran influencia. El tema de seguridad es muy amplio, comienza por la seguridad individual, las propiedades y continúa con las políticas gubernamentales; los problemas de inseguridad están en aumento y la incapacidad de reacción de los gobiernos no mejora las expectativas. Los gobiernos no logran convencer en sus acciones y el ciudadano pierde cada vez más sus libertades.

Afecto y Pertenencia

Los seres humanos tienen necesidades emocionales en sus relaciones afectivas y agradecen pertenecer al grupo; comienza por una pareja, la familia, los vecinos, el trabajo y la sociedad. Dar y recibir afecto significa entender y aceptar a otros para evitar la soledad y el rechazo. La autoestima entra dentro de esta categoría, representa una autoevaluación afirmativa que se dirige a mejorar nuestra confianza y evitar los sentimientos de inferioridad y debilidad; mezcla la necesidad de lograr resultados y la satisfacción de sentirse admirado y alcanzar el poder.

Las personas dependen de sus emociones pues es la manera natural de manifestar satisfacción, o insatisfacción, entre otros muchos mecanismos. Las emociones están asociadas con sentimientos que conllevan a la realización de nuestros sueños, el logro de nuestros deseos, la admiración por la belleza, y la realización de nuestra personalidad. Se relacionan con los sentimientos de amor: erótico, a los padres e hijos, y a la vida. Las emociones se relacionan con la devoción al hogar, el temor a la muerte y al sufrimiento, la simpatía hacia aquellos que sufren dolores o sienten temores y se manifiestan de innumerables maneras.

En la sociedad se manifiestan las emociones de los individuos cuando los gobiernos no hacen su trabajo. La manera de canalizar las emociones ciudadanas garantiza su continuidad en el poder; restringir las manifestaciones evita las emociones dislocadas que atentan contra la sociedad; los gobiernos que no rinden cuentas utilizan la fuerza o la persuasión para mitigar las emociones de la población y evitar conflictos. Está claro que manipular el lado emocional de las personas se hace, en muchos casos, por el bien de todos; el gobierno o la sociedad se benefician, independientemente de la ideología.

Mejoramiento Contínuo

El deseo de mejorar es una pasión que motiva a los seres humanos, convertirse en el mejor de su clase representa el afán de superar sus limitaciones. El mejoramiento contínuo garantiza que superemos las situaciones que nos entorpecen y logremos los objetivos para una vida mejor. Ese deseo permite superar las barreras entre el individuo y la sociedad, integrando esfuerzos que mejoren la vida de todos en sociedad.

Autonomía

La afirmación de que el individuo es soberano es una de las pocas verdades universales que existen. La autonomía es la independencia con la que las personas manifiestan sus pensamientos y acciones, indicó Jeremy. Los seres humanos, siendo autónomos, tienen la potestad de elegir con quién comparten su vida y no dependen directamente de otros seres; ceden a compromisos con los demás para ayudarlos o beneficiarse de la convivencia. Los humanos poseen un diseño biológico que les permite ser autónomos y valerse por su cuenta para resolver sus problemas; desde el nacimiento son autónomos aunque dependan de sus familiares durante los primeros años de vida.

Sin embargo, la autonomía no implica aislamiento, por lo tanto, las personas deciden su intención de participar en acciones grupales que beneficien a la comunidad; la autonomía funciona dentro de un contexto de vida, sea individual o social. No porque seamos autónomos dejamos de participar con otras personas o grupos; la autonomía facilita la descentralización de las actividades, dándole valor a todos los participantes; la autonomía también facilita la igualdad puesto que distintas personas pueden actuar separadamente para el logro de objetivos comunes.

Desde el nacimiento somos autónomos, utilizamos nuestros sentidos, nos movemos, reaccionamos a las necesidades para solucionarlas. Cuando observamos a un bebé en una cuna, inmediatamente notamos sus movimientos, sus gestos, su inquietud, ante la presencia de un adulto. Los bebés están atentos a los movimientos y gestos de los adultos y reaccionan bien sea con miedo, precaución, o alegría, dependiendo de si reconocen la fisonomía. Si un bebé es capaz de actuar de esa manera siendo tan pequeño, como será cuando sea mayor, al mejorar sus habilidades comunicacionales. Si los bebés son autónomos, los adultos lo son con más razón.

Razonamiento

Para Jeremy, el razonamiento es una capacidad fundamental del ser humano que debe fortalecerse con la educación. Es un proceso de análisis y justificación de ideas que desemboca en acciones que conllevan consecuencias. Estamos constantemente razonando sobre diversos asuntos relacionados con la supervivencia, las emociones y las preocupaciones. La comprensión individual de los problemas, el intercambio con otros participantes y el ambiente en que se vive, tiene impacto en nuestras decisiones. Si bien todos podemos razonar, cada uno determina su camino, distinto de los demás. Por lo tanto, los resultados obtenidos difieren, unos contribuirán más y otros menos, aún teniendo la misma capacidad de razonar.

El proceso de razonamiento debe considerar los derechos de los participantes, las obligaciones a cumplir, y los acuerdos a respetar. Hay muchas consideraciones al tomar decisiones, por lo tanto debe lograrse un balance que favorezca la integración y convivencia de los participantes. El razonamiento debe estar relacionado con la justificación y evaluación de los resultados, ya que a veces pueden ser contraproducentes para ciertos sectores de la comunidad; hay que evitar perjudicar a las personas, favorecer a la mayoría sin considerar a la minoría resulta contraproducente pues siempre produce rencores.

La Violencia

La violencia es uno de los factores que influyen en la inseguridad personal y nacional. Jeremy considera que los humanos han mantenido actitudes violentas durante toda su historia y que lo seguirán haciendo por muchos milenios ya que es un instinto muy poderoso. Debe limitar la violencia a situaciones que ameritan defensa personal; los gobiernos tienen el deber de hacer cumplir la evolución pacífica de las naciones. La violencia tiene impacto en el desarrollo y crecimiento de los pueblos en vista de que impacta la desigualdad económica de las personas. La violencia no es solo agresividad y pleito, la mala situación económica influye, la angustia causada por los bajos ingresos incrementa el potencial violento de las personas. Los más vulnerables salen afectados. El bajo ingreso, la escasa participación en eventos sociales, la falta de educación, y la representación política, son ejemplos de situaciones que aparentemente no son violentas pero que sí influyen. Las mujeres son victimas de violencia en el hogar y en la sociedad; el abuso verbal y la violencia sexual, los robos a los indefensos, el abuso policial a los marginados, la trata de personas, y la ilegalidad en los procesos judiciales ocurre con frecuencia. La violencia incrementa los gastos de seguridad y los gobiernos deben asumirlos aún restringiendo otros programas sociales más importantes.

Imperfección Humana

La experiencia demuestra que las limitaciones humanas son patentes, las personas no son confiables en sus decisiones y tienden a cometer errores, no porque quieran hacerlo sino que la complejidad de las tareas los supera intelectualmente. Según Jeremy, una ideología debe presentar argumentos, considerar la imperfección e incorporar a la organización social. La gente olvida fácilmente las cosas, todos sabemos que se pierde el 70% de lo que se aprende en solo varios meses; se suelen cometer errores inclusive en tareas rutinarias, sea por falta de concentración o por lapsus momentáneos. Imaginemos los problemas de la gente que detenta el poder, los daños que causan a todos, por no reconocer sus defectos naturales. Cuando los seres humanos de cualquier cultura llegan al poder, se transforman negativamente, pueden haber sido siempre correctos pero el poder los deforma mentalmente. Por lo tanto el poder no debe recaer en pocas manos, debe haber participación de muchos, principalmente de aquellos que poseen conocimiento. La corrupción los tienta, cuando tienen la oportunidad de enriquecerse fácilmente, no dudan en hacerlo. Los políticos han venido convirtiéndose en los mayores corruptos en vista de que controlan los dineros públicos. El capitalismo facilita la corrupción por el maldito dinero pero sabemos que otros sistemas como el socialismo y el comunismo no se quedan cortos y hasta resultan peores pues trafican con el poder y las dádivas. Por eso, las actividades lucrativas y del estado, sean públicas o privadas, deben ser supervisadas por los afectados, los ciudadanos.

El Sufrimiento

El sufrimiento, aunque parezca contradictorio, representa una de las grandes fuentes motivacionales de que disponemos, dijo Jeremy, hay que reconocer que el sufrimiento es el gran misterio de la existencia humana. El sufrimiento es universal aunque se manifieste de diferentes maneras y a menor o mayor grado, dependiendo de la cultura. La gente pasa por pobreza y abuso, enfermedades, intimidación, y fracasos amorosos; el sufrimiento puede ser físico o mental. Las ideologías deben incorporar su programa de mejora del sufrimiento para establecer instituciones que analicen las condiciones que padecen los ciudadanos y propongan soluciones para resolverlas.

Si identificamos el origen del sufrimiento podemos explicarlo y buscarle solución. Hay varias fuentes principales; física (dolor, enfermedades); psíquica (dificultades existenciales, emociones desordenadas, enfermedades mentales); espiritual (vida insatisfactoria, responsabilidades, dilemas morales). El dolor físico es la mayor fuente de sufrimiento, el que lo ha sufrido sabe que cualquier remedio, incluidas las drogas, es aceptable para mitigarlo; el uso de morfina es un ejemplo muy común, la mariguana medicinal es otro ejemplo.

El sufrimiento puede degradar a la persona o mejorarla, de allí el carácter ambivalente del sufrimiento, representa una degradación en las condiciones de vida pero a veces es inevitable, la calidad de vida mejora si la angustia disminuye. El futuro de la persona mejora evitando sufrir, la hace más fuerte y resistente a las dificultades, respondiendo con mayor contundencia a las situaciones injustas. La gente escribe libros por culpa del sufrimiento. El socialismo absurdo (del siglo veintiuno) ha dejado una experiencia sumamente desagradable, todos los que lo han sufrido están obligados a difundir sus calamidades por todo el mundo. Se comienza por las experiencias de un ciudadano común viviendo la discriminación de un régimen injusto, continúa con investigaciones sobre regímenes socialistas y comunistas y se proponen plataformas para la evaluación de sistemas sociopolíticos. El sufrimiento que causan esos sistemas socialistas motiva a escribir y contribuir a la conclusión de que esos regímenes no conducen a nada bueno y que se debe luchar enfrentándose a ellos por todos los medios.

La Felicidad

La felicidad es un sentido de bienestar, alegría, o satisfacción que nos invade cuando las cosas salen como deseamos. Las ideologías deben incorporar medidas de bienestar para ofrecer soluciones a la búsqueda de la felicidad. Cuando la gente tiene éxito, se siente segura, o tiene suerte, la felicidad les brota por los poros. La felicidad es un sentimiento que aparece cuando la vida es buena y no hay más nada que hacer que continuar adelante, sonreír y sentirse bien. Sentirse feliz refleja 'ser sincero con uno mismo,' 'oírse a uno mismo,' 'seguir a lo que le dice el corazón,' 'lo que nos parece bueno – es bueno, lo que nos parece malo – es malo.' La felicidad no depende de las condiciones objetivas en que vivimos, sean éstas riqueza, salud, o compañía; depende del proceso de introspección y evaluación que realizamos. Cuando nuestras expectativas coinciden con la realidad, nuestra felicidad es mayor. Los individuos tienen derecho a sentirse felices, es lo mejor que pueden lograr. Muchos piensan que si terminan el libro que escriben, si cambian de trabajo, si compran un auto nuevo, si pagan la hipoteca, son dueños del mundo y la felicidad será eterna. Pero si ponemos atención, después de obtener lo que anhelamos, no somos más felices que antes, y hemos regresado al punto de partida.

Cuando las personas sienten felicidad, ésta se transmite automáticamente a la sociedad. Los gobiernos creen que la felicidad de las personas depende de la buena gestión que realizan, quieren demostrar que son omnipotentes, que solo el estado es capaz de hacer feliz a sus ciudadanos. Algunos gobiernos tratan de convencer a las personas de que la raíz de su sufrimiento es la búsqueda de sentimientos efímeros que producen tensión, insatisfacción, e inquietud, en lugar de proyectar hacia acciones duraderas y permanentes. La felicidad es personal, no es social, el país puede ser un desastre y hay gente feliz; el país puede ser un éxito y hay gente infeliz.

Las relaciones familiares y comunitarias impactan la felicidad más que el dinero y la salud. Los fuertes lazos familiares conviviendo en comunidades que dan soporte humano impulsan la felicidad, mientras que las familias disfuncionales hacen disminuir la felicidad. El matrimonio es particularmente importante para la felicidad. Se dice que los casados son más felices que los solteros, pero la diferencia entre esos dos grupos es que el primero nos mantiene ocupados, mientras que el segundo puede aburrirnos. Por lo tanto la felicidad depende de la personalidad y los objetivos de vida, no es intrínseca del matrimonio.

Capítulo 2: Gabriel y las Utopías

Ciertas amistades pueden durar toda la vida pero hace falta tener suficiente tacto como para no enturbiarlas con confianza excesiva, es el caso de Gabriel, un ingeniero con capacidades filosóficas que no confundía la amistad con los negocios. Gabriel demostró desde joven un talento hacia la solución de problemas con argumentos estoicos, demostrando pragmatismo y comprensión de los seres humanos. Estudió a varios filósofos y simpatiza con muchos, entre otros, Spinoza, Nietzsche y Schopenhauer. Jeremy recuerda haber conversado sobre Nietzsche y exclamar, 'no termino de comprender sus escritos, los leo y releo y no entiendo nada.' Su respuesta fue, a Nietzsche hay que estudiarlo, identificar las frases notorias, describirlas, analizarlas y empezar a buscarle sentido.

Spinoza fue un filósofo del siglo XVII que tuvo influencia en el mundo occidental, sus contribuciones envuelven temas sobre racionalismo, panteísmo, ética, dios y libertad humana; su ideología contiene principios relacionados a la metafísica, la ética y la relación del individuo con el universo. Un primer concepto es el monismo metafísico que establece la existencia de una sola substancia, infinita, llamada Dios o Naturaleza; esa substancia es la realidad que nos rodea y todo lo que existe se deriva de esa substancia singular, Dios y el universo son lo mismo y todo lo que existe es parte de Dios.

La Ética de Spinoza es una exploración sistemática de la filosofía ética; la ética puede entenderse con razonamiento y las acciones humanas se determinan por leyes naturales, al igual que los eventos físicos; entendiendo esas leyes es posible tener una vida virtuosa y feliz; rechaza las posiciones convencionales sobre bien y mal, prefiere comprender los deseos y pasiones a través de la razón.

El panteísmo de Spinoza se refiere a que Dios es todo. A diferencia de las tradiciones imperantes, donde Dios es trascendente y representado como una persona. El Dios de Spinoza es inmanente, reside en cada individuo o cosa; Dios no es algo separado, reside en todo el universo.

El determinismo del universo y la libertad humana hacen que las acciones humanas y los eventos naturales sean producto de leyes naturales. La libertad humana no se refiere a la ausencia de limitaciones sino la realización de nuestra propia naturaleza alineada con nuestros deseos y el uso del razonamiento; esta filosofía trasciende las concepciones tradicionales de voluntad propia y responsabilidad moral.

La filosofía política de Spinoza contempla la separación del estado y la iglesia para que ambos poderes funcionen separadamente y sin intervención. Consideraba que los dogmas religiosos y las autoridades eclesiásticas evaden las investigaciones y promueven el conflicto; sus ideas sobre tolerancia religiosa y la importancia del razonamiento en los gobiernos ha llevado a la secularización, separando las funciones del estado y las de la iglesia.

Otro filósofo que ha impactado a Gabriel es Schopenhauer, una influencia intelectual del siglo XIX. Su filosofía es pesimista, orientada hacia la existencia humana y basada en exploraciones sobre los deseos humanos; los humanos sufren, están insatisfechos y consideran que su vida es fútil; en la vida hay mucho dolor, no importa lo que desees, te lleva al sufrimiento en lugar de a la felicidad; el mundo es un espacio imperfecto lleno de eventos trágicos. A pesar de su pesimismo, Schopenhauer considera que el deseo de vivir es la fuerza motora que dirige la vida; esa fuerza es ciega, irracional e insaciable, y define las acciones y deseos humanos; ese deseo es la fuente del sufrimiento, ya que los individuos quieren saciar sus deseos pero terminan frustrados, un ciclo interminable de querencia y frustración.

Según Schopenhauer, negar sus deseos es la fuente de la salvación ya que así nos separamos del ciclo querencia y frustración; una posibilidad es dedicarse a experiencias trascendentales en las artes, la contemplación o una forma de ascetismo o austeridad, renunciando a los deseos mundanos. Su filosofía tiene mucho que ver con las religiones orientales como el budismo. A diferencia de Kant, que era idealista, enfatizando el razonamiento y el intelecto, Schopenhauer favorece la idea de que es el deseo el que dirige a los seres humanos.

Para finalizar con las tendencias ideológicas de Gabriel, veamos su posición con respecto a Nietzsche. Un filósofo alemán del siglo XIX que retó la moralidad tradicional, la religión y la filosofía occidental; se le asocia al nihilismo, al deseo de poder y al 'superhombre.'

El nihilismo está en el centro de la filosofía de Nietzsche, se refiere a la creencia de que los valores y creencias tradicionales, en particular la religión y la moralidad han perdido significado en el mundo moderno; el nihilismo es una consecuencia del descenso o rechazo de la autoridad religiosa y el incremento del racionalismo científico, que llevó a los individuos a sentirse vacíos y carentes de propósito.

Para Nietzsche, el deseo de poder es la principal fuerza motora de los seres humanos. La autoafirmación (confianza y promoción de uno mismo), la autosuperación y la búsqueda del poder en múltiples formas, físicas, intelectuales o creativas, define a los humanos. El deseo de poder es una fuerza alternativa para definir los valores morales corrientes, que consideraba opresivos y la negación de la vida.

Un concepto, a veces mal interpretado, es el del 'superhombre' (Übermensch), es un individuo que trasciende la moralidad convencional y define sus propios valores. Es un ser que se libera de los códigos convencionales de la religión y la moralidad, definiendo su destino basado en el deseo de poder. La aparición de los superhombres conlleva a la reevaluación de los valores morales y la posibilidad de una vida afirmativa.

Nietzsche venía de una familia Luterana, era hijo de un pastor y conocía muy bien los principios cristianos, quizás fue por ello que criticó fuertemente la moralidad judeo-cristiana. La interpretó como una fuente de culpa, abnegación o renuncia a privilegios y bienes para dárselos a los demás, se convierte en una fuente de resentimiento. Considera que la religión promueve una mentalidad esclavizada que devalúa los instintos y deseos humanos; su famosa declaración 'Dios ha muerto,' indica su opinión de que las creencias religiosas tradicionales ya no tienen influencia en la mente moderna y generan un vacío que debe ser reestablecido con nuevos valores.

Nietzsche identificó la dicotomía moral del amo-esclavo, que corresponde a dos sistemas morales, el del amo y el del esclavo. La moralidad del amo refleja la nobleza y la fuerza, valorando los conceptos de bueno y malo. La moralidad del esclavo se origina en el resentimiento del débil, valorando los conceptos de bondad y maldad. Nietzsche considera que la moralidad del esclavo se volvió dominante en la sociedad moderna, suprimiendo los deseos naturales humanos de poder y autoafirmación.

Jeremy se crió en una familia donde el anarquismo estaba alrededor, sus padres participaron en la lucha anarcosindicalista en la República Española de los años 30. Aunque sus padres no le inculcaron las ideas anarquistas, fue evidente, por los hechos, que acarició una simpatía por esas ideas ácratas: la importancia del individuo, la libertad del individuo, el comportamiento correcto de las personas, los movimientos libertarios, la desconfianza hacia la autoridad del estado y la libre expresión de las ideas, son solo unos pocos ejemplos de los principios ácratas. Siempre le molestó que le dijeran que el anarquismo era una utopía, que significaba el desorden, que cómo podía ser simpatizante de algo tan inútil; para él, en cambio, el anarquismo era el orden perfecto, todos comportándose bien sin necesidad de intervención externa. Al pasar de los años empezó a investigar sobre la viabilidad del anarquismo, sobre todo en cuanto a la eliminación del estado. Es evidente que hace falta cierto orden siguiendo unas leyes, el estado anarquista no define ese orden, se convierte en utopía, solo unos ideales extraordinarios. A pesar de todas las opiniones negativas de la gente respecto al anarquismo, Jeremy consideraba que había principios importantes para el ser humano y que a pesar de las críticas, él seguiría admirando esos rayos de luz y de esperanza para la evolución humana.

Siendo el anarquismo una utopía en ciertos aspectos, le pareció importante investigar sobre el tema utópico. Además, con sus trabajos de investigación sobre las ideologías y criticando al socialismo y al comunismo, se permitió ahondar en todos los aspectos sensitivos que afectan a la sociedad. Al profundizar, determinó que en el fondo, parte del contenido de las ideologías no son más que aspiraciones utópicas; principios sociales, vida en sociedad, universalidad. Por lo tanto, todos aquellos que lo criticaban sobre la utopía anarquista demostraban poca profundidad en sus análisis sobre la vida en sociedad ya que la mayoría de las ideologías tienen razgos utópicos. Fue un alivio intelectual haberse dado cuenta de que el socialismo y el comunismo no son más que utopías pero hay gente que las considera factibles, y lo dicen con orgullo, sin darse cuenta de la ignorancia que transmiten. Necesitaba intercambiar con intelectuales que pudieran aportar profundidad en el tema utópico.

La primera persona que le pasó por la mente fue su amigo Gabriel, 'el abogado del diablo,' a pesar de que le molestaba su manera de desarrollar los argumentos llevando siempre la contraria. Entre sus conocidos, Gabriel era el único que había demostrado un interés por la filosofía y esos conocimientos son fundamentales para entender la vida en sociedad. Gabriel vive en una finca camino a Pueblo Playero, Jeremy aprovechó uno de sus paseos de fin de semana para visitar a los jugadores del Bingo Socialista, y se detuvo en la parada de autobús de la carretera principal que se comunica con la finca. El pueblo de Chagual queda a un centenar de metros de la carretera, es pequeño, unas cuantas cuadras. Después de recorrerlas llegas a un camino bordeado con muchos árboles y a un kilómetro de marcha te acercas a la finca, tiene una entrada simple pero atractiva a la vista, con un árbol inmenso que te da la bienvenida. Después de saludar a Gabriel, le preguntó por el Bisón, el encargado del mantenimiento de la finca; siempre estuvo obsesionado por el personaje ya que le parecía que era el único que se beneficiaba de la finca. Le dijo que seguía bien, que estaba feliz con su numerosa familia, ya tiene decenas de nietos, y ya se había mudado a su propia casa a las afueras de la finca, terreno que le proporcionó el mismo Gabriel.

Gabriel comenzó explicando los progresos de la finca, se siente muy orgulloso de haber logrado tamaño desarrollo solo por su perseverancia. Ya tiene más de quinientos cacaoteros, cientos de aguacateros, algunos naranjeros y lechosas; se siente contento cuidando sus plantaciones y corta el monte todos los días para mantener el terreno limpio y su salud impecable. Felicitó a Jeremy por su trabajo, demuestras constancia, te propones metas y las cumples, ¿cuántos libros has escrito por fin? yo perdí la cuenta, por cierto, nunca te he comprado ni un libro, no es precisamente por negligencia sino que los seres humanos somos así, consideramos que nuestros contemporáneos no tienen derecho de superarnos y definitivamente tu lo hicistes, lo reconozco. Jeremy le dijo que no se preocupara que quizás él tampoco compraría, la gente prefiere comprar libros de desconocidos, pero que se han hecho famosos. Las ventas de mis libros han sido muy buenas, desconocidos me los compran desde todos los rincones del planeta. No soy millonario porque la ganancia de las ventas es ínfima, son los editores y distribuidores los que se ganan la plata, yo gana centavos por cada libro mientras que ellos se ganan decenas de dolares. Imagínate que si vendo mil libros solo me gano unos pocos dólares, equivalente al doble del sueldo mínimo mensual de Venezuela en estos momentos, una guará.

Jeremy le sugirió que entraran en materia para aprovechar el día, quería continuar camino a Pueblo Playero para jugar unas partidas de bingo; hacía años que no jugaba y quería saber que nuevas artimañas habían inventado los lugareños para ganar en el juego. Le recordó que él siempre había sido simpatizante del anarquismo, le parecía que si las personas son educadas y formadas para entender los problemas de la sociedad, es posible comunicarse y lograr acuerdos. Le explicó que el anarquismo es considerado una utopía y con buenas intenciones ya que son las personas las que deciden. Jeremy se dio cuenta de que pocas personas cambian durante una generación, y solo viven una, por lo tanto cuando ya entendemos la vida, es tarde, ya que las nuevas generaciones no aprenden de las anteriores y se repite el ciclo sin lograr una mejora sustantiva. Por si no lo sabías, dijo Gabriel, existe un barrio anarquista en Copenhagen, Dinamarca, llamado Christiania, fundado en 1971 y que todavía está en pie. Es un barrio comunitario de hippies, donde hay mucha libertad, inclusive en relación a las drogas. Gabriel hizo una descripción pormenorizada de la evolución del barrio. Jeremy se extrañó de la existencia de ese barrio, nunca lo había escuchado, le parece que es un barrio hippie con ideas libertarias y no al revés; los anarquistas, en principio, son de vida muy sana y aunque no está familiarizado con las drogas, considera que cada cual puede decidir consumirlas a sabiendas de que si molesta a los demás tiene que pagar las consecuencias.

Jeremy le explicó su interés por las utopías y quería saber qué opinaba. Gabriel expresó que la gente nace con ciertas características innatas que son muy difíciles de cambiar, y que el anarquismo asume que prácticamente nacemos aprendidos; pero tiene algo bueno, rechaza la autoridad inmerecida, ésta debe ser sustentada por la moral y no por la fuerza o la obligación. Continuó diciendo que está familiarizado con las utopías, y que el tema es verdaderamente extenso. No nos enseñaban mucho de utopías, nunca oí del término cuando iba al colegio; pero claro, los cristianos sí tenían su utopía del jardín del Edén, todos felices sin conocer el mal. Te explico, desde los siglos XV y XVI, se proponían utopías, todas deseando una vida sin privaciones donde la gente vivía solo para disfrutar; a veces sin trabajar y complaciendo todos sus deseos más íntimos. Por eso hay utopías de la sociedad perfecta, del amor libre, del ocio y de la exageración, en general reflejando la oposición a las condiciones de vida de la época. Soñar con una mejor vida es una condición innata de los seres humanos, por eso es que existen ideologías y la gente necesita contrastar las ideas con la realidad. Platón describió una sociedad comunitaria e igualitaria gobernada por filósofos sabios que dejaba en manos del estado la crianza de los hijos. La lista pica y se extiende, pero para resumir, además de temas utópicos feministas, utopías cristianas y anarquistas, sociedades regidas por la religión, hoy en día se proponen desarrollos tecnológicos como la conquista del océano para fundar ciudades autosustentadas y la colonización de planetas.

Jeremy quería una explicación concreta sobre utopías y le sugirió que precisara algunos ejemplos para extraer lo sustantivo del tema. Gabriel se ha leido las principales utopías, empezando por Thomas Moore y siguiendo con Tommaso Campanella, Francis Bacon, Henry Neville. Las utopías son mundos ideales pero quiso recordarle que hay distopías, básicamente mundos torcidos. Jeremy recordó haber leído una distopía de George Orwell, 1984, en la que promueven contradicciones para confundir a la gente, "Paz es Guerra," "Libertad es Esclavitud," "Ignorancia es Fortaleza," así, pueden manipular al pueblo según el antojo de la élite. Por cierto, la utopía que presentaré se refiere a un estado autoritario, cosa que el anarquismo rechaza totalmente. Y añadió que a pesar de sus grandes defectos, el estado, o algo parecido, es una institución con un potencial de ayuda social inmenso y hay que aprovecharlo. Pero, y este es un gran pero, el estado debe ser controlado, no se le puede dejar que tome todas las decisiones que se le ocurran, hay que evaluar su gestión.

Jeremy le pidió que se centraran en las utopías ya que algunas ideologías sociopolíticas se basan en comunidades con aspiraciones inalcanzables, sobredimensionadas, fantasiosas.

Gabriel reflexionaba diciendo que el tema de las ideologías y su relación con las utopías es fascinante ya que demuestra lo manipulable que son las personas, se dejan llevar por charlatanes superficiales que tergiversan las aspiraciones en su provecho, para adueñarse de los tesoros públicos.

Jeremy quiso compartir sus investigaciones, había descubierto cuál era el origen del socialismo y del comunismo, eso no lo enseñan en la escuela. Resulta que inspirados en esos textos utópicos del siglo XVI, los socialistas y comunistas las llaman ahora utópicas para deslindarse de su origen. En general, no hacen referencia a esas memorias utópicas para que la gente no tenga punto de comparación y siga viviendo una existencia confusa, incierta, se nota, sin embargo, que simpatizan con el autoritarismo distópico. Claro, saben que el comunismo o socialismo que conocemos hoy en día no se parece en nada al mundo ideal narrado en las utopías, allí la gente es feliz, en socialismo y comunismo la gente es infeliz.

Utopía

Hay muchos tipos de utopías, unas se dedican al amor libre, las orgías, la sexualidad sin límites. Otras presentan una sociedad puritana que se comporta correctamente, siendo felices, y sin molestar a nadie. La utopía de Thomas Moore es una versión puritana y algo autoritaria de la vida en sociedad. Es una isla en que la gente trabaja y vive feliz, compartiendo los bienes entre todos, no hay propiedad privada. La isla fue conquistada por el rey Utopo hace 1760 años, pero no hay detalles sobre cómo evolucionó esa sociedad.

Jeremy indicó que lo más importante es la evolución ya que para llegar al mundo ideal hace falta un proceso contínuo, aceptado por los pobladores, Thomas Moore debió explicar como solucionaron las divergencias, normales en los seres humanos.

Ciertamente, dijo Gabriel, Moore describe brevemente la colonización de la isla y presenta la división territorial, hay 54 ciudades que acordaron la misma lengua y las mismas leyes; se dedican a la agricultura y la crianza de animales para garantizar los alimentos; los trabajadores se turnan por épocas entre la ciudad y el campo para dividirse las tareas más pénibles; en las ciudades hacen otras labores, tales como, tejido, carpintería, herrería, albañilería, tan necesarias en las zonas urbanas. No hay holgazanería puesto que las horas libres las dedican al estudio.

Jeremy criticó la presentación de Moore puesto que solo explica lo que existe, ¿por qué la gente aceptó con tanta facilidad las mismas reglas si nos caracterizamos por la contradicción? ¿Cómo es posible tanta felicidad sin contratiempos? Se habla de registros históricos desde la conquista hace 1760 años. Antes eran chozas, ahora son edificios de tres pisos. Pero se nota que están haciendo las mismas labores básicas rutinarias: producir lo tradicional y comer para vivir. ¿Es esa la propuesta de vida utópica? Ahora entiendo por qué la élite comunista y socialista actual solo aspira a una vida simplista para su población, sin ambición, sin motivación, sin innovación, sin cambios. Claro, quieren perpetuarse en el poder para obligar a la gente a vivir una vida que ellos imaginan refleja las enseñanzas utópicas. Todos sabemos que las élites socialistas y comunistas son las que viven bien en todos los experimentos fracasados que han intentado.

Gabriel continuó describiendo la forma de gobierno, cada 30 familias en las ciudades o las granjas, eligen un magistrado (éste tiene comunicación constante con las familias); cada diez magistrados eligen uno que los representa cuando se reúnen a tratar temas de interés para las ciudades o los campos. Se interpreta una organización jerárquica para tratar los temas que a veces abarcan varias ciudades o zonas; los cargos duran solo un año para evitar que los dirigentes se acostumbren al poder y así, todos experimentan el mando. Por votación, el pueblo elige cuatro candidatos al Principado; los doscientos magistrados de alto nivel en la jerarquía deciden cuál de los cuatro es el nuevo Príncipe; éste es un cargo vitalicio pero puede ser reemplazado en caso de necesidad. En cada ciudad se eligen cuatro representantes que se reúnen en el consejo de ministros para tratar distintos temas, algunos se resuelven directamente, otros se pasan a discusión con el Príncipe.

Jeremy reflexionó sobre la descripción diciendo que se parece mucho a las repúblicas actuales, parlamentarias y presidencialistas, e inclusive observa una cierta semejanza, aunque torcida, con el centralismo democrático de los comunistas donde son los miembros del partido comunista los que toman las decisiones finales.

Continuando con la descripción de Utopía, Gabriel se refirió a algunos asuntos comunitarios que demuestran una vida compartida entre vecinos y familiares. Las familias se limitan entre 10 y 16 miembros, el más anciano la preside, la mujer sirve al marido, los hijos a sus padres, en general, el menor al mayor. Por cada 30 familias hay un comedor compartido entre vecinos; hay despenseros que se encargan de solicitar las provisiones para preparar las comidas y servir a los comensales; son los esclavos los que se encargan de las labores más duras; las mujeres se encargan del guiso y la disposición de las mesas a servir. Las mesas se organizan con un balance de ancianos, adultos, jóvenes y niños para vigilar el comportamiento y recibir consejos de los mayores.

Jeremy exclamó, ¡vaya orden perfecto,! todo suena tan organizado, sin ningún problema; claro, claro, es la utopía pero todos sabemos que la realidad es otra, los hijos no le hacen caso a los padres y los nietos siguen por el mismo camino. Imagínate que en Venezuela los hospitales carecen de todo, un día no habrá ni doctores, serán sustituidos por los brujos de la revolución.

Gabriel se refirió a algunos asuntos que delatan exagerado control. Para salir de la ciudad hace falta pedir permiso a los magistrados, indicando fecha de salida y de regreso; no viajan con provisiones puesto que en cualquier ciudad pueden conseguir cobijo y alimento pero tienen que trabajar en su profesión para lo que se requiera en la otra ciudad. Al que ose quebrar los requisitos de salvoconducto lo penalizan fuertemente y lo castigan como un fugitivo, teniendo que cumplir tareas extraordinarias. Si viajan dentro de la misma ciudad, no necesita salvoconducto pero tienen que trabajar para ganarse su comida, no hay posibilidad de vagabundear. No hay tabernas ni antros de mujeres mundanas ni nada que vaya contra las costumbres.

Jeremy dijo, pero bueno, no hay ni tiempo para observar la puesta del sol tranquilo. Se nota que la gente está vigilada, no hay libertad de movimiento ni de acción. Se parece mucho a los sistemas comunistas y socialistas que penalizan la libertad de movimiento; a la hora de la verdad esta utopía como que se convierte en distopía. ¿Será que al considerar a Thomas Moore (Tomás Moro en español) un santo, aceptan su propuesta como válida sin tratar de evaluarla? La culpa siempre es de la gente, se dejan llevar por aspiraciones contrarias a la naturaleza humana; los seres humanos no aceptan obligaciones y siempre llevan la contraria.

Gabriel, sentado cómodamente en una hamaca tapizada de sombras, echó una mirada al reloj y le preguntó a Jeremy qué apuro tenía de partir. La Utopía de Moore en su libro segundo no es tan extensa pero todavía había varios temas pendientes. Si te parece, nos comemos una merienda, tengo una sirviente que nos lo prepara en un santiamén. Jeremy, que no se pela una oferta tendenciosa, le respondió que por supuesto, quería probar las golosinas del campo. Después de la merienda Gabriel continuó describiendo el comercio en la isla, a sabiendas de que no existe el dinero ni nada que se le parezca. Dentro de la isla intercambian productos sin ningún interés, solo por necesidad, los que tienen más le reparten a los que tienen menos y conservan inventarios de productos para unos dos años. El excedente lo comercian con los países vecinos a cambio de oro y plata, los cuales usan en caso de conflictos bélicos para pagar a los mercenarios que los defienden de los pueblos malintencionados. El oro y la plata lo guardan en las casas de la gente de Utopía en lugar de en un Banco Central para evitar que los gobernantes puedan corromperse con los tesoros; además, con esos metales hacen utensilios caseros, orinales y bacinillas, que los usan en las casas y hacen cadenas y grillos para los presos o esclavos, con la intención de que la mala estética de esos utensilios, distinta de las joyas, no los deslumbre y les haga desearlas.

Jeremy comentó que no le parece un proceso tan sofisticado y que es extraño poder contener la avaricia de las personas con esos subterfugios ya que en países vecinos sí le dan valor al oro y la plata.

En cuanto a los estudios, continuó Gabriel, no presenta un sistema educativo organizado, indica que aquellos individuos, destacados o con mayores capacidades, se dedican con más esfuerzo al estudio en sus ratos libres. Dicen saber de aritmética, geometría, música y dialéctica; saben de astronomía sin dejarse llevar por la astrología; y por la experiencia acumulada por siglos, conocen mucho sobre el clima, los vientos, las lluvias, las sequías, etc. Mujeres y hombres participan por igual en los estudios, dependiendo del interés propio.

Jeremy comentó que luce lógico que dediquen poco tiempo al estudio pues no es una sociedad innovadora, está primeramente orientada a la agricultura, la supervivencia parece ser lo fundamental. Hay muchas personas que se conforman con el primer nivel en la escala de necesidades de Maslow, considera que para qué profundizar más durante la vida, el modernismo solo trae problemas y no soluciona nada; olvidemos todos los avances tecnológicos, vivamos la vida que es corta. Esa es la filosofía utópica.

Gabriel continuó diciendo que en cuanto a la moral, consideran primero que todo la felicidad de los seres humanos, fundada en el deleite de los justos y honestos, agradeciendo a la naturaleza y haciendo el bien a los demás mortales. Thomas Moore se extiende en exceso sobre los comportamientos aceptados y rechazados; los delitos graves se castigan con servidumbre. Los utopianos creen mucho en las virtudes de los ciudadanos, el comportamiento que deseas recibir lo debes tú demostrar para que seamos felices. Además, dice que la moral está guiada por la religión que es muy severa, creen en la existencia del más allá, que el alma es inmortal, y que existen premios y castigos, ¿de qué vale la vida si no hay una recompensa cuando morimos?

Jeremy respondió a esas afirmaciones diciendo que se acordó del dicho '… y más pudo el interés que el amor que le tenía,' o sea que los utopianos se comportan bien por interés. Él quería conocer solo algunos detalles y le pareció suficiente explicación, reconociendo que la realidad de la vida es más compleja que la simplicidad que muchos charlatanes vociferan a las multitudes.

Gabriel empezó a referirse a los enfermos, los cuales reciben muy buen cuidado con los mejores doctores y tratamientos. Sobre los hospitales, hay cuatro por ciudad, ubicados en las afueras para evitar contagios con la gente sana; están muy bien equipados con los suministros necesarios y los doctores y enfermeros son suficientes para atender a todos los enfermos que se presenten. Cuando la enfermedad es incurable, aceptan la petición del enfermo para poner fin a sus días, así, dejan de sufrir y le dan paso a otros pacientes que pueden necesitar los servicios médicos.

Jeremy comentó que le parecía muy bien que un enfermo tenga la posibilidad de poner fin a su vida cuando ya no puede valerse por sí mismo, la eutanasia es una alternativa válida para dejar de sufrir.

Moore habla del matrimonio, se casan jóvenes y se castiga la deshonestidad, aquellos que tienen relaciones prenupciales son castigados. Una costumbre extraña para otros países es que deben posar desnudos delante de la futura esposa o esposo para verificar las buenas condiciones sexuales de las parejas, así evitan sorpresas una vez casados, ya que no aceptan el divorcio. Por experiencia de años consideran que la mujer es más grata al marido por su bondad que por su belleza; se nota que han aprendido una lección muy importante para la vida. 'no te dejes llevar por las apariencias.' Son muy sensibles a la infidelidad y castigan a los adúlteros. En las familias, los maridos castigan a las mujeres y los padres a los hijos.

Dentro de tanta belleza, Gabriel reconoció que había ciertos conflictos comunitarios, por ejemplo, los esclavos. Éstos son ciudadanos locales o extranjeros que han cometido algún delito punible con severas penas. Son casos de personas incorregibles que no merecen buen trato y devienen servidores en las tareas más pénibles, tal como las carnicerías y los trabajos duros del campo. A los esclavos que no se someten a las condiciones establecidas pueden llegar a castigarlos con la pena capital. Las leyes son muy simples, dejándolas a la interpretación de los jueces que se encargan de administrar justicia, siguiendo los lineamientos básicos.

Jeremy indicó que no está a favor de mantener esclavos pero según la explicación, es mejor no matar a la gente y ponerlos a hacer algo útil; sin embargo, siempre representarán una amenaza ya que la gente que comete delitos puede eventualmente reincidir.

Moore habla de las milicias, de la guerra, y de cómo se organizan para defenderse; suelen contratar a mercenarios. Abominan la guerra como un proceso bestial, solo la hacen para defenderse, para auyentar a los enemigos, o para liberar a algún país amigo. Prefieren vencer a través de ardides, artes o engaños en lugar de procesos sanguinarios; a veces, ofrecen recompensas para secuestrar o aniquilar a principes contrarios y así evitar la guerra. Usan el oro y la plata que tienen en las casas para pagar recompensas y pagar mercenarios. Cuando les toca pelear obligatoriamente, convocan a sus ciudadanos, los cuales utilizan corazas para protegerse en la batalla cuerpo a cuerpo. Fabrican máquinas de guerra bien sofisticadas para sorprender a sus contrarios.

Jeremy comentó que la vida en Utopía no era tan pacífica como pensaba, se nota que algunos vecinos pueden ser peligrosos. Es lo mismo que pasa hoy en día entre Ucrania y Rusia, China y Taiwan, o entre Palestina e Israel.

En cuanto a las religiones, dijo Gabriel, permiten distintos tipos de veneración, como el sol o la luna, pero consideran que existe una divinidad oculta, eterna, inmensa, e inexplicable la cual interviene en este mundo; no intentan convencer a los demás sobre cuál es la verdadera religión puesto que todas las religiones tienen un mismo objetivo que es el buen comportamiento.

Jeremy quedó sorprendido de lo adelantados que estaban en Utopía pues según él, en el universo existe una gran fuerza que fue la que produjo todo lo que conocemos y los utopianos parecen simpatizar con el mismo criterio.

En la historia utopiana, continuó Gabriel, se produjeron guerras por motivos de religión y decidieron no volver a pelear por ese motivo; para ello permiten que existan varias religiones y así cada grupo que lo desee se asocia a la religión que mejor lo represente. Sin embargo, mantienen ciertos principios, a través de todas las religiones, que son inviolables. Por ejemplo, no aceptan que se afirme que el alma muere al morir el cuerpo, es ilícito que alguien lo manifieste. Tampoco aceptan que el mundo está gobernado por el azar sin intervención divina ya que después de esta vida se castigan los pecados y se premian las virtudes. Otro aspecto interesante es que creen que los muertos están presentes junto a los vivos, viendo y oyendo lo que hacen y dicen.

Jeremy estuvo de acuerdo en que los utopianos estaban más avanzados en religiones que nosotros hoy en día. Me parece positivo que existan todas las religiones que deseen, lo importante es el buen comportamiento, no que dios te representa; la visión actual que promueve una sola religión tiene rasgos totalitarios que no demuestran ningún progreso de la civilización.

Gabriel concluyó el tema religioso describiendo la existencia de 30 sacerdotes, elegidos por el pueblo, son los censores de las costumbres, educan a los jóvenes en las buenas costumbres y amonestan a los delincuentes por su mal comportamiento. Algo interesante es que estos sacerdotes pueden casarse y no son castigados si cometen delitos, es la justicia divina la que se encarga de su destino; claro, son muy escasas las situaciones en que se ha presentado falta sacerdotal, por eso la desechan.

A Jeremy se le brotaron los ojos como a un ratón que ha caído en la trampa, justo por la cabeza. Claro que sí, exclamó, los sacerdotes son seres humanos también, por qué negarles la felicidad del sexo; por qué la hipocresía de los católicos de rechazar el casamiento de los sacerdotes. Todos conocemos los casos de pederastia y de monjas embarazadas por los curas, por favor, no más hipocresía aterricen en la realidad.

Gabriel asintió a los comentarios y agregó que aunque los utopianos no lo expresaron directamente, tener fe ciega en la religión es insano, las recomendaciones de la iglesia deben evaluarse y discutirse para buscar la verdad y no aceptar ciegamente las posiciones impuestas. El tiempo que usan en rezar y asistir a los templos deberían usarlo en conversar entre ellos y discutir la conveniencia o no de determinadas recomendaciones hechas por los sacerdotes.

Moore finaliza su historia, siguió Gabriel, haciendo una comparación de Utopía con el mundo contemporáneo que él conoce. Comienza comparando el interés propio con el bien común, afirma que en Utopía la gente cuida a los demás lo mismo que se cuidan a sí mismos. Señala la inexistencia de ricos en Utopía, todos son ciudadanos ricos en común y viven todos bien , todos son iguales y no necesitan más de lo que tienen. Habla de los ricos que se aprovechan de los trabajadores en otros países y justifican esa injusticia en la existencia de leyes que los protegen. Los usureros en otros países viven a costa del sacrificio ajeno, viven mejor que un trabajador que pasa apuros y eso es una injusticia que no existe en Utopía. Menciona a los nobles que tienen tantos lujos en otros países mientras que en Utopía la gente se viste con extremada sencillez y viven felices con lo poco que tienen. En Utopía no existe el dinero y así evitan males mayores.

Capítulo 3: Bertold y las Comunidades

Durante su vida, Jeremy ha conocido muchas personas que le han dejado una buena impresión, una de ellas es Bertold. Es un ingeniero con formación y experiencia gerencial con inquietudes sociales que lo han acercado a la socialdemocracia y la democracia social cristiana. Es profundamente religioso, católico, y considera que la gente que no cree en dios no puede tener fe en la vida. No entiende cómo puede haber gente que viva tranquilamente sin encomendarse a dios.

Jeremy que no es creyente, ha tenido algunas conversaciones con él y le ha explicado que la diferencia entre una persona que cree en dios y una que no, es que ambos tienen dudas pero las manejan diferentemente. Una persona duda pero prefiere creer para sentirse protegido y la otra prefiere no creer hasta que se demuestre lo contrario.

Durante nuestras conversaciones, Bertold expresaba simpatías hacia el libre mercado, la figura de Milton Friedman siendo fundamental. También se interesa en lo que hoy en día se denomina pensamiento progresista y uno de sus referentes es Thomas Piketty por sus trabajos sobre la desigualdad en la distribución de la riqueza y el ingreso.

Aunque Bertold está influenciado por Thomas Piketty, no deja de reconocer el aporte de otros economistas con ideales liberales, como Milton Friedman, que proponen el libre mercado, una intervención limitada del gobierno en la economía y la importancia de la libertad de los individuos realizando labores afines a su naturaleza. Friedman se interesa por el flujo de dinero en la economía, lo denomina monetarismo y teoría cuántica del dinero; el suministro de dinero en la economía debe ser regulado y estable ya que si no, se produce inflación o deflación. El rol del banco central es determinar un flujo estable de dinero que estabilice los precios y permita el crecimiento de la economía. Friedman sugiere una intervención limitada del gobierno en la economía y favorece el cumplimiento de la ley, la protección de los derechos de propiedad privada y exigir el cumplimiento de los contratos.

Para Bertold, una de las mejores sugerencias de Friedman es lo que se llama el impuesto negativo: la entrega de un ingreso mínimo a las familias más necesitadas; lo considera un mecanismo más justo, eficiente y humano para atacar la pobreza, en lugar del sistema de bienestar social que no favorece la búsqueda de trabajo. Las discusiones sobre un ingreso básico universal tienen su origen en las propuestas de Friedman.

Piketty ha influido en el discurso sobre desigualdad económica y sus graves consecuencias; comienza por criticar al capitalismo, como los socialistas y comunistas; recomienda que haya transparencia e intervención en las políticas públicas para atacar la desigualdad y propone soluciones para mitigarla. Según Piketty, el capitalismo incrementa la desigualdad, la cual ha empeorado en las últimas décadas y se ha concentrado la riqueza en manos de una élite privilegiada que acumula la mayor parte de la riqueza. Un desbalance estructural de la economía donde las mayorías nunca salen de la pobreza produce desigualdades. El trabajo de Piketty demuestra que no es una simple anomalía histórica sino la influencia perniciosa del capitalismo; la perspectiva histórica de la economía aclara que el capitalismo no reduce la desigualdad tal como muchos piensan; si no hay intervención pública de las políticas, la riqueza seguirá concentrándose en pocas manos, favoreciendo a los herederos de la riqueza y disminuyendo la movilidad social. Piketty demuestra que cuando la rata de ganancias de capital excede la tasa de crecimiento económico, la acumulación de capital de los poderosos crece más rápido que el conjunto de la economía y la distribución de la riqueza disminuye.

Como buen socialcristiano, Bertold favorece la ayuda a los más necesitados y apoya la ideología de Piketty en cuanto al impuesto a la riqueza global; se trata de un impuesto progresivo a la riqueza de los pudientes y aquellos con exageradas riquezas pagan un impuesto aún mayor. Esos impuestos se utilizan para financiar servicios públicos, programas sociales, así como las inversiones en educación e infraestructura; con esa medida se reducen las diferencias en la distribución de la riqueza y se promueve la movilidad económica. Además del impuesto a la riqueza, Piketty enfatiza la transparencia en la publicación de los datos sobre riqueza e ingreso; para tomar decisiones sobre políticas sociales se necesitan datos precisos y completos que apoyen las políticas e informen a la ciudadanía; mostrar los datos sobre desigualdad obliga a los gobiernos e instituciones a reportar los avances y demostrar los resultados. Otro aspecto que impresiona a Bertold es el análisis empírico de Piketty y su contribución a la comprensión de la desigualdad económica.

El ser humano siempre ha estado en búsqueda de una vida justa y satisfactoria, es razonable una sana discusión de esos temas. Las civilizaciones han existido para aglutinar los esfuerzos individuales y consolidarlos en comunidades autosuficientes donde todos tenemos cabida. Son muchas las comunidades que se han formado, unas siguiendo principios humanos comunes, otras por influencias religiosas y otras imaginando mejores condiciones de vida. Jeremy quería analizar brevemente si efectivamente la religión había contribuido a la consolidación de mejores comunidades.

Algo que siempre ha inquietado a Jeremy es la influencia de la religión en la sociedad, por qué no basta con los principios humanos referidos al buen comportamiento y hay que agregar la existencia de dios, la llegada de su hijo a La Tierra, la resurrección de Jesús, todos temas con características sobrenaturales. Piensa que concentrándose en los principios humanos se da una contribución muy valiosa a la civilización mientras que promoviendo la superstición solo se favorece la ignorancia.

Bertold era un candidato conocido para discutir un poco sobre las religiones y su influencia en las vidas de las comunidades. Aunque Bertold era católico y tenía una preferencia por esa religión, no conocía de muchas otras religiones, pero esperaba que le diese opiniones sobre otras religiones y la influencia en la creación de las comunidades. Era por lo menos un punto de vista distinto al suyo, en cuanto a religiones, ya que Jeremy no tiene predilección alguna por las religiones. Jeremy se ha considerado toda la vida ateo pero entiende que existe una fuerza muy potente en el universo, la cual no entiende cómo o por qué es posible que exista. Para él, hay dos tipos de personas, unas que creen en un dios y otras que no creen pero ambas tienen dudas puesto que es imposible decidir cuál es la interpretación verdadera. La idea de Jeremy no era discutir la existencia de dios sino entender la influencia religiosa hacia la creación de comunidades utópicas, ya que los principios religiosos influyen en el comportamiento social.

Bertold era un hombre de noventa años y dicen que 'más sabe el diablo por viejo que por diablo.' Aunque la experiencia de tantos años puede ser beneficiosa, Jeremy no comparte ese criterio, cree que el valor relativo de una persona no está definido por la edad sino por la sabiduría lograda durante la vida. Conoce varios viejos que no reflejan madurez, tantos años malgastados; lo más importante en la vida es el conocimiento orientado a la sabiduría. En vista de que el propósito de la reunión no era evaluar la sabiduría de Bertold sino contrastar las visiones de ambos personajes en cuanto al tema propuesto, siguió adelante en su propósito y se reunió con él al sur del continente americano. El punto de reunión era una cafetería en el centro de la ciudad que servía un café capuchino y una torta de manzana deliciosa. Jeremy llegó temprano para asegurarse de que los servicios aún funcionaban como antes. Vio a Bertold entrando, ayudado con un bastón, siempre tuvo problemas de rodilla y ahora con la edad se le habían acrecentado a pesar de las cirugías. La edad no perdona, el cuerpo resiste pero la naturaleza nos supera, lo irremediable siempre sucede, no por mejorar un miembro mejoramos el resto del cuerpo. Recuerda que Bertold se atrevió a recorrer el Camino de Santiago de Compostela. No triunfó en su cometido ya que sufría de las rodillas y en solo cuatro días tuvo que abandonar, solo pudo recorrer unos 70 kilómetros, se regresó a su país de origen para ser operado de urgencia.

Después de saludar a Bertold, cada uno pidió el café de su preferencia y la tarta más deliciosa del negocio. Bertold comenzó por aclarar su posición sobre la existencia de dios, para él es conveniente creer en dios ya que así por lo menos te sientes con una duda menos en la vida. Si estableces una senda menos tortuosa en tu camino por la vida, tienes una guía que te ayuda a decidir que rumbo tomar. La religión católica, entre otras muchas características, incluye la existencia de dios, el interés de dios en cada individuo, la comunicación entre el individuo y dios a través de plegarias, la trinidad de dios (dios el padre, dios el hijo, y dios el espíritu santo), la divinidad de Jesus, la inmortalidad del alma de cada ser humano; serás juzgado al morir por tus acciones durante la vida, para definir si irás al cielo o al infierno.

Bertold se dio cuenta de que ya estaba entrando en temas polémicos y decidió continuar centrándose en la comunidad diciendo que las religiones tienen un fuerte componente de vida social y unas aspiraciones de buen comportamiento individual y social. Las religiones, por lo menos la católica, promueve la dignidad humana y considera que para alcanzar una comunidad saludable deben protegerse los derechos humanos y hacer cumplir las responsabilidades de los ciudadanos. La religión católica no promueve la formación de comunidades utópicas donde todos sean iguales, piensen igual y se comporten igual, sino que sirve para guiar moralmente a los individuos en sus actividades cotidianas. Para él, la religión representa primeramente la visión moral de la sociedad, el punto de refugio de las dudas existenciales para superarlas y poder definir cómo continuar. Considera que participar en sociedad es un derecho y un deber ya que así se facilitan y regularizan las interacciones personales. La religión católica busca el bien común y la buena vida de todos, poniendo las necesidades de los pobres y vulnerables primero que todo.

Jeremy prefirió no ripostar sobre la existencia de dios pero reaccionó a las demás afirmaciones de Bertold diciendo que coincidía parcialmente con casi todas ellas pero que había algunas que tenían un cierto carácter autoritario. El mejor comportamiento de los seres humanos siempre es bien recibido pero la obligación de gozar de derechos y tener deberes comienza a manifestar una expectativa exagerada sobre lo que aspiramos de la sociedad y le pone trabas a los individuos, abrazandolos con deberes. No porque el individuo participe en la sociedad tiene garantizado el gozar de preferencias, debe haber algo más en la ecuación, digamos que no es una cuestión de cantidad sino de calidad; si la participación es beneficiosa o satisfactoria tendremos unos derechos adquiridos pero en otro caso, no.

Sobre los deberes, la sociedad no debe representar una camisa de fuerza que obliga a los individuos a obedecer leyes injustas, en cierta forma hay que calificar los deberes con el mínimo de coerción, dejando al criterio individual la decisión final. Tengamos en cuenta que lo del bien común y la importancia de los pobres anula los comentarios iniciales sobre la dignidad humana; los humanos no deben sacrificarse por el bien común y todos tenemos una posición privilegiada al lado de los pobres, no por ser pudientes perdemos nuestra dignidad. Además, la pobreza no es una condición definida solo por la escasez de alimentos o de bienes materiales, hay muchas otras consideraciones, personales, mentales, contextuales, que entran en la ecuación, la pobreza es multifacética, hay que analizarla en mucho más detalle. No es conveniente alinearse solo con los pobres ya que los pudientes pueden, eventualmente, convertirse en generadores de riqueza que beneficia también a los pobres.

Bertold reconoció rápidamente el carácter libertario de Jeremy, sabe que siempre ha sido admirador de algunos principios anarquistas, donde el individuo es primero y luego la sociedad; sabe que Jeremy no está de acuerdo con la imposición, ni siquiera para proteger principios morales. La religión busca una uniformidad de comportamiento que se manifiesta mayoritariamente en la sociedad, y por el mayor tiempo posible; antes de hacer cambios hay que evaluarlos en profundidad y preferentemente no hacerlos, por lo tanto, la religión busca estabilidad. Los procesos libertarios no son conservadores, buscan profundizar en las situaciones y si la respuesta es el cambio, debe procederse a realizarlo, sin miramientos basados en las antiguas escrituras.

Jeremy continuó diciendo que la evolución de las comunidades siempre ha tenido un fuerte componente ideológico, las ideas sobre cómo convivir en sociedad, son usualmente conflictivas ya que los seres humanos no se ponen de acuerdo; el aspecto comercial, para incrementar la prosperidad de los pueblos, es principalmente pacífico; y también la intervención militar, para dominar a los pueblos por la fuerza es controversial.

Bertold felicitó a Jeremy por la profundidad de los argumentos, ya que no había escuchado esa integración tan poderosa de conceptos para justificar la evolución de las comunidades. Manifestó que el componente ideológico está relacionado a las religiones, por supuesto; que en el aspecto comercial, la economía debe servir a la gente, y no al revés; y que el uso de la fuerza, aunque no está garantizado en las sagradas escrituras, fue aceptado por los jerarcas de la iglesia en épocas remotas. En cuanto al comercio agregó que el trabajo va más allá de la supervivencia, se refiere a la participación en el universo que dios creo; por lo tanto, los derechos de los trabajadores deben ser respetados y se debe garantizar una remuneración justa para que la gente pueda vivir en buenas condiciones de salud y confortablemente.

La separación entre la iglesia y el estado, continuó Jeremy, ha sido una fuente de controversia en los países influenciados por la religión, incluida la católica. Por supuesto que él es partidario de mantener lo espiritual separado de lo temporal pero nota que hay mucha presión por volver al pasado. Recientemente, ha seguido de cerca las enseñanzas de algunos filósofos contemporáneos, como por ejemplo Yordano Faderson, que hace unos años tenía argumentos con mente abierta sobre el tema religioso, explicaba con mucha objetividad las ideas sobre la interpretación del por qué de un dios y las antiguas escrituras pero últimamente ha hecho un cambio radical, parece inclusive irrespetar a los que no creen en dios o que no se guían por la biblia, asomando inclusive incapacidad intelectual. Recuerda también que hace muchos años Bertold le insinuó que por no creer en dios no podía tener fe en la vida ni en su futuro; él siempre ha mantenido y mantendrá fe en la vida a pesar de considerar a dios como un invento absurdo con origen supersticioso para explicar lo inexplicable. La proliferación de predicadores promotores de dios le dan la impresión de que hay una agenda oculta para influir en el pensamiento de las personas y hacerlos cada vez más intolerantes, aceptando los autoritarismos derivados de los libros sagrados.

Jeremy sabe que las religiones son, por lo general, conservadoras en la forma de decidir las situaciones conflictivas, por lo tanto están dispuestas a apoyar movimientos retardatarios con tal de mantener su hegemonía. En vista de que antiguamente las religiones tenían influencia sobre los estados, existe mucha gente que desearía regresar a época superadas, con el argumento de que antes la gente se comportaba mejor y ahora se manifiesta una incapacidad moral de los individuos.

Bertold, recordó sus comentarios sobre los problemas de fe que podía sufrir Jeremy por no creer en dios pero reconoció que fueron precipitados y que ya con más de 90 años a cuestas había madurado lo suficiente como para evitarlos en el futuro. Sin entrar en polémica, indicó que simpatiza con la separación del estado y de la iglesia ya que reconoce que ésta solo debe ser una guía espiritual para los individuos y no una fuente de autoritarismo para obligar a todos a aceptar los mandatos dogmáticos de la iglesia. Está muy al tanto de los problemas causados por la intervención del Islam en las decisiones de los estados musulmanes; un ejemplo patente es Irán, donde la religión interviene en las decisiones del estado. En Irán se llega a matar a la gente porque no cumplen algún precepto religioso, por ejemplo, la obligación del uso del velo o taparse el cabello. En Irán colocan protectorados religiosos en paralelo con instituciones del estado para que las supervisen y aseguren que los preceptos religiosos están siendo cumplidos a cabalidad. Me recuerda el caso de Venezuela, donde el estado coloca protectorados en las gobernaciones que gana la oposición, parece una copia al carbón de lo que hacen los estados musulmanes.

Analizando la conversación hasta el momento, Jeremy trató de sintetizar la relación entre la religión y las comunidades diciendo que los católicos no están predispuestos a fundar comunidades donde la religión es la única fuente de conocimiento sino que aceptan otros tipos de decisiones, por ejemplo, basadas en ciencia y filosofía. La religión católica da mucha importancia a la institución eclesiástica y menos a las sagradas escrituras.

Bertold añadió que el protestantismo es una variante cristiana que se separó de la Iglesia Católica Romana, y consideran la biblia como la única fuente de referencia. Jeremy no ha leído la biblia, pero la considera una fuente de conocimiento, sin embargo, cree que no se la debe tomar literalmente sino simbólicamente. Para él, es peligroso exagerar con la biblia puesto que hay párrafos en que el mismo dios ordena matar a niños; por ejemplo,ordenó a Abraham matar a su hijo Isaac.

Bertold afirmó que fueron algunos simpatizantes del protestantismo los que sí intentaron fundar comunidades donde los participantes utilizaban la biblia como la referencia a seguir para tomar las decisiones de la vida. Esas comunidades solían considerar 'la vida perfecta' como una posibilidad viable; todos somos buenos, todos colaboramos, todos nos entendemos. Bertold ripostó diciendo que aunque hay grupos religiosos cristianos que fundan comunidades donde la gente vive unida de acuerdo a su capacidad de producción, no se pueden considerar como la norma, la mayoría de éstas se integra a las comunidades existentes; en general, estos grupos son pequeños, dedicados a la producción agrícola, que se abastecen de manera autosuficiente y venden sus excedentes en los mercados cercanos a las ciudades.

Jeremy investigó sobre los Amish, los Mormones, y los Menonitas, que son ejemplos de grupos que no siguieron el protestantismo y pusieron en práctica su propia visión de la vida. Son grupos culturales y religiosos que se formaron en el Siglo XVI durante la Reforma Protestante de los cristianos que se separaron de La Iglesia Católica Romana. Cerca de la ciudad donde habita, existen grupos Menonitas y suele verlos en sus carretas tiradas por caballos, éstas son equivalentes al Ford modelo T de comienzos del siglo XX pero con motor a tracción animal.

Los Menonitas son Anabautistas, que significa que promueven el bautismo solo para los adultos, consideran que la decisión religiosa la deben tomar cuando son adultos y no de niños. Los Amish son más estrictos en sus creencias y modos de vida, se separaron de los Menonitas hace algún tiempo. Los Amish y los Menonitas son parecidos, rechazan la tecnología y propugnan libertad religiosa; los Amish viven en comunidades aisladas mientras que los Menonitas sí se integran un poco más a la comunidad.

Los Mormones, instalados en Norte América, invocan una historia con siglos de existencia, inclusive antes de la venida de Jesuscrito hace más de dos mil años, y sí se integran a la comunidad existente e incorporan la tecnología en su modo de vida, además, sostienen una mayor influencia cristiana con dios, Jesucristo y el espíritu santo como centro de inspiración, además, proclaman las enseñanzas de la biblia y el Libro de los Mormones; creen que Jesucristo regresará a la tierra para salvar a la humanidad.

Para Bertold, la existencia de tantos grupos derivados del cristianismo indica la diversidad humana y hay que respetarla; cree que los Mormones son como una religión paralela a la cristiana y los Amish y Menonitas como una forma de vida derivada de la cristianidad.

Jeremy hizo un recuento de lo investigado sobre los Amish y algunos grupos Menonitas; son conservadores, manteniendo el mismo estilo de vida tradicional y evitando la innovación; algunos creen que sus comunidades deben o pueden vivir aisladas del resto del mundo. Ambos grupos se dedican inicialmente a las labores agrícolas, ganaderas, avícolas, porcinas y bovinas en los campos; a veces usan métodos anticuados para la producción y procesamiento de los alimentos; suelen comercializar sus productos como una fuente de ingresos. Se visten de forma casual, tradicional, sin aspavientos, lo más sencillo posible y suelen hacer su propio vestuario. Tienen una fuerte inclinación hacia la paz, la justicia y la no resistencia; por ejemplo, no están de acuerdo con la guerra. Para ellos, Jesucristo es el centro de la fe; la comunidad y la familia son el centro de la vida; y la reconciliación es un trabajo constante.

Bertold considera que en ciertas ocasiones los Amish pecan de anticuados cuando preparan los alimentos, se han oído casos de autoridades que los han penalizado por no poseer los permisos sanitarios correspondientes y se les amenaza con confiscar las tierras.

Jeremy continuó describiendo a la comunidad Menonita cercana, dijo que a las afueras de la ciudad hay un gran mercado de productos locales que abre dos veces por semana y ofrece quesos, embutidos, carnes, tortas, frutas, y legumbres cosechadas por ellos. Los Menonitas tienen asentamientos en diversas partes de NorteAmérica y Europa. Comenzaron a llegar a Canadá desde el año 1776, muchos de ellos conservan el idioma alemán como su primera lengua ya que provenían de ese país. Esas comunidades han venido creciendo durante los últimos años con nuevos miembros provenientes de Europa y Estados Unidos, se estiman unos doscientos mil en Canadá y unos dos millones en el resto del mundo.

Bertold dijo que no le parecían tantos Menonitas pues hay 13 mil millones de católicos en todo el mundo. Por lo expresado, son pocas las comunidades que se han originado a partir de principios religiosos cristianos, lo que ha ocurrido más bien es que se han asimilado los principios religiosos en las comunidades existentes. Debemos recordar la conquista, por ejemplo, donde la religión fue impuesta por los reinados conquistadores.

Jeremy trajo a colación un ejemplo de comunidad fundada en la ciudad de New Harmony, Indiana, Estados Unidos, por la Sociedad Harmony en 1814, dirigida por Johan Georg Rapp, un inmigrante Alemán que llegó a Estados Unidos en 1803 buscando libertad religiosa. Según esa sociedad, la biblia era la única autoridad, proponía el celibato (se refiere a no casarse y no tener sexo) y una vida comunitaria sin posesiones individuales; además, creían que la armonía entre el hombre y la mujer se restablecería con esfuerzos de reconciliación. Esta comunidad se formó con el propósito de integrar a personas con objetivos de vida específicos, como el celibato, y el resto para subsistir por su propia cuenta, de acuerdo a su propio esfuerzo. La religión es colateral, no es fundamental para la vida en comunidad y la biblia les servía como la guía espiritual para discernir el comportamiento aceptable de los pobladores.

Bertold reconoce que primero es la supervivencia y después la fe. Las experiencias de las comunidades indican que la fe es importante, el factor espiritual es poderoso pero las necesidades básicas de comida, cobijo, calor, agua y servicios, se hace fundamental para continuar una vida de progreso que se convierta en un proyecto de vida para los pobladores. La vida es un proceso contínuo donde el sustento tiene prioridad, si los pobladores no tienen el conocimiento variado de los temas productivos, no podrán sostener la comunidad. Cuando la gente empieza a criticar la solidez de las decisiones tomadas, se entra en una vorágine que conduce a la desconfianza y erosiona la vida en comunidad. Son muchos los ejemplos de comunidades fracasadas por no contar con los profesionales necesarios para sostener la vida de la población. La agricultura, la construcción, la producción, la confección, representan las actividades para sostener la vida. Pero para progresar, no basta con el sustento, el conocimiento y la iniciativa o inventiva de los pobladores representa el potencial originado en las habilidades. Es bien conocido el efecto tecnológico en las sociedades pero no hay que olvidar que las comunidades requieren procesos acordes con su dimensión, una comunidad pequeña no necesita mayores inventos mientras que una comunidad extensa los necesita para atraer compradores o socios; los recursos naturales son también una fuente de ingresos para hacer progresar a los pobladores.

Pasaron los años, recordó Jeremy, y ya en 1819 los pobladores de Harmony habían construido 150 casas de madera, una iglesia, un almacén comunitario, cabañas, establos, una taverna, varias bodegas, tejares y poseían tierras listas para el arado. Vendían sus productos en los valles de Ohio y Mississippi. En 1824 tomaron la decisión de vender las tierras para ubicarse en lugares más poblados para emprender comercios más productivos. En enero de 1825 vendieron el pueblo a Robert Owen y William Maclure por $150.000 y se regresaron a Pennsylvania, estableciendo otro pueblo llamado Economy. Allí les fue muy bien hasta el año 1866, cuando empezaron a desmejorar por desavenencias con el celibato y divergencias de opinión sobre las ideas y creencias, se enemistaron los pobladores y finalmente disolvieron la sociedad en el año 1905.

Jeremy señaló que Robert Owen fue un empresario exitoso que tenía ideas de mejoramiento social para todos los que trabajaban en sus telares. Owen había diseñado una estructura empresarial social en Inglaterra, donde los trabajadores no eran explotados, vivían confortablemente, tenían cuidados médicos, se reducía la cantidad de niños trabajadores, se le ofrecía educación a los niños, se tenía un fondo de compensación para protección en caso de enfermedad o al retirarse de la empresa. Ahora bien, resulta que Owen no era solo un empresario sino que tenía ideas sobre una nueva sociedad, cosa que se le aprecia. Consideraba que la sociedad debía formarse por comunidades de entre 1000 y 3000 personas viviendo principalmente de la agricultura pero que podían también dedicarse a otras actividades productivas. Las comunidades serían autosustentables pero podrían intercambiar productos con otras más cercanas. Grupos de edificios cercanos alojarían a las familias con apartamentos, y se integrarían colegios, comedores y dispensarios para fomentar la unión entre familias, aunque cada familia conservase su privacidad. Se podrían incorporar nuevas comunidades, integrándolas en federaciones de 10 a 100 comunidades y así ir creciendo hasta abarcar el mundo entero. Owen sugiere que los niños estarían hasta los tres años a cargo de sus padres pero luego pasarían a integrarse a la comunidad, la cual se encargaría de su educación.

Bertold escuchaba con atención, hasta que expresó que no le parecía prudente entregar a los hijos a la comunidad, que los hijos deben mantener el contacto con los padres durante toda la vida ya que de otra manera se buscaría que todos fuéramos exactamente iguales y lo que dios creó es un mundo de variedad donde todos tenemos cabida.

Owen adquirió la comunidad de Harmony, agregó Jeremy, para demostrar la viabilidad de esa comunidad, aislada del resto de la civilización, con principios sociales de convivencia. Es típico de las utopías querer aislarse para controlar mejor la comunidad, se puede considerar una estrategia totalitaria en vista de que se busca uniformizar el comportamiento de las personas; yo veo aquí un patrón uniforme relativo al comportamiento humano, no aceptan la diversidad.

Según Bertold, es común aislarse ya que garantiza el seguimiento del proceso sin mayores contratiempos. Si los participantes mantienen contacto con otros centros culturales pueden trastocar las ideas iniciales y romper la armonía del grupo, promoviendo la división. Por cierto, eso fue lo que pasó exactamente, la comunidad se dividió en cinco sectores que intercambiaban productos basados en la estimación del tiempo de producción y el valor de la materia prima para hacer trueque.

Jeremy continuó diciendo que Owen, asociado con Maclure, un geólogo prestigioso, soñaban con una comunidad utópica que proporciona educación grátis, aboliera las clases sociales y abandonara el ansia de riquezas. Maclure atrajo muchos profesores y la comunidad se convirtió en un centro de avances educativos y científicos; se fundó la primera biblioteca gratuita y un sistema de educación pública que aceptaba hombres y mujeres.

Bertold había escuchado que ese experimento lo han considerado una de las primeras experiencias socialistas en Norte América. Que es típico de las utopías educar a todos los participantes del proceso para que se comporten bien, no sean egoístas, sean trabajadores y no sean envidiosos. La idea de Owen era formar al 'hombre nuevo,' aquel que sabe comportarse basado en las enseñanzas recibidas en sociedad, sin dejarse llevar por sus instintos; se dice que Owen inspiró a grandes socialistas como Lenin y Mao. Se nota que Owen no entiende que cada ser humano nace con unas características específicas que son casi imposibles de modificar, por lo tanto no es posible pedirle a todos el mismo comportamiento, más bien hace falta identificar las diferencias para aprovecharlas en favor de todos.

Para Jeremy, es contradictorio que un empresario sea el que propugna una sociedad con principios aparentemente socialistas, tal como le atribuyen, tiene que administrar el negocio para hacerlo competitivo y mantener un cierto nivel de ganancias para reinvertir y hacer el negocio cada vez más productivo. Le parece que Owen, a pesar de su motivación cooperativista, era un capitalista con sentido social que entendía que si sus trabajadores vivían bien, iban a rendir mucho más y podía obtener más ganancias, eventualmente repartiéndose entre los trabajadores. Para Jeremy, Robert Owen era un capitalista de avanzada, como pocos, pero que sabía reconocer que el trabajo debe ser bien recompensado y que los trabajadores deben ser tratados como cualquier ser humano lo merece. Lamentablemente, son pocos los capitalistas que piensan humanamente en sus trabajadores y prefieren tratarlos como piezas de recambio que se sustituyen en cualquier momento, sin importar su suerte.

Bertold expresó que las buenas intenciones no fueron suficientes para que la comunidad perdurara; las buenas intenciones son solo una parte, hace falta mucho trabajo y aún con él, salen a flote las diferencias de criterio de los participantes. Un problema fue religioso, no tenían la misma visión religiosa y empezaron a enemistarse. Tampoco se pusieron de acuerdo en cómo gobernar, se nota que Owen no tenía un plan claro de como solucionar esas dificultades.

Además, añadió Jeremy, cuando los recursos son limitados es imposible repartir la justa recompensa a cada trabajador, por lo tanto siempre habrá unos que se benefician un poco más que otros, la única discusión es ¿cuánto más?; es lo que se denomina el Suma-Cero de recursos, ocurre cuando hay insuficientes recursos para complacer a todos y no hay reservas para compensar el déficit.

Pero hay algo más, interrumpió Bertold, Robert Owen fracasó también porque no seleccionó a los participantes, éstos eran partidarios de sus ideas, pero pensaban en una vida fácil, eran poco calificados para las labores del campo, no conocían las maquinarias y no tenían experiencia práctica; se puede concluir que habían más intelectuales que trabajadores.

Algunos de los pobladores de Harmony, indicó Jeremy, justificaron la debacle de la comunidad precisamente por su condición cooperativista. Los pobladores no se sintieron importantes como individuos y echaban de menos la posesión de propiedades; como todo era comunitario, no había ese sentido de pertenencia recíproca individuo-sociedad y la carencia de propiedad privada afectaba la motivación personal.

Bertold asomó su tristeza a tales comentarios puesto que las enseñanzas religiosas sugieren lo contrario, por lo tanto, significa que Owen no era un hombre con influencia religiosa puesto que no especificó desde el comienzo la importancia de la guía espiritual. Cuando las enseñanzas religiosas se subestiman, el ser humano no tiene una guía clara de comportamiento, no tiene cómo manejar las eventualidades que se presentan a lo largo del tiempo. Te tengo otra sorpresa Jeremy, resulta que

Owen no estaba de acuerdo con el matrimonio tradicional pues lo consideraba fuente de adulterio y prostitución; muchas fueron las feministas que se integraron al proyecto de Owen en New Harmony creyendo encontrar una alternativa a la vida de las parejas.

Capítulo 4: Naveda y las Ideologías

Hace varios años escuchaba un programa de opinión donde el participante renegaba de las ideologías alegando que eran las causantes de todos los problemas en la sociedad. Quedé con la duda, será que este señor tiene razón. No son las debilidades humanas las que perjudican la convivencia sino que son las ideologías las culpables de que las sociedades no funcionan. Al final de mi reflexión saqué la conclusión de que el politólogo había equivocado su alocución. Señor, la política y la ideología son inseparables, y las ciencias políticas son ideológicas. Las ciencias políticas definen las ideas que permiten la acción política. Mantienen, modifican, o eliminan el orden existente. Señor, renuncie o retírese de la vida educativa, está dando un mal ejemplo. Las ideologías permiten entender el mundo actual, presentar un modelo deseado, y establecer la transición entre la situación actual y la sociedad futura que anhelamos.

Jeremy contactó a conocidos que pudieran ahondar en las bondades o maldades de las ideologías. Naveda y Úrsula cumplían el cometido. Naveda era un buen candidato con su facilidad para desenvolverse entre Tirios y Troyanos y Úrsula por su conocimiento económico, social, y político. Úrsula participará en otro capítulo sobre el tema económico más adelante pero tiene buena presencia política e ideológica. Naveda había demostrado una capacidad inigualable para salir airoso en las relaciones con la directiva del Colegio Universitario donde laboraba. Se llevaba bien con todos ellos, a sabiendas de que eran unos chavistas disfrazados de corderos. Fueron muchos los profesores perjudicados por la directiva, y fue por motivos políticos, porque no apoyamos a la mal llamada revolución bolivariana; como si un ser humano pensante debe arrodillarse a la voluntad del gobierno de turno. Naveda decía que no era simpatizante de la revolución pero todo el mundo creía que sí lo era, por la empatía que les demostraba, por la inercia aceptando decisiones injustas, sin aportar crítica constructiva, era el típico ciudadano que acepta un gobierno malhechor sin protestar. Úrsula por otro lado ha sido favorable a las ideologías socialistas y comunistas pero reconoce las fallas del socialismo absurdo del siglo XXI. La última vez que la ví, me dio la impresión de que mantenía cierta simpatía por el proceso chavista, aunque tratara de disimularlo en su discurso pedagógico, como buena profesora que es. Se reunieron en una cafetería en los alrededores de la universidad del centro, cerca de la plaza de las tres doncellas, con una estatua de tres bellezas entrelazadas bañándose bajo una fuente de agua. El lugar es el mismo que existía hace muchos años pero ahora remodelado para reflejar la nueva Venezuela premium, la de la opulenta chavo burguesía con los bodegones, las grandes farmacias y los carros de lujo. Luego de introducir a cada uno de los participantes, se sentaron en las mesas al aire libre, bajo las sombras de unos árboles y un parasol.

Naveda comenzó comentando el discurso introductorio de este capítulo sobre el politólogo que odiaba las ideologías, y dijo, si analizas el contexto es posible deducir que el profesor habla mal de las ideologías por la mala experiencia de la revolución chavo bolivariana, que utiliza principios caducos para gobernar al pueblo. Se nota que el politólogo estaba bajo los efectos emocionales del sufrimiento diario de todos los venezolanos y responsabilizó a las ideologías por todo eso, creyendo que criticaba solo al socialismo absurdo. Estoy seguro de que si hablas con él y le recuerdas lo que dijo, contesta que no se refería al concepto de ideología en general sino al socialismo absurdo en particular.

Jeremy notó claramente la mentalidad balanceada de Naveda, que justificaba todas las inconsistencias en argumentos emocionales o identificando distintos puntos de vista, así, podía nadar confortablemente en aguas turbias, aclarándose con sus aletas de argumentos reconciliatorios. Y dijo, tendré que buscar el video por Youtube para confirmar esa posibilidad, yo en aquel momento lo consideré fuera de orden.

Úrsula opinó sobre el asunto diciendo que en el mundo hay distintos tipos de personas, unas son más comprensivas, otras no lo son tanto; unas son emotivas y otras menos; unas son más acertivas, otras no tanto; unas son pacientes, otras no; y así sucesivamente.

A quién te refieres, preguntó Jeremy, al politólogo o a Naveda. Jeremy siempre con sus comentarios punzantes para captar las miradas de la concurrencia.

Úrsula soltó una carcajada mirando de reojo a Jeremy para disimular la vergüenza que le causaba emitir una opinión sin aclarar a quién iba dirigida. A Naveda apenas lo conocía, y rápidamente reaccionó y dijo que se refería al politólogo, por supuesto. La verdad era que lo decía en general, todas las personas son distintas, una profesora tiene que ser imparcial en sus observaciones.

Mientras nos tomábamos nuestro café tranquilamente, intercambiamos puntos de vista sobre la situación del país. Las pensiones no alcanzan para vivir, los que ganan poco solo reciben unos cinco dolares mensuales y la canasta básica era de unos cuatrocientos. Conocíamos profesores que se dedicaban a dar clases de bachillerato y comerciar con autos para poder subsistir, una cosa era comprar y vender en dolares y otra era disponer solo de la moneda nacional. Otros tenían que alquilar habitaciones en sus hogares para recibir al menos un centenar de dolares al mes.

Jeremy se acordó de los quince kilos que adelgazó en apenas unos meses, hacía ya seis años. Ahora la situación era mucho peor, si se quedaba de visita unos meses pasaría por las mismas dificultades y adelgazar unos cuantos kilos. No más chucherías, no más grasa, poca carne, algunos vegetales, arepa, casabe, queso guayanés, nada de licor, no más dulces, nada de restaurantes, cocinando en casa, solo un café de vez en cuando para celebrar estar vivos sentado en una cafetería viendo pasar a la gente.

Continuemos la conversación sobre ideologías, dijo Jeremy. Un aspecto que me preocupa es el alcance de las ideologías, mucha gente las considera limitadas a la política, o sea, a los gobiernos. Yo considero que van mucho más allá de eso, abarcan todas las actividades humanas, impactando al individuo y la sociedad; las ideologías implican comportamientos esperados y limitaciones propuestas. Los seres humanos buscan una manera de justificar sus acciones y convencer a los demás, para ello recurren a las ideologías; las relaciones personales influyen ya que nos dejamos influenciar por la simpatía de los que nos rodean y a veces aceptamos injusticias por no contradecir a los demás. [Heywood 2003]

El modelo de sociedad está definido por la ideología, dijo Naveda, por eso impacta la política, la economía, las relaciones personales, el comportamiento social, la moral, las aspiraciones y la pragmática.

El poder y el trabajo influyen en la organización social, dijo Úrsula. Dependiendo de cómo se utiliza la autoridad, se impacta el modelo social productivo; no es lo mismo un modelo libertario a un modelo totalitario, el primero permite la iniciativa privada o individual mientras que el segundo se inclina al control del estado en todas las áreas productivas, limitando a los individuos.

Jeremy se dirigió a Úrsula, ahí sugieres dos extremos, libertario – autoritario, será posible vivir en cualquiera de esos dos extremos o siempre buscaremos un balance entre los dos.

Me parece que solo son factibles como modelos, dijo Úrsula, ninguno de los dos es posible en la práctica, esto es pragmática, se ha comprobado que tanto los capitalistas como los socialistas utilizan una combinación de esos extremos libertario y totalitario.

Pero entonces estamos perdiendo el tiempo con modelos extremos pues no se utilizan, sería mejor proponer un modelo combinado, dijo Jeremy.

Por eso es que a mí me critican por llevarme bien con Tirios y Troyanos, exclamó Naveda. Por supuesto que tiene que ser una combinación de extremos, pero tengamos en cuenta que los políticos quieren diferenciarse y utilizan los extremos para atraer la atención de la gente, que como borregos se traga el cuento. Cuando los extremistas llegan al poder, la gente se da cuenta de que combinan los extremos y por eso, dejan de apoyarlos. Un modelo totalmente libertario o un modelo totalmente autoritario no existe en la práctica, hay que definir dónde se aplica cada uno en la sociedad. [Escohotado 2008]

Para concluir, dijo Jeremy, la culpa siempre recae en la gente que les cree a los extremistas, creyendo que le van a solucionar todos sus problemas y después, cuando gobiernan, cambian todos sus enfoques al enfrentar la realidad y a la gente solo le queda quejarse.

Úrsula, como buena profesora, quiso buscar profundidad en los conceptos y preguntó cuál es el propósito más elevado de una sociedad, para qué existe, qué persigue. El concepto de deuda fundamental es una alternativa, quién debe recibir el beneficio producido, con quién tenemos una deuda. Entre las posibilidades tenemos, cada persona (el individuo), una clase específica de personas (los pobres), la nación, la sociedad en su conjunto (todos), la tierra, el universo, el rey, y dios. En épocas antiguas era el rey el que recibía toda la consideración, afortunadamente las épocas cambian y ya los reyes han quedado como símbolos de respeto a la tradición. Los creyentes dirán que es dios el que recibe la deuda, con nuestro buen comportamiento seguimos los designios del señor; las sagradas escrituras, con sus consejos, contribuyen a la gracia de dios para ser recibidos en el paraíso celestial al dejar de existir. Este es un extremo, por supuesto, los países teocráticos no reconocen el conocimiento adquirido durante la evolución de la civilización.

Tener una deuda con dios es un peligro conceptual, sugirió Naveda, ya que estamos frente a una creación supersticiosa, o sea, al no tener explicación convincente del motivo de nuestra existencia, se prefiere creer en un dios inventado, estaríamos justificando nuestra deuda a la imaginación.

Que suerte que no fui criado en una familia religiosa, expresó Jeremy, nunca he necesitado de la protección de un dios, ni de ir al infierno porque me he comportado mal, ni he carecido de fe porque no tengo religión, como algunos católicos me han echado en cara. Aunque soy supersticioso, como todo ser humano, cruzarse con un gato negro da mala suerte, pasar por debajo de una escalera, en martes trece ni te cases ni te embarques ni de tu casa te apartes; no estoy obsesionado con la superstición, es más bien una tradición. No siento deuda fundamental a Dios, ni él la tiene conmigo, si es que existe. Por cierto, creo que si dios hubiese sido imperfecto, creado un universo evolutivo con un porcentaje de azar, que no nos premiará, ni nos castigará, quizás sí hubiese creído en él. Al menos se podrían entender todas las desgracias que suceden en el mundo.

Por eso existe la separación estado – iglesia, intervino Úrsula, no se debe penalizar a toda la población por una tradición religiosa profesada solo por un porcentaje de la población. El único sentido de la religión es aconsejar a la gente a que se comporte bien; no se debe imponer la existencia de un dios que vigila a cada individuo las 24 horas del día. La deuda fundamental hacia los individuos, necesita tomar en cuenta aspectos sobre la naturaleza humana. Aunque los humanos tengamos mucha imaginación y seamos capaces de inventar cualquier historia, no es menos cierto que tenemos cierta estructura natural que nos hace muy distintos a otros seres vivos en cuanto a vivir en comunidad.

Somos distintos de las abejas, dijo Jeremy, tema que abordó en su libro Humanidad Consciente. Algunos modelos socialistas las consideran los seres vivos más sociables de la tierra, viven juntas, trabajan duro, sacrifican su vida por el panal, etc.; hay que tomar en cuenta que las abejas nacen de la misma madre por miles y viven en el panal cerca de ella; por otro lado, los humanos nacen de la misma madre por unidades y viven junto a ella, por un tiempo, la vida en familia. Las abejas tienen un cerebro muy limitado que solo les permite comprender tres o cuatro reglas básicas, prueba clara es que no han evolucionado en tantos millones de años. El humano, en cambio, actúa con mente abierta, vive perfectamente en grupos reducidos, no hay nada preprogramado que lo obligue a compartir con multitudes. Para los humanos, la vida en grandes comunidades es imaginada, no es natural, proviene de un análisis de ventajas y desventajas y por eso hay ideologías que promocionan una alternativa comunitaria exagerada, que penaliza al individuo. Proponer que la deuda fundamental sea hacia el individuo es una manera de protegerlos contra la visión uniformista que promueve la sociedad; se busca proteger la originalidad y motivación individual. Para Jeremy, el anarquismo siempre ha sido el bastión de la libertad individual, por eso se ha mantenido fiel a la ideología, aunque reconoce sus limitaciones prácticas en una sociedad que crece cada día más y más.

Una tercera deuda fundamental famosa es a la sociedad en su conjunto, continuó Úrsula. La sociedad corresponde a una visión uniforme de igualdad humana, donde no se premia la diferencia, al contrario, se penaliza. Las ideologías que asignan la deuda fundamental a la sociedad establecen que la sociedad es más importante que el individuo, por lo tanto, en cualquier decisión se prefiere beneficiar a la sociedad que al individuo. Yo, como buena simpatizante del socialismo y del comunismo, estoy a favor de esa visión, un individuo no puede estar por encima de la sociedad. Puede ser un individuo caprichoso y testarudo que no acepta la imposición social y por lo tanto no se le debe aceptar su imprudencia. Las reglas y leyes se hacen para beneficiar a la mayoría, no para salvaguardar posiciones individuales.

Jeremy empezó a sentir un calor pronunciado en sus mejillas, durante su vida había tenido experiencias parecidas al enfrentarse a situaciones de injusticia y decidió calmarse pero expresando sus ideas sin llamar la atención de los presentes. Sabía que le era muy difícil reprimir su desacuerdo pero lo intentó, estoy de acuerdo con las reglas cuando ayudan a vivir mejor, si contribuyen a entenderse. Por ejemplo, un semáforo es conveniente en un cruce en que hay mucho tráfico pero en un pueblo como Pueblo Playero con muy poco tráfico, no se justifica. Hablemos del caso actual del covid, obligaron a la gente a ponerse las vacunas casi que por la fuerza, sin haber demostrado su utilidad. Discriminaron a las personas en el trabajo, para complacer la regulación establecida, como si eso fuera lo importante, sin importarles la opinión de los individuos ante la carencia de pruebas fehacientes de la calidad de las vacunas. Se nota que se favorece la regla en lugar de la verdad, es querer poner una regla en cualquier situación que enfrenta el ser humano sin haberla justificado. Las vacunas demostraron no ser eficientes, los médicos no han podido ni siquiera evitar un resfriado, cómo vas a tener confianza de que evitarán un virus tan potente como el covid. Y aquí no estoy comentando la opinión de los que no creen en vacunas de ningún tipo, han obligado a ponerse una sustancia desconocida dentro del cuerpo, con qué derecho, pero qué se han creído, hay que respetar la decisión de los individuos ante la duda.

Naveda intervino diciendo, hay gente que opina no tener miedo a un pinchazo, que eso no es nada, que cuál es el miedo. Pero te voy a confesar mi experiencia con las vacunas, me puse las dos primeras ya que tenía miedo de cotaminarme pero decidí no ponerme ninguna más puesto que tuve efectos secundarios por varios meses, tuve dolores del costado derecho de mi cuerpo, desde el cuello, el brazo, la pierna, la cadera y la única explicación era la vacuna o el mismo covid. Por cierto, los test de covid no garantizan descubrir si tienes covid, imagínate que desastre, perdieron la confianza de la población.

Escucha esta anécdota, dijo Jeremy, antes del covid me ponía anualmente la vacuna de la gripe, sin ninguna complicación, y me parecía que me protegía, ya saben que es un cincuenta por ciento efectiva solamente. Lo cierto es que me la puse este año creyendo lo mismo y miren la sorpresa, al día siguiente empecé a tener fiebre de 39 grados que me tenía que bajar con agua fría o hielo, además, mucosidad y dolor de garganta; tuve que quedarme en la casa por cuatro o cinco días mientras se me bajaba la fiebre y así no contaminar a más nadie en la calle. Adivinen qué, ya no me vuelvo a poner ni la vacuna de la gripe ni ningún refuerzo del covid, zaperoco, ni de broma.

Hoy leí una noticia sobre el campeón de tenis Djokovic, dijo Naveda, que no se ha vacunado y le niegan la entrada en países como Australia y Estados Unidos, este último eliminará el requisito de entrada al país a los no vacunados por covid el 11 de mayo de este año. Sentí verdadera simpatía por Djokovic, se ha mantenido firme en su posición, demuestra ser un campeón por esa fortaleza de carácter y fue perjudicado por una medida para proteger a toda la población y en contra de los individuos sospechosos de propagar el virus.

Jeremy finalizó el tema diciendo que es patético cómo se perjudica a los individuos en nombre del bienestar de la población, es un teatro montado alrededor de una abstracción irreal, el colectivo, colocando en minusvalía al individuo. Ya la gente se enfrenta por ponerse o no la vacuna, tengo una prima que repite que ella si se pone todas las vacunas, y reniega de que cómo es posible que la gente no se las ponga, que no se ponen las mascarillas en la calle, que no piden el pasaporte de vacunación, y tuve que decirle, por favor no me hables más de vacunas y virus, ¿creen que ha hecho caso? Le entra por un oído y le sale por el otro, sigue repitiendo lo de vacunarse, ya no le hago ni caso.

La tarde iba pasando y Jeremy preguntó, quieren tomarse otro café o comerse una tortica, es agradable una torta de manzana con un te negro. Úrsula y Naveda aceptaron la oferta y Jeremy se levantó a pedirlos en la barra. En el interín, Úrsula comentaba con Naveda la carrera meteórica de Jeremy, yo lo conozco desde niño, salíamos de excursión con sus padres, conocimos los Andes, las llanuras de Apure, la península de Araya, la isla de Margarita, Ciudad Bolivar. Era un niño que le gustaba mucho jugar, cualquier juego era bueno, jugábamos ajedrez, parchis, vóleibol en la playa con raquetas y pelotas de goma. Hacía submarinismo en Playa Colorada durante Semana Santa, hay una especie de isla al lado de la playa, la recorría con su máscara y sus chapaletas, yo iba algunas veces, y a él le encantaba la fauna submarina. Recuerdo que tenían un perro muy bonito era negro con una franja blanca en el pecho, lo llamaban Prince, era un labrador, recuerdo que el perro quería tanto a sus amos que se preocupaba cuando estaban dentro del agua y los quería sacar del mar, los iba a buscar y Jeremy lo tomaba de la cola y el perro lo arratraba hasta la orilla, era una manera de demostrale cariño a sus amos.

Jeremy no era muy hablador pero tenía una cualidad única, continuó Úrsula, era muy ocurrente, con una agudeza intelectual que no todo el mundo posee, no era precisamente rapidez mental sino profundidad de pensamiento. Esos eran signos del pensamiento filosófico que yo no había identificado en aquella época pero con los años me dí cuenta de su sabiduría natural. Recuerdo un comentario suyo sobre un motorizado que pasaba por el lugar, diciendo, 'miren esa moto, es vieja como el motorizado que la maneja,' cuando volteamos a ver, era un anciano que se integraba perfectamente a la moto que manejaba, todos los presentes terminaron riendo a carcajadas. Otra anécdota que recuerdo fue cuando íbamos a La Hermandad Gallega por la Avenida Andrés Bello en un carrito por puesto, yo estaba sentada detrás y él delante; había cola y se hacía tarde para la actividad y le pregunté, '¿qué hora es? y miro su reloj y contestó, 'lo tengo parado.' Todos los pasajeros se desternillaron de la risa a carcajadas y a mí las mejillas se me volvieron coloradas de la vergüenza. No me atreví a preguntarle si el reloj no funcionaba o lo dijo con doble intención.

Ya Jeremy estaba por regresar y Úrsula apuró la conversación con Naveda para que no oyera lo que se hablaba de él. Lo que quería decirte Naveda, es que Jeremy es un brote tardío (late bloomer en inglés) ya lleva ocho libros con éste, fue hacia el final de su vida que se dedicó a escribir. Quién se hubiera imaginado que su proyecto filosófico en el área ideológica sería de tal magnitud. Tiene un estilo frontal, golpea al régimen socialista absurdo contundentemente, yo no me atrevería a hacerlo, usaría un seudónimo para que no me reconocieran. Llegó Jeremy con una bandeja y les dejó el té con las tortas, Úrsula le dijo, estábamos hablando de tí, de tus libros, de lo osado que eres al enfrentar al régimen oprobioso.

Jeremy respondió, yo voy con la verdad por delante, duelale a quien le duela. Luego preguntó, hay algún aspecto pendiente que debamos conversar sobre las ideologías.

Úrsula reflexionó y dijo que todas las ideologías, en principio, se sugieren para hacer el bien a la población, nunca para hacer daño. Aunque tu critiques al socialismo y al comunismo, estos sistemas mejoran la vida de las personas, para que sean más felices, para que disfruten de la vida y así sucesivamente. Inclusive el capitalismo nocivo, promueve el materialismo para que la gente sea más feliz. Lo que sucede con las ideologías es que no hay ninguna que haga felices a todos, siempre hay unos grupos de infelices que están luchando por la supremacía del poder creyendo que sí van a solucionar los problemas.

Hay que ser pragmático, dijo Jeremy, es imposible satisfacer a todos por igual, por lo tanto, deben abrirse espacios para que gente distinta tenga manera de convivir expresando sus diferencias. Quiero decir, hoy en día, cuando un gobierno toma el poder quiere que todos pasen por el mismo embudo, quieren obligar a todos a lo mismo. Lo que yo propongo es que hayan distintos embudos y cada grupo pasará por el que se sienta identificado; esto evita la uniformidad obligada y da más libertad. Creo que entre varias alternativas, puede probarse la identificación de principios comunes y de principios localizados; los comunes los aplicamos a todos y los localizados los aplicamos por grupos de interés. Una manera de visualizarlo es pensando en una distribución urbana en la que hayan distintos barrios: socialistas, comunistas, capitalistas, anarquistas, liberales, conservadores. En cada barrio aplican los principios específicos a su ideología pero cuando se movilizan entre barrios siguen principios comunes que todos deben aceptar. Por ejemplo, un barrio conservador impondrá, por ejemplo, una religión y las corridas de toros, mientras que un barrio anarquista no impondrá ninguna religión, y aceptará los toros coleados, que no matan a los toros. Cuando haya algún conflicto o disputa entre esos dos barrios, serán los miembros elegidos de esos dos barrios que se reunirán a resolverla. Cuando haya alguna necesidad de integración de múltiples barrios, por ejemplo, una carretera que pase por todos ellos, se reunirán los miembros para proponer las mejores alternativas para la construcción de la carretera.

Naveda intervino diciendo que tal como se plantea, el concepto de nación, tal como lo conocemos, desaparece, ya que no hay una unidad de criterio que provenga del tope de la jerarquía. Esa propuesta rompe con la tradición nacionalista, el mandatario que decide por el bien de todos desaparece y es substituido por un grupo ad-hoc que se reune solo cuando se requiere.

Úrsula, con sus conocimientos de economía, reaccionó, y preguntó, pero dónde está la planificación. Me imagino que también se reunirán a definir qué se necesita para mejorar los intercambios entre barrios; una planificación estratégica ayuda a prever necesidades y abarca distintos barrios. Si lo interpreto correctamente, la propuesta tiene un paralelo parcial con la organización de los Estados Unidos, donde los estados tienen un alto grado de autonomía pero hay un gobierno federal que vigila el intercambio entre estados; también toma decisiones para resolver conflictos que comprenden dos o más estados. Algo interesante, en Estado Unidos, el poder federal no tiene la última palabra para imponer una medida, los estados pueden rechazar una determinada imposición si así lo consideran, por lo tanto, se parece parcialmente a la propuesta de Jeremy.

No se que pensarán ustedes pero yo estoy dando una contribución a la humanidad, dijo Jeremy. Las ideologías son un mecanismo de generación de ideas que permite contrastar lo existente con la posibilidad de cambio para mejorar en el futuro. Las ideologías manejan aceptablemente el QUÉ pero fallan al nivel del CÓMO, por lo tanto, deben juzgarse los resultados y no quedarse en simples aspiraciones. Por ejemplo, la redistribución de la riqueza es una aspiración común a todas, los recursos deben alcanzar para vivir confortablemente. Desde el socialismo al comunismo, del anarquismo al capitalismo, del liberalismo al conservatismo, se busca esa mejora del ser humano. Es al nivel del cómo lograrlo y de la perspectiva conceptual que se utiliza, lo que hace cambiar las estrategias. Los socialistas y comunistas consideran que al igualar a todos económicamente, se realiza un acto de justicia, aunque que se anulen las ambiciones humanas, haciéndonos uniformes, y controlados por el estado autoritario. Los anarquistas y capitalistas, aunque distintos conceptualmente, enfatizan la libertad individual, por lo tanto, permiten que los grupos que se consideran homogéneos puedan hacer compromisos e intercambiar riqueza a su libre albedrío, sin la intervención del estado. Los liberales y los conservadores están más obsesionados por el contrato social, las leyes que definen el comportamiento en sociedad, y consideran la distribución de la riqueza basada en el mérito y no en las decisiones del estado; los más trabajadores tendrán más y los demás, menos.

Úrsula y Naveda asintieron a los comentarios diciendo que las ideologías atraen a las masas por el Qué ya que los charlatanes amplifican las bondades, las justicias, pero nunca saben Cómo lograrán el bienestar, en el fondo no les importa, lo que buscan es el poder.

A pesar de que las ideologías abarcan todos los ámbitos sociales, incluyendo el comportamiento de los individuos, continuó Jeremy, hay que reconocer que es en la política donde tienen el mayor impacto. La política involucra la interacción entre personas, y son los grupos los que determinan la aceptación de esas ideas; para poner una idea en práctica hace falta que sean los grupos los que la promuevan. Solo por la fuerza no es posible lograr resultados, hace falta convencer a los individuos y aquí nos enfrentamos al valor del conocimiento, si los individuos no tienen educación, los resultados de las interacciones no tienen porque ser positivos; si la gente no tiene profundidad intelectual difícilmente entenderá lo acertado de una propuesta.

Úrsula intervino diciendo que las ideas provienen de la cultura, la cual está basada en tradiciones, y por lo tanto, la clase dominante tiene un privilegio sobre otros puntos de vista que compiten por la verdad. Los que tienen controlados los medios de producción suelen ser los que controlan la producción de las ideas; los primeros, materialistas, dominan a los segundos, idealistas.

Naveda quiso opinar, diciendo, cuidado con los que esconden intereses detrás de las ideas, son bien conocidos los casos de políticos que tienen intereses ocultos, a veces para su beneficio personal, otras para cumplir promesas de lealtad a una causa injusta, otras para asignar cuotas de poder a los que los financian. Los políticos, siendo personas, están influenciados por motivos egoístas, la fama, el dinero, el poder; por lo tanto, un análisis psicológico de los políticos permitirá seleccionar los más equilibrados para ejercer la función.

Las ideologías sugieren los criterios por los cuales la gente actúa y se materializan de acuerdo a una obligación, no por derecho; es el lenguaje de los deberes y no de los derechos. A partir de un criterio inicial que identifica lo necesario, por ejemplo, un ser humano digno y una vida satisfactoria, se definen a continuación unas justificaciones para apoyar las necesidades y al ser, utilizando sistemas de estándares, reglas, leyes. Finalmente, hay aspectos fortuitos que toman en consideración todas las creencias, las prácticas y las instituciones encargadas de ejecutar las acciones, sometidas a variantes aleatorias.

Naveda se quedó mirando con grandes ojos a Jeremy y le expresó su simpatía por tales conceptos. Y dijo, has presentado un modelo de tres niveles: criterios, justificaciones, contingencias, que permite comprender la forma de estructurar las estrategias ideológicas. Yo siempre analicé las cosas al primer nivel, siempre buscaba la comprensión al nivel del individuo, sin entrar en los otros dos niveles, me llevaba muy bien con los chavistas del instituto y por eso no buscaba más allá; no me percataba de cómo desorganizaban las actividades internas del intituto. Ahora me doy cuenta de que el chavismo acabó con la educación y en particular la universitaria; para esos dirigentes, los estudiantes solo tenían que cumplir asistencia sin esforzarse, al final todos debían aprobar; si el profesor era exigente y los reprobaba, ponían un nuevo profesor el siguiente semestre solo para que aprobaran.

Jeremy les agradeció a todos y finalizó con lo siguiente, el orden se mantiene por convicción, por las leyes o por la fuerza. Un primer principio, el de libertad de todos los miembros de la sociedad (seres humanos), identifica la importancia de la convicción del individuo en el respeto del orden. Un segundo principio, el de dependencia o sumisión a una misma legislación común, garantiza la uniformidad de los sujetos que intervienen. Siguiendo las reglas, normas, leyes, y comportándose correctamente, la sociedad funciona. Las interacciones entre instituciones y personas dependen de la consciencia de los sujetos que conforman la colectividad. La igualdad ante la ley interpreta a los individuos como ciudadanos que merecen respeto y se hacen respetar. Finalmente, por la fuerza, los gobiernos totalitarios forzan a los ciudadanos e instituciones a su capricho. La fuerza bruta es una manera pero se valen del poder para cambiar y torcer las leyes con la anuencia de una clase parasitaria y malvada que se apodera del poder.

Capítulo 5: Nuyma y la Sociedad

Los recuerdos de la niñez siempre perduran, Jeremy conoció a Nuyma cuando tenía unos siete años de edad. Salían las familias de paseo a la playa, a Los Próceres, al Centro Español, Hermandad Gallega, al Centre Catalá, al Teleférico, y a todos los lugares de recreación, incluidos los paseos por El Avila. Se reunían a almorzar o cenar de vez en cuando, muchas veces en los parques y pocas veces en algún restaurante popular. Para Nuyma, Auguste Comte era un referente sólido que reflejaba sus creencias, la sociología y la filosofía eran sus preferencias intelectuales; había estudiado sociología en la Universidad Central y tenía una visión avanzada sobre la importancia de la sociedad. La ideología del positivismo de Comte representa un avance para la comprensión de la sociedad, se apoya en el desarrollo de las ciencias sociales; el uso de principios científicos en los aspecto humanos y de la sociedad había transformado la forma de atacar los problemas cotidianos con una visión de futuro.

El positivismo representa el método científico aplicado en la sociedad, enfatizando la observación empírica y el rechazo a la especulación metafísica. La metafísica estudia el significado de la existencia humana y su relación con la realidad. Los seres vivos actúan y reaccionan al ambiente, crecen y evolucionan a través de la reproducción y los procesos metabólicos; los seres no-vivientes como las rocas o los líquidos no tienen las mismas capacidades. Qué somos y cuál es nuestro propósito son algunas de las grandes preguntas de la metafísica; se relaciona con el libre albedrío, poder elegir nuestros pensamientos y accionar sin intervención foránea.

El conocimiento y la comprensión humana han pasado por tres etapas, teológica, metafísica y científica o positivista. La teológica explica los fenómenos naturales y sociales con conceptos sobrenaturales o religiosos; la metafísica se explica por la abstracción y la filosofía; y la científica o positivista utiliza la observación empírica y los principios científicos. Empírico se relaciona con 'experiencia,' comprobación experimental, percepción e interpretación de la realidad. El método de análisis típico es el hipotético-deductivo, se establece una hipótesis que luego se comprueba con la experiencia percibida. La política es una ciencia empírica, no es una ciencia matemática, se basa en principios humanos, los cuales son imposibles de unificar debido a la diversidad humana; los políticos no deben improvisar, ponen en peligro la vida. La medicina también es una ciencia empírica y no por ello el doctor va a recetar al paciente una medicina desconocida que no sabe qué efectos produce ya que pone en peligro la vida del paciente.

Nuyma ha simpatizado con los estudios de Comte ya que llevaron al desarrollo de la sociología, lo consideran el padre de la sociología. Según Comte, la sociedad opera de acuerdo con sus propios principios y leyes y éstas se descubren con observación y análisis empíricos. Comte introdujo el concepto del orden social y el rol del positivismo para mantenerlo; consideraba la racionalidad y el orden superiores a la irracionalidad y la superstición. Nuyma considera que los humanos son supersticiosos por naturaleza, creen tradicionalmente en dioses y espíritus, así como creen en la vida después de la vida. Por suerte, mucha gente cree que las cosas ocurren sin la participación de una deidad ficticia. La superstición es la credulidad exagerada de causas sobrenaturales que favorecen ciertos desenlaces. Cuando el humano no entiende un evento inventa historias que le dan un significado o explicación. Para explicar nuestro origen humano, las religiones inventan historias creacionistas que mucha gente se las cree pues no tienen otra alternativa explicativa. Esas historias explotan la ignorancia de las personas para proporcionarles una calma pasajera.

Comte ha sido claramente criticado, pero Nuyma lo considera un precursor; dicen que es reduccionista y determinista, mitigando los fenómenos sociales complejos a simples leyes y principios. Aunque dicen que no toma en cuenta la complejidad del comportamiento humano en sociedad, que no incluye el rol de la cultura, o los valores y las experiencias subjetivas, su contribución fue ampliamente premiada y aplicada por muchos años ya que representa un giro extraordinario al conocimiento y procedimientos humanos reinantes.

Así como Nuyma admira a Comte, está al tanto de otros grandes maestros, como por ejemplo, Michel Focault, un filósofo y teórico social que contribuyó con la filosofía, sociología y teoría crítica durante el siglo XX. En su ideología, la interrelación entre el poder y el conocimiento se hace fundamental, sustenta que el poder no es simplemente una fuerza opresiva ejercida por ciertas autoridades sino que representa una red dispersa de relaciones a todos los niveles de la sociedad; Focault hizo famoso el término 'biopoder,' que describe cómo las instituciones, tal como el estado y los servicios sanitarios ejercen control sobre los entes de servicio social y la población. Un ejemplo notorio, en nuestros días, es la forma en que los países y servicios sanitarios enfrentaron las amenazas del Covid de forma totalitaria y la población la aceptó como la panacea curativa. Otra afirmación popular de Focault fue que el conocimiento no es neutral u objetivo, sino influido por la dinámica del poder; introdujo el tema del 'discurso' para ilustrar cómo se construye y mantiene según el lenguaje utilizado, las instituciones y las normas sociales; el 'discurso' es todo un sistema de conocimiento que define lo que se considera cierto o falso, normal o anormal, aceptable o desviado dentro de un contexto cultural determinado; los 'discursos' están ligados al poder ya que legitiman ciertas formas de conocimiento y marginaliza otras.

La ideología de Focault rechaza las grandes narrativas o teorías que todo lo abarcan en la historia; criticaba los enfoques tradicionales para entender la sociedad identificando leyes universales o teleologías históricas (orientado a los propósitos y no a las causas); enfatiza más bien la importancia de la genealogía, que traza el desarrollo y la transformación histórica de ciertas prácticas, instituciones y formas de conocimiento; la genealogía desentierra las dependencias o naturaleza de los fenómenos sociales, revelando su estructura según contextos históricos específicos y las relaciones de poder.

Otra contribución de Focault se refiere a la subjetividad. Manifiesta que los individuos no son autónomos ni coherentes sino influidos por 'discursos' específicos y relaciones de poder; la identidad del individuo está fragmentada, influenciada por categorías sociales y sujeto a supervisión y regulación constante; esa perspectiva influye en las políticas de identidad y marginalidad. Focault examinó ciertas instituciones, específicamente aquellas que controlan a los individuos, tal como las cárceles, los hospitales y los colegios, demostrando que no son solo funcionales, sino instrumentos de vigilancia y control ya que tienen un rol preponderante en la producción y reproducción de normas sociales y estructuras de poder.

No es por casualidad que el tema de la sociedad reaparece en todos los documentos que tratan sobre la vida humana. En esa época la gente vivía en bandas o tribus, unas aisladas de las otras, y cada una era capaz de proveer alimento y cobijo a sus miembros. Las bandas cazaban, recolectaban, manufacturaban y daban servicios para todo lo que necesitaban. Con el pasaje de los años y con el incremento poblacional, se comenzaron a realizar intercambios comerciales entre distintos centros poblados; la especialización se fue incrementando y la innovación se fue popularizando, acompañada de invasiones y conquistas que extendían o limitaban el poder entre las naciones que se iban formando.

Nuyma sería una candidata perfecta para discutir sobre el tema, ella es socióloga, graduada en los años 70 en la Universidad Central. Jeremy se reunió con ella en un salón de clases vacío en una tarde calurosa de agosto en la capital del país. Nuyma le preguntó, qué buscas exactamente con la entrevista, ya sabes que este tema es muy extenso, solo podemos cubrir parcialmente la evolución social. Jeremy le explicó que su interés era la relación de las ideologías con la sociedad ya que para él, ambos conceptos están entrelazados. Para mí, la sociedad evoluciona de acuerdo con las ideologías.

Nuyma lo detuvo diciéndole, al contrario, la sociedad evoluciona a pesar de las ideologías, eso es mejor que lo aclares desde yá. Las ideologías son modelos predefinidos y las sociedades no siguen una ideología precisa; por eso, en China se habla de comunismo pero existe un capitalismo subyacente que rige el comercio local y mundial, por lo tanto estrictamente hablando no es el modelo ideológico comunista que todos imaginamos; otro caso parecido es Corea del Norte, considerado comunista pero que al final no es sino la consolidación de una dinastía familiar que se atornilla al poder haciendo ver que ayudaba a la población usando estrategias comunistoides.

Jeremy, como buen promotor de una mente abierta para entender las situaciones comentó, aunque tu réplica parece ir en contra de mi punto de vista, no es más que el mismo tema visto desde el contexto opuesto; es una estrategia que complementa lo que fue explicado inicialmente. Se me ocurre que podemos intercambiar sobre el tema ideología – sociedad bajo esa perspectiva, digamos, cómo se relaciona la ideología con la sociedad. Vamos al cafetín y allí continuamos la conversación.

Jeremy hacía muchos años que no visitaba su universidad, se sentía acogido por sus edificios, campos deportivos, jardines y paseos peatonales, los había recorrido innumerables veces cuando caminaba desde la parada de autobús en Plaza Venezuela hasta la Facultad de Ingeniería, era una sensación de felicidad como cuando te reunes con tu familia, te sientes muy bien, en paz. Recuerda nítidamente algunas experiencias en el cafetín de ingeniería, solo tenía para pagar un café con leche ya que su presupuesto semanal era corto; veía a otros comerse pastelitos de carne al mediodía y él con esa hambre, tenía que entrar a una clase de una hora más para después regresar en el transporte desde el Reloj Universitario hacia el centro de la ciudad, luego caminaba unos veinte minutos para llegar a su casa y finalmente podía comer lo que su madre, con tanto afecto, le tenía preparado. Recuerda que algunos días se tenía que quedar hasta la tarde y no podía ir a su casa, caminaba hasta la zona de las piscinas con otros estudiantes a comerse un arroz a caballo, que era el plato más económico en esa cafetería. Fue muy pocas veces al comedor estudiantil que también era económico, ya que no le gustaba el ambiente, demasiada gente, demasiadas colas, la comida era muy simple, como de hospital. Sabía de otros estudiantes que tenían pases mensuales, no tenían familia cerca, vivían en las residencias, provenían de familias pobres, como uno. Aunque hay cierto deterioro en las instalaciones universitarias, éstas se conservan básicamente igual a como las conoció en su época. Nuyma y Jeremy llegaron al cafetín y pidieron sus respectivos cafés y siguieron tratando el tema ideológico social.

Todas las sociedades tienen elementos parecidos, comenzó Nuyma, todas están conformadas por seres humanos, éstos son diversos, todos necesitan comer, albergarse, y vestir. Cada sociedad manifiesta una determinada cultura, unos la aceptan pero otros no, hay que vigilar al querer obligar a todos a seguir la misma cultura. Los humanos nacen bajo condiciones predefinidas, nadie les pregunta si están de acuerdo o no con la cultura, y no están claras las alternativas de mejora para los recién llegados. Los humanos colaboran normalmente en la sociedad, es una predisposición natural, pero eso no significa que siempre estén dispuestos a colaborar; hay que darle oportunidades a los individuos para decidir su destino y no es conveniente que éste sea impuesto por el estado. En la sociedad solo conocemos a un grupo muy reducido de personas, y colaboramos con ellas, del resto no sabemos con quién, ni quién, colabora con nosotros; por eso existe un anonimato en la sociedad que puede ser al fin de cuentas constructivo para todos.

Jeremy intervino para dar un ejemplo de colaboración universitaria, ambos conocemos el caso de los profesores que conocen a sus estudiantes y los ayudan en todo lo que pueden pero los estudiantes, que también conocen a los profesores, no necesariamente los ayudan. He conocido muchos casos de egoísmo estudiantil, cuando saben algo, no lo quieren compartir. La relación estudiante – profesor es tal que el estudiante solo espera sacar beneficios del conocimiento profesoral, no son capaces de compartir sus experiencias; por supuesto que hay excepciones, he conocido estudiantes que participan en clase y enriquecen la presentación del profesor, pero son la minoría.

Ese ejemplo que planteas, replicó Nuyma, llévalo a cualquier otra actividad social y comprobarás que sucede algo parecido. Sin ir muy lejos, en relación a los bonos que emite el estado para colaborar con el ahorro, los que llaman soberanos o los de Pdvsa que están en default y no pagan ni los intereses ni amortiza al vencimiento. Pues bien, con el descalabro nacional, la gente emigrando y todo ese desastre, perdí la brújula sobre los bonos que poseo, fui en varias oportunidades al banco para que me explicaran por qué no he recibido unos intereses o las amortizaciones al vencimiento; te hablo de muchos años, desde el 2017 en adelante y estamos en el 2023. Nunca me dieron respuesta concreta, unos empleados me enviaban a otras oficinas a pedir información y por motivos varios eran incapaces de solucionarme el problema. Después de varios años, me acabo de dar cuenta que me deben montos significativos, que yo necesito pues la edad me obliga, y ahora la dificultad es poder cobrar. Como ves, la gente a cargo de resolver los reclamos son incapaces de colaborar, por ignorancia, negligencia u omisión, ocurre lo mismo que tu planteas sobre los estudiantes; son problemas sociales inevitables, el que tiene la responsabilidad no la entiende y pagan los inocentes.

Se me ocurre lo siguiente, continuó Jeremy, vamos a focalizarnos en ciertos sistemas sociopolíticos para identificar la relación ideología – sociedad y determinar si ese enfoque nos ayuda a concretar sus dependencias. Fíjate, es interesante descubrir que piensan los socialistas sobre su ideología; primero que nada, reconocen que su lucha es contra el capitalismo, creen que son superiores a ese sistema 'salvaje' pero nunca han alcanzado un ejemplo exitoso; hablan de la Unión Soviética como un gran error, imagínate, lo llaman el capitalismo de estado en lugar del socialismo de estado. A continuación, siempre hablan de la explotación de los trabajadores por los empleadores (una minoría dominando a la mayoría), tal como Marx lo sugirió en sus escritos, y buscan la liberación de los empleados para que se conviertan en sus propios empleadores. Los socialistas dicen que ellos son una mejor alternativa, que no dividen a la gente, que más bien proponen democratizar el trabajo para que los trabajadores sean iguales y con los mismos derechos y juntos se conviertan en sus propios empleadores.

Me parece bien tu introducción, replicó Nuyma, pero revisemos en detalle los argumentos socialistas sobre la lucha contra el capitalismo y beneficiar a los trabajadores, sin olvidar el socialismo o capitalismo de estado. La economía es un aspecto muy importante, y los capitalistas resaltan el libre mercado, y su manera de organizar los aspectos productivos de la sociedad con empleadores y empleados. Los socialistas critican al capitalismo, es su principal estrategia ideológica, pareciera que no tienen argumentos originales para convencer a los ciudadanos; el capitalismo ha evolucionado lentamente por muchos años de manera natural, siendo el comercio su principal motor. Los socialistas justifican su lucha contra el status quo porque el capitalismo representa una forma jerárquica de organizar los intercambios comerciales que crea desigualdades; los socialistas no se dan cuenta de que las jerarquías aparecen naturalmente en muchas situaciones donde el poder está en juego. Si los seres humanos se organizan naturalmente en jerarquías, que son más eficientes, ¿cuál es la alternativa organizativa de los socialistas? Todos sabemos que los socialistas también utilizan las jerarquías, por lo tanto, parece que no les agrada que sea el dinero el que defina las jerarquías.

Jeremy le recordó que el conocimiento es también un elemento causante de la existencia de jerarquías, el que sabe más que otro se convierte automáticamente en un eslabón superior. Igualmente sucede con la moral, aquellos que han sido solidarios o condescendientes merecen mayor respeto y consideración, subiendo de jerarquía moral. Por lo tanto, las jerarquías siempre existirán aunque nos duela; los socialistas también las utilizan y no es para nada bueno, ya lo han demostrado en las autocracias socialistsa fracasadas.

Permíteme continuar con la idea, interrumpió Nuyma. El siguiente punto que traes a colación es la democratización del trabajo. Los socialistas están muy influenciados por Marx y su noción de explotación de los trabajadores y proponen un cambio en la relación empleador – empleado, sugieren la desaparición de los empleadores y que sea el conjunto de los empleados que lo represente, o sea, ellos son su empleador. Aquí surge la idea de las clases, la minoría explotadora contra la mayoría explotada. Te digo lo siguiente, luce como un objetivo muy loable, cuando lo analizas superficialmente, ¿por qué unos privilegiados van a dominar a los otros? Cualquiera lo ve como una injusticia pero en realidad es una alternativa de vida, son los trabajadores los que deciden aceptar un trabajo bajo la dependencia de un empleador; pudieran asociarse a otros trabajadores y emprender el mismo negocio bajo sus propias reglas pero no lo hacen. Yo entiendo que hay muchas dificultades y una de ellas es la iniciativa, no es fácil un emprendimiento, hace falta mucho esfuerzo inicial, capital y organización, del cual carecen los trabajadores. En la sociedad capitalista actual, no es necesario un cambio de paradigma ideológico, que modifica al estado, para emprender un negocio y creo que aquí está el problema.

Jeremy comentó que se pueden hacer cosas novedosas dentro de un sistema capitalista, empoderando a los trabajadores, pero no, se quiere hacer desde el poder, todo cambia de un plumazo. Deberían demostrar su viabilidad previo a la toma del poder. Y sabes una cosa, son los políticos y no el pueblo, los que quieren tomar la iniciativa, proponer los cambios, ser los elegidos y tomar el poder; son los burócratas políticos que buscan cargos, para ganarse el sustento, gobernar, ser los mártires y creerse sabiondos.

Nuyma intervino, creo que tienes mucha razón, los socialistas se aprovechan de la bondad democrática para participar, llegar al poder, y modificar el estatus quo sin garantizar el éxito de su ideología. Por qué no proponen emprendimientos antes de llegar al poder y demuestran que sus ideas sí funcionan; prefieren fracasar gozando de las mieles del poder y no demostrar su incompetencia antes de tiempo.

Hay un punto que mencionastes que debemos debatir, continuó Nuyma, se trata del capitalismo o socialismo de estado. Llamar a la Unión Soviética capitalismo de estado, demuestra que el estado desplazó a los capitalistas privados, ya que las grandes industrias eran manejadas por el estado. Se cambió un empleador por otro pero siguió existiendo la misma relación empleador – empleado. China copió inicialmente el modelo soviético pero lo cambió por una supervisión del estado a empresas públicas y privadas enfocadas al comercio internacional y asociadas a empresarios globalizados, ofreciendo mano de obra barata, apoyo gubernamental y un mercado doméstico creciente. China creció rápidamente y a una velocidad superior que cualquier economía capitalista. La intervención del estado, como verás, está presente en esas ideologías, demostrando una diferencia remarcable al capitalismo tradicional. Hay dos variantes del socialismo, el 'capitalismo de estado,' propietario de los medios de producción, que define el mercado con planes centrales y el 'estado bienhechor' que utiliza los impuestos para financiar todos los servicios, incluyendo los médicos y educativos, sin importar si existen medios privados de producción que se rigen por el libre mercado.

Claro, dijo Jeremy, los bienhechores son los socialdemócratas, representados por los países escandinavos, que aceptan la empresa privada y tienen un estado intervencionista que se alimenta de los impuestos. Esos sistemas han tenido mucha aceptación en latinoamérica, los pueblos agradecen enormemente la regalía proveniente de las arcas gubernamentales. En Venezuela, esa influencia ha sido magnificada por los socialistas absurdos del Siglo XXI, que la acompañaron de medidas punitivas a los empresarios en sus comienzos y ahora están retrocediendo para convertirse en un híbrido soviético, chino y fascista, irreconocible.

Se notaba que Nuyma era una mujer de carácter y lo demostró diciendo, hasta el presente nos hemos enfocado en la economía, que es muy importante, pero hace falta identificar los aspectos espirituales en toda sociedad. Tengo entendido que tú has escrito libros en que tratas el tema humano, la evolución, la consciencia, la diversidad, el comportamiento, la ética, y la filosofía. Son temas fundamentales ya que influyen y determinan el buen o mal comportamiento de los seres humanos. Anteriormente rozamos el tema de la democratización del trabajo pero orientado a la economía. Los trabajadores son seres humanos que tienen sentimientos, les afectan emociones originadas en sus labores, en sus relaciones sociales, y en sus familias. Hay principios como la libertad, igualdad y fraternidad que pasan por la mente de los seres humanos y que determinan el comportamiento. Ahora bien, cómo se interpreta cada uno de ellos a nivel sociopolítico, la libertad es igual en todos los sistemas o hay variantes.

Jeremy agradeció la oportunidad de intervenir y exclamó que él ha analizado esos factores e identificado grandes diferencias entre sistemas. La libertad es muy importante en el capitalismo mientras que en el socialismo y comunismo es prácticamente inexistente. Para progresar en el capitalismo se requiere mayor independencia, el intervencionismo del estado es contraproducente; los individuos son libres para elegir el tipo de vida que desean seguir. En socialismo, el estado tiene una participación muy fuerte, llegando a extremos totalitarios, que van contra la libertad; los individuos no son libres de elegir su vida, son obligados a cumplir cuotas en actividades decididas por el gobierno. La igualdad, promovida por los socialistas y comunistas, es más que todo una uniformización por debajo, todos pobres, todos sumisos, sin ambición, yendo en contra de la naturaleza. Los capitalistas, en cambio, consideran que la diversidad es natural, todos somos diferentes, podemos elegir nuestro camino, y el gobierno promueve las oportunidades. Finalmente, sobre la fraternidad, puede decirse que el ser humano es colaborador por naturaleza pero con condiciones. Los socialistas y comunistas propugnan la fraternidad absoluta mientras que los capitalistas la aceptan solo en casos específicos. La fraternidad socialista es forzada, mientras que la capitalista es voluntaria. Jeremy continuó diciendo que se puede profundizar mucho más sobre esos principios pero que los argumentos son contundentes, los capitalistas son permisivos y los socialistas abusivos. Siempre habrá gente que prefiere el estado bienhechor socialista, representa el facilismo, evade el esfuerzo; los capitalistas saben que si se justifica la ayuda, se asignará solo por un tiempo prudencial, hasta superar la crisis.

Nuyma se sintió inspirada espiritualmente y comentó lo siguiente, el cambio personal y el cambio social son complementarios, tienen una influencia recíproca. Las personas necesitan una guía espiritual, la cual no es necesariamente religiosa, que se fundamenta en principios humanos que nos hacen mejores y nos permiten intercambiar en sociedad. El cambio social no se debe uniformizar sino expresar moralmente nuestras singularidades. Es bien sabido que la espiritualidad tiene un origen religioso, pero los seres humanos siguen principios morales sin ser obligatoriamente religiosos. El monopolio de la moral no es religioso, hay mucha diversidad.

Es difícil encontrar la dimensión espiritual en las ideologías ya que éstas se centran en la economía y el estado, dijo Jeremy. Una visión completa de las ideologías debe incorporar la dimensión espiritual ya que las sociedades están conformadas por seres humanos. Muy probablemente, el socialismo cree que al promover las actividades comunitarias, automáticamente está incorporando la espiritualidad pero no es así, los seres humanos son autónomos, tienen aspiraciones individuales que contrastan con la visión comunal. En definitiva, no todas las actividades son comunitarias, unas lo son, otras no. Lo importante de la espiritualidad es transmitir los principios morales del comportamiento individual y comunitario para que las dos dimensiones se integren armoniosamente sin causar conflictos. Hay ejemplos de servidores públicos que tienen responsabilidades con los ciudadanos pero las interpretan a su manera, perjudicando a los involucrados, en lugar de apoyarlos. En Venezuela, algunos administradores universitarios perjudicaron a profesores por no ser afines a la ideología gubernamental, y puede afirmarse que no eran lineamientos recibidos del Ministerio de Educación, sino del partido socialista en el poder. Imagínate, profesores perjudicando a sus colegas por interpretaciones políticas, siendo la universidad el centro de discusión de las ideas, sean éstas técnicas o humanistas.

No te puedo creer dijo Nuyma, ese es el colmo del forzudo, 'dobló la esquina,' esos administradores se pasaron de la raya, han debido denunciarlos a la Corte Penal para que paguen daños y perjuicios a los profesores afectados. Se nota clarito que esos administradores no tienen principios espirituales, son malvados, no tienen sentimientos.

Recientemente he leído unos artículos interesantes sobre posiciones filosóficas que contrastan interpretaciones sociopolíticas, dijo Jeremy. Se trata de principios contradictorios denominados, consulta y compasión versus recompensa y castigo. Consulta se refiere a plantear y discutir los temas de importancia con los ciudadanos para lograr consenso. Compasión es el acto de colaboración con los necesitados, principalmente los pobres o los enfermos. Recompensa reconoce que los individuos merecen reconocimiento de las actividades que realizan, unas veces obteniendo una recompensa, otras recibiendo un castigo o una penalidad por un trabajo mal hecho. Se especula que la consulta y la compasión son muy propios de los sistemas socialistas pero no es exagerado extenderlos a otros sistemas. Así mismo, la recompensa y castigo se dice que pertenecen al conjunto de los sistemas capitalistas. Los que más trabajan y se esfuerzan merecen una recompensa y los que no lo hacen son castigados; unos pueden vivir mejor, los otros viven peor. Se dice que la justicia, la libertad y la fraternidad están afectadas por esos principios. En conclusión, esos principios nos llevan a preferir la democracia como sistema político ya que todos participan, los pobres, los que poseen pequeñas propiedades y los que tienen grandes propiedades; si la sociedad tiene una mayoría de pobres, éstos tendrán el poder de alterar la balanza hacia políticas que mejoren su calidad de vida, emitiendo su voto a favor.

Nuyma escuchaba con atención e intervino diciendo que le parecía muy interesante la disertación y que justificaba esa tendencia a las malas experiencias del socialismo que por dejarse llevar por el Marxismo había tergiversado la realidad contextual de los seres humanos, colocándolos en ambientes totalitarios injustos que solo fomentan la desesperanza de la ciudadanía pero que también el capitalismo era pernicioso ya que proponía el individualismo elusivo de la integridad existencial social. Se nota que el mundo está evolucionando hacia contextos complejos donde se integran las mejores políticas de cada ideología pero hay fuerzas negativas que se oponen a la transición y es por eso que seguiremos viendo regímenes totalitarios que no aceptan la democracia.

Nuyma lo había escuchado con atención pero no pudo evitar que su mente divague y recordó su época de niña, cuando conoció a Jeremy. Siempre lo admiró, no tanto por sus cualidades seductoras, sino porque se sentía en familia compartiendo con nuestros padres en paseos por los parques o las playas. Tuvo inclusive la fantasía de casarse con Jeremy y se lo comentó a su futura suegra potencial; a Jeremy no le gustó la idea ya que prefería buscar una novia que le cueste más trabajo de enamorar y no disponer de un plato servido. La fantasía nunca se materializó pero siempre mantuvo algún contacto escrito, saludando y contando algunas de sus experiencias o situaciones familiares. Ella es una de las pocas personas que mantiene toda la colección de libros escritos por Jeremy. Los ha leído todos, ha hecho anotaciones y ha admirado la orientación humana que Jeremy impone en sus argumentos. Es por ello que quiso comentar unos estudios recientes que afirman que la espiritualidad no es una característica exclusiva de los seres humanos, sino que está presente en todas las estructuras del universo.

Nuyma, se especializó en asuntos sociales pero no pudo evitar su interés por la ciencia, las más recientes teorías evolutivas del universo y de la biología humana la apasionan. El universo evolucionó por una fuerza que influyó en la estructura del universo y que hace que cada etapa posterior defina el futuro que se nos avecina, no es un plan preconcebido, sino que se va adaptando a las nuevas circunstancias, creandose y auto-organizándose a través de la prueba y el error, tomando las decisiones de acuerdo a resultados. El universo se parece más a una mente que a una máquina, las partes están relacionadas e influyen unas con otras, regulando la estabilidad del conjunto. El universo sigue un rumbo que, aunque no está totalmente definido, decide paso a paso los caminos futuros. La espiritualidad humana sigue aproximadamente el mismo proceso del universo, hay un anhelo de búsqueda, de exploración, de crecimiento e interacción con nuestro entorno humano y natural.

Jeremy interrumpió a Nuyma para felicitarla por su aporte al entendimiento de la espiritualidad humana, similar a la cósmica. Es fascinante, dijo, el universo está en una búsqueda constante de estructura al igual que los seres humanos que buscamos el conocimiento, tratando de ser mejores cada día que pasa.

Capítulo 6: Úrsula y la Economía

Jeremy perdió a sus a dos hermanas cuando era un bebé, no tuvo oportunidad de conocerlas, una murió por la difteria y la otra de meningitis, todo por culpa de la guerra; una anécdota triste es que su hermana mayor vio morir a la menor y le dijo a su madre, 'abrele los ojos para que vuelva a la vida.' Para Jeremy, Úrsula era como su hermana adoptada, casi diez años mayor, era un referente emocional en su subconsciente. Úrsula era multifacética ya que formalmente era una economista pero influida por el marxismo-leninismo; este último es una variante adaptada del marxismo a las condiciones específicas de la Unión Soviética. Algunos conceptos de esa ideología son, la necesidad de un partido de vanguardia para dirigir a los trabajadores, fragmentados conceptualmente y con muy poca educación para enfrentar los retos de una nueva sociedad; ese liderazgo centralizado (totalitario) es esencial para asegurar el éxito de la revolución ya que la diversidad humana entorpece la integración unitaria de la población; la idea del partido comunista único es fundamental para esa ideología, los burócratas comunistas son los que deciden, aunque hagan creer al pueblo de que participa.

Úrsula sabe que los seres humanos son extremadamente conflictivos y que les cuesta trabajo ponerse de acuerdo, por eso, aunque tiene sus dudas sobre el totalitarismo, sigue creyendo que hace falta una época de transición, la 'dictadura del proletariado,' para eliminar a la burguesía y controlar los medios de producción, protegiendo al estado socialista de las amenazas opositoras, internas o externas; se necesita, por lo tanto, autoridad centralizada y eliminación de la oposición política. Lenin consideraba que el modelo socialista podía construirse en un solo país, independientemente de su nivel de desarrollo, sin contar con ayuda internacional; el país podía ser autosuficiente y socialista.

Los conocimientos económicos y sociales de Úrsula la llevan a creer en la planificación y los procesos centralizados de la economía, por considerarlos más eficientes que la descentralización. Los grandes medios de producción deben estar en manos del estado para garantizar la distribución equitativa de los recursos a la población y garantizar el desarrollo del socialismo sin enemigos que los amedrentan; la Unión Soviética fue el ejemplo fracasado de esa estrategia.

Úrsula reconoce que el ejemplo de la Unión Soviética, aunque ampliamente difundido, no dió los resultados esperados; los rusos no se convirtieron en una sociedad avanzada; solo sobreviven gracias al petróleo que les proporciona el subsuelo y la demanda de los países desarrollados; la economía soviética no demostró ser una alternativa viable, resultó ser ineficiente sin distribuir los recursos equitativamente. Un aspecto negativo de la Unión Soviética, al igual que cualquier otra ideología totalitaria, es la violación de los derechos humanos; la cantidad de muertos durante su mandato supera inclusive a la barbarie nazista.

Una característica positiva de Úrsula es que al estudiar, conoció otras fuentes de ideas económicas, incluido el capitalismo, y puede contrastar los distintos enfoques, su mente abierta le permite ser considerada ante las diferencias. Son muchos los economistas que han influido en el pensamiento de Úrsula, además de los clásicos, como Adam Smith y Karl Marx, se asocia a la ideología de Thomas Piketty.

Adam Smith se considera el padre de la economía moderna, fue un economista y filósofo del siglo XVIII que diseñó los fundamentos de los principios capitalistas y la economía de libre mercado; propuso ideas sobre la 'mano invisible,' el rol del interés propio y dejó una contribución extensa sobre el pensamiento económico. La idea de Smith sobre el capitalismo del Laissez-Faire, donde la economía funciona sin ninguna intervención, lo que se denomina la mano invisible, tiene, sin lugar a dudas, una buena intención ya que deja a los individuos perseguir sus intereses propios en un mercado competitivo, beneficiando, sin querer, a la sociedad en su conjunto. La mano invisible es una metáfora que expresa las ventajas de un libre mercado, dejado a los vaivenes de la oferta y la demanda, que se regulará automáticamente, asignando recursos eficientemente, maximizando la prosperidad económica y mejorando a la sociedad en su conjunto.

El interés propio y la racionalidad son conceptos relativos a la naturaleza humana y dirigen las transacciones comerciales. En el siglo XVIII, se enfatiza la intervención estatal y el proteccionismo. Para Smith, era mejor que los individuos actuaran en beneficio propio y dejaran que los precios regularan la economía y sin proponérselo se beneficia el interés público. Smith llegó a decir que 'no es por la benevolencia del carnicero, del cervecero o del panadero que vamos a cenar mejor, sino por su propio interés de vender los productos y que los clientes regresen.' Otros aspectos de interés, discutidos por Smith, se refieren a la división de labores y la productividad, el mercado competitivo y el intercambio libre de bienes y servicios a nivel global.

La idea fundamental de Marx es la teoría de la lucha de clases, durante la historia, las sociedades se han caracterizado por divisiones y la aparición de conflictos. Vislumbró una contradicción entre la burguesía, que controlaba los medios de producción y el proletariado que era explotado y alienado. La lucha de clases lleva finalmente a una revolución donde el proletariado derrocará a la burguesía.

Piketty ha influido en el discurso sobre desigualdad económica y sus graves consecuencias, critica al capitalismo, recomienda que haya transparencia e intervención en las políticas públicas para atacar la desigualdad y propone soluciones. Según Piketty, el capitalismo incrementa la desigualdad, la cual ha empeorado en las últimas décadas y se ha concentrado la riqueza en manos de una élite privilegiada que acumula la mayor parte de la riqueza.

Úrsula tiene una orientación socialista ortodoxa, se podría afirmar que es comunista, pero quiere ser un poco tolerante y propuso usar el libro de Thomas Piketty, "Breve Historia de la Igualdad" como una alternativa del llamado socialismo participativo y comenzó explicando su interpretación de tal concepto. El estado benefactor es una estrategia a largo plazo para implantar los cambios en la sociedad, los impuestos progresivos al ingreso buscan redistribuir la riqueza, el socialismo democrático y participativo permite escuchar a la gente e implantar las tendencias, la igualdad electoral y educacional ofrece mayores oportunidades a la población, y la salida del neocolonialismo económico causado por el hipercapitalismo favorece una sociedad más balanceada. Es una propuesta similar a la socialdemocracia, que comparte capitalismo y socialismo pero con signos radicales y globalizantes, utilizando el esquema legal como herramienta de cambio. Entendamos que se presenta una alternativa progresista que difiere de otros enfoques autoritarios como el comunismo y el estatismo extremo del socio-capitalismo comunismo chino, que es mucho más autoritario. [Piketty 2022]

Socialismo Participativo

Úrsula es una economista con muchos años de experiencia en la educación y se ha mantenido al día con las propuestas socialistas del momento, una se refiere al socialismo democrático, conocido como progresismo. Este sistema promueve un tipo de socialdemocracia que se dirige a un mundo más igualitario gracias a las medidas implantadas por los gobiernos. Se han utilizado una serie de indicadores para explicar ese progreso pero hay que reconocer que hace falta más esfuerzo para definir otros que sean multidimensionales y que identifiquen áreas sensibles de la sociedad. Para medir el acceso a la educación, salud, comida, vestido, vivienda, transporte, cultura, etc., se requiere de información proveniente de todos los países que conservan estadísticas, que, aunque diferentes, sean comparables.

Tengo un comentario, dijo Jeremy, esas cifras corresponden a países nórdicos, principalmente Francia o sociedades occidentales, Inglaterra, Estados Unidos, Suecia. En los últimos 200 años las ideologías dominantes han sido capitalistas, liberales, socialdemócratas y conservadoras, con ciertas épocas y países sumidos en el fascismo. Quiere decir que el progreso no es precisamente gracias al socialismo democrático que se pregona. Me parece que deberíamos reconocer que el mundo occidental ha mejorado gracias a los sistemas implantados en esos países, y que esa mezcla de sistemas ha hecho avanzar a la sociedad occidental. Se deberían separar las cifras de países con socialdemocracia y compararlas con el resto del mundo capitalista occidental, y así demostrar cuáles ideologías son realmente beneficiosas.

Jeremy está familiarizado con el libro de Piketty y tiene críticas a su orientación. Lo primero es que el autor no define qué es la igualdad, muestra cifras de alfabetismo y salud solo de los últimos 200 años. Según él, mayor alfabetismo en la educación y más años de vida en la salud representa un incremento de la igualdad. Yo he estudiado la igualdad y he concluido que los seres humanos no son iguales y por lo tanto no es conveniente buscar igualdad de resultado, el esfuerzo propio es fundamental para mejorar. Adicionalmente, Piketty promueve redistribuir la riqueza quitándole a los ricos y entregandola a los pobres, establecido como un objetivo justiciero, obligatorio, como una deuda que tiene la humanidad hacia los más necesitados. Según el libro, los ricos deben ceder sus propiedades para que los pobres adquieran poder en la sociedad; los ricos deben pagar un impuesto progresivo de acuerdo con sus ingresos para redistribuir; y las herencias de los ricos deben pagar impuestos muy altos para distribuirlos entre los pobres. Piketty solo presenta la justicia hacia los humildes sin contrastar con el punto de vista de los ricos; los ricos tienen derecho a opinar cómo y cuánto repartir, no es una decisión unilateral fijada por la mayoría de pobres o por el estado. Hace falta analizar con más detalle cuál es el origen de la riqueza y quiénes deben recibir beneficios, la justicia debe tomar en cuenta ambas partes.

Creo que es válida tu preocupación pero está claro que los gobiernos no desean entrar en detalles, se mantienen en la superficie de los problemas y proponen simplificaciones para salir del paso y producir resultados que alienten a sus seguidores, dijo Úrsula. Voy a precisar algunas cifras de progreso que maneja Piketty de población mundial, educación, salud e ingreso, con ellas pueden observarse tendencias que facilitan la toma de decisiones. Acuérdate que Piketty propone mejorar los indicadores y reconoce que son limitados en su alcance.

Educación

En educación, continuó Úrsula, Piketty utiliza los siguientes indicadores:

En el año 1800 solo el 10% de la población mayor de 15 años podía leer y escribir mientras que hoy en día el 85% lo hace.

El promedio de años en educación formal creció de uno en 1800 a ocho en 2020 (en países avanzados subió a doce).

En 1820 menos del 10% pasó por la escuela primaria, en 2020 más de la mitad de los jovenes en países desarrollados fue a la universidad.

Desde el punto de vista cuantitativo se nota que hay mejoras concretas pero hacen falta cifras cualitativas, dijo Jeremy. Pasar por la escuela no garantiza que hayas aprendido algo útil, exceptuando la socialización, compartiendo con otros seres humanos. Una de las fortalezas de la educación es aprender a estudiar, utilizar lo aprendido, generar nuevas ideas a partir del conocimiento adquirido y así sucesivamente. Si cada generación solo aprende lo necesario para subsistir, la civilización está condenada al retroceso y no se generarán las ideas necesarias para progresar y menos aún el empuje y esfuerzo necesario para ponerlas en práctica. Puedo dar ejemplos concretos de retroceso generacional, he conocido al menos cuatro generaciones, incluyendo la mía, y puedo dar fe de que hay consideraciones contextuales en la sociedad que favorecen el atraso.

Salud

En salud, se presentan otras cifras de alto nivel que también dan la idea de progreso y de igualdad con cifras cuantitativas, continuó Úrsula. El crecimiento de la población mundial, la mayor expectativa de vida, la menor mortalidad infantil, han mejorado definitivamente en los últimos doscientos años. Son cifras que demuestran progreso, veamos algunas de ellas:

La población mundial era de 600 millones en 1770 y subió a 7.000 millones en 2020. Un aumento de más de 1.000 % en 250 años.

La expectativa de vida ha aumentado de 26 años en 1820 a 72 años en 2020.

La mortalidad en niños menores de un año disminuyó de 20% en 1820 a 1% en 2020.

Todas esas cifras demuestran que la salud ha mejorado, dijo Jeremy, pero hay imponderables, ese crecimiento de población es insostenible, al ritmo actual seremos 70.000 millones de habitantes en el año 2300 y 7.000.000 millones en el año 3000. El planeta no podrá alojar tantos habitantes viviendo dignamente, no habrá progreso con esos volúmenes. La ONU estima que con las medidas de control de natalidad establecidas en muchos países, se llegará solo a 11.000 millones en el año 2100.

Evolución de la Propiedad

Úrsula comenzó a explicar la evolución de la propiedad desde el fin del feudalismo, aclarando que hay una narrativa ficticia que proclama que la revolución francesa fue un evento fundamental que mejoró la igualdad de los ciudadanos al abolir los privilegios aristocráticos pero que en el fondo no significó mayores cambios. Los nobles perdieron su nobleza pero fueron compensados por las tierras y las rentas perdidas durante la revolución, y al conservar sus propiedades, los descendientes pudieron heredarlas y nunca repartir parte al resto de la población. La revolución acabó con los privilegios pero fortaleció a los propietarios, éstos maximizaron el uso de sus bienes para enriquecerse aún más, protegidos por el estado y sus leyes, sin contribuir al bienestar general de la población. Déjame presentar unas cifras de la evolución de la propiedad en Francia, obtenidas a partir de los archivos de herencias procesadas y los registros de propiedades. En general, ha habido redistribución de la riqueza ya que los ricos poseen menos propiedades que antes pero los más pobres no han aumentado sus propiedades, se han estancado en cifras miserables. Han habido mejoras pero son insuficientes, por lo tanto, debemos luchar por mayor redistribución de la riqueza. Las cifras comparan el valor de las propiedades pertenecientes al 1% de la población más rica y lo contrasta con el 50 % de la población más pobre:

La concentración de propiedad en manos del 1% más rico de la población disminuyó un poco después de la revolución, se mantuvo estable entre 1780 y 1800 y creció un poco desde 1800 a 1910.

En 1810, el 1% más rico poseía el 45% de todas las propiedades y en 1910 poseía el 55%. Sin embargo, después de la guerra mundial, en los 1980s, cayó fuertemente al 20% pero creció a 25% en los 2020s.

La caída de las propiedades en manos de los ricos no benefició a los pobres. El 50% más pobre no tuvo mayor progreso, en los 1910s tenían el 2% de la propiedad y en los 2020s llegaron a 6%.

El 1% más rico posee 5 veces mayor cantidad de propiedades que el 50% más pobre. Es evidente que hay un desbalance.

Piketty explica que la evolución de la sociedad, a partir de la época colonial, y aunada a la explotación de la esclavitud, creó una clase social con riquezas exageradas que perduraron en el tiempo a través de las herencias, dijo Jeremy. Esa clase social es la que conserva la riqueza ya que se aprovecha de la lenidad del estado y la aumentan sin redistribuirla. Una idea sería que los ricos participen en la distribución de la riqueza y que demuestran cómo benefician a los más necesitados, la idea no es empobrecerse sino que cedan beneficios; hay muchas alternativas, una sería perder algo de su riqueza lentamente, distribuyendo en el tiempo. A través de la generación de empleo puede redistribuir la riqueza, por lo tanto esos ricos, aunque sigan siendo ricos, benefician a los más pobres con los emprendimientos en que invierten. Las medidas estatistas o legalistas unilaterales para redistribuir la riqueza lucen injustas e imprácticas y generan conflictos innecesarios. Claro, todos sabemos que los ricos quieren seguir siendo ricos, por lo tanto hay que buscar un punto intermedio en que los más ricos distribuyen su patrimonio pero que conserven su estatus. A muchos les parecerá injusto pero esa justicia unilateral forzada no concuerda con la naturaleza humana que busca mantener ciertos privilegios adquiridos.

La Propiedad y el Poder

Debemos darnos cuenta de que poseer propiedades significa, además de un patrimonio, disponer del poder para dominar a otros ciudadanos, continuó Úrsula. La redistribución de propiedad ha sido lenta, los sistemas legales han permitido introducir cambios para beneficiar a los más necesitados. Gracias a las leyes se lograron beneficios para los menos afortunados, por ejemplo, las mujeres comenzaron a tener mayor participación, abriendo cuentas bancarias, adquiriendo propiedades y vendiendolas, firmando contratos de trabajo, etc. Los inquilinos tienen más derechos que antes, no los puedes desalojar por capricho, no les puedes aumentar el alquiler desproporcionadamente, los tiempos para buscar otra vivienda son más largos en caso de desocupación, etc. Los asalariados tienen mejores beneficios, el seguro de desempleo estabiliza el ingreso. En Francia, los sindicatos, los movimientos laborales y las luchas sociales permitieron establecer nuevas normas, por ejemplo, leyes sobre el trabajo infantil desde 1841, libre sindicalización en 1884, ayuda por accidentes de trabajo en 1898, convenciones colectivas y trabajo de ocho horas en 1919, vacaciones pagas en 1936, seguridad social en 1945.

Ciertamente las condiciones mejoraron, dijo Jeremy, pero la seguridad salarial depende de la economía, no está garantizada. El establecimiento de salarios y una sociedad asalariada aparecieron con más fuerza entre 1969 – 1977 y aún tiene debilidades. En 2008 apareció el auto-empleo para modernizar la economía; se generaron menos contribuciones sociales y menos protección legal (se notó durante la pandemia). Hoy en día hay tendencia a pagar por trabajo específico, lo cual amenaza el salario, hacen falta por lo tanto nuevas leyes que protejan a los trabajadores a destajo. En definitiva, según Piketty, a pesar de todas esas mejoras, la lucha por la dignidad y la igualdad en el trabajo requiere de una transformación profunda del sistema económico. Espero que esas afirmaciones tomen en cuenta las diferencias personales, los más trabajadores y los más capacitados merecen más consideración; las decisiones sobre los méritos no son unilaterales, son participativas y requieren de imparcialidad.

Ingreso Promedio

Las desigualdades a nivel de propiedad son mayores que las de los ingresos, dijo Úrsula. El ingreso incluye lo que proviene de trabajo (salarios, sobretiempo, pensiones, beneficios de desempleo) y lo que proviene de capital (intereses, dividendos, ganancias del capital, etc.). Comparemos lo que ganan el 10% de los ricos, el 40% de la clase media y el 50% de los pobres. Al comienzo del siglo XX en Francia, los ricos ganaban el 50% del ingreso total, la clase media el 35%, y los pobres el 15%. Después del año 1945 los ricos ganaban solo el 35%, la clase media el 45% y los pobres el 20%. En el año 2020, los ricos se estabilizaron en 33%, la clase media en 43 % y los pobres en 24%. Que la clase media gane más que los ricos no es algo extraordinario ya que ellos son cuatro veces más numerosos que los ricos pero que los pobres compartan solo el 24% y los ricos el 33% siendo los pobres 5 veces más que los ricos parece desproporcionado.

Jeremy expresó, de acuerdo con esas cifras se muestran las diferencias en el ingreso de esas tres clases sociales, ¿cuáles serían los porcentajes justos? pregunto. Si el objetivo fuese que el 10% de ricos ganen el 10% del ingreso, el 40% de la clase media el 40% del ingreso y el 50% de pobres el 50 % del ingreso, se lograría uniformidad ya que todos tendrían ingresos proporcionales a la cantidad de población, ¿desaparecerían los ricos con esos ingresos? Da la impresión de que sí, el mantenimiento de las propiedades genera gastos, y con el paso del tiempo tendrían que venderlas y perderían su riqueza ya que no ganan lo suficiente. Claro, todo esto es un truco matemático para justificar las medidas punitivas hacia los ricos pero en la práctica todos sabemos que se las ingeniaron para conservar sus privilegios. Todo ese manejo matemático es solo parcialmente válido ya que poseer una propiedad demanda gastos y el precio de la propiedad pierde valor si está en mal estado. Por eso, es mejor tener dudas sobre la validez de las cifras presentadas pues no está claro qué representan.

Evolución del Voto

Una de las transformaciones políticas y sociales de gran impacto para la igualdad se refiere a la campaña por el sufragio universal del siglo XIX y comienzos del XX, es equivalente a las leyes y reivindicaciones laborales y las mejoras de los derechos de los trabajadores, dijo Úrsula. Durante siglos, solo los que pagaban impuestos eran los que tenían derecho al voto. En 1815, en Francia, Luis XVIII instaló un sistema político similar al inglés dándole derecho a voto a los nobles; solo el 1% de los adultos masculinos que pagaban impuestos tenían derecho a voto. El sufragio universal empezó luego de la revolución de 1848 y se consolidó hacia los 1880s, finalmente incluyeron a las mujeres en 1944. En Inglaterra, la transformación fue gradual entre 1820 y 1920.

En Suecia, entre 1527 y 1865 tenían un parlamento con representantes de la nobleza, el clero, la burguesía urbana y los campesinos propietarios de tierras. En 1865 se reemplazó el sistema por un parlamento de dos cámaras, la cámara alta era elegida por una minoría de propietarios, el 1% de los adultos, mientras que la cámara baja también requería ser propietario pero era más abierta. En 1910 se hicieron reformas para expandir el número de votantes; fue en 1920 que se eliminaron las limitaciones a los hombres y en 1921 se aceptó a la mujer; hasta 1910 los votos de los electores dependían de cuánto impuesto pagaban, cuántas propiedades y cuánto ingreso tenían, se notaban los privilegios del dinero; los menos ricos tenían un voto, los más ricos hasta 54 votos. El caso de Suecia es interesante pues en pocas décadas pasó de la desigualdad basada en propietarios a la igualdad de votos con igual peso.

Estoy de acuerdo en que el sufragio universal fue un logro que mejoró la igualdad de las personas, dándole derecho al voto, dijo Jeremy. Pero hoy en día nos enfrentamos a problemas relacionados con las elecciones, son populares las trampas que realizan los gobiernos para mantenerse en el poder. De qué vale poder votar si no podemos elegir a las personas que se necesitan en los cargos, los elegidos no representan al pueblo. Otro problema de las democracias se refiere al financiamiento de las campañas electorales, los que tienen más dinero suelen superar a los más pobres, no hay regulación de la contribución; los medios se prestan a manipulación y los gobiernos controlan los medios de comunicación a su antojo. Estas críticas no las hago por pura controversia ya que entiendo que cualquier cosa se puede criticar, las hago para mostrar las contradicciones que se presentan cuando intentamos mejorar la igualdad social de las personas. Los seres humanos siempre encuentran la manera de contrarrestar las desventajas impuesta por ley y así perpetuar sus privilegios.

Úrsula comprendía la posición de Jeremy, eran muchos años conociéndose y quiso concluir el tema aclarando que Piketty menciona el caso de Suecia ya que la socialdemocracia estuvo en el poder entre 1932 y 2006, introduciendo las mejoras igualitarias que él tanto favorece. Introdujeron los impuestos progresivos para que los ricos pagaran mayores impuestos para financiar servicios públicos; esto permitió mejorar los servicios de salud y educación para toda la población.

Participación de los Empleados

Un tema importante para esta propuesta de socialismo democrático se refiere a la participación de los empleados en las decisiones de las grandes empresas productivas, dijo Úrsula. El esquema tradicional capitalista es que las compañías someten a votación sus decisiones con los accionistas con derecho a voto, el cual es proporcional al número de sus acciones. Por cierto, nada garantiza que los accionistas sean más competentes que los empleados para manejar la firma o que tengan más interés en el éxito de la empresa a largo plazo; es el dinero el que les da poder, no el talento. Muchos empleados tienen interés en el éxito de la firma ya que trabajan toda su vida dando su esfuerzo, energía y habilidades (en la práctica son inversionistas a largo plazo). En Alemania es bien conocida la gerencia compartida, donde los trabajadores ocupan asientos en el directorio mitad-mitad con los accionistas; comenzó en 1951 y en 1976 se hizo ley con una tabla distributiva, las empresas con 500 a 2000 empleados tenían 1/3 de trabajadores en el directorio y las de más de 2000 empleados tenían la mitad de trabajadores en el directorio (pero en caso de empate en las alternativas, siempre deciden los accionistas). Para lograr esa participación laboral, la constitución alemana de 1949 redefinió la propiedad así: el derecho a la propiedad es legítimo solo si "beneficia el bien común" y la gerencia compartida es una manera de promover el bien de los accionistas y de los empleados. Para Piketty, el socialismo participativo propone redistribuir el poder en las empresas entre empleados y empleadores, dándole derecho a voto a los empleados en las grandes decisiones.

Jeremy tiene su opinión al respecto, y le recordó que proviene de una familia donde sus padres eran trabajadores que pertenecían a la CNT, Confederación Nacional del Trabajo en España en los años 1930s, y siempre mantuvo simpatía por los trabajadores en cada oportunidad que le tocó decidir por los beneficios de los trabajadores. Hay que reconocer que el modelo capitalista está guiado por el dinero, el que tiene más dinero tiene más poder, el que tiene más propiedades tiene más poder y así sucesivamente; es muy difícil medir el talento, sería mejor utilizar el talento para la toma de decisiones y en la práctica se hace cuando se deja a la gerencia la toma de decisiones, los accionistas participan esporádicamente en las decisiones. En principio me parece positivo que los trabajadores participen en las decisiones de las empresas, siempre y cuando posean el talento para opinar y que no sea solo una lucha por disponer de una mayoría con criterios foráneos al beneficio de la empresa, sus empleados, los accionistas y la comunidad, probablemente en ese mismo orden. Piketty parece un académico sin experiencia ya que sabemos que la política entra en juego y tiene mayor importancia que el beneficio popular; en los países socialistas se sigue la línea de la dirigencia al mando y no los principios humanos de convivencia y bienestar que deben guiar las decisiones. Muchos países, incluida Francia, han retenido la definición de propiedad como un derecho natural y por lo tanto no pueden introducir legalmente la gerencia compartida. La ley debe ser transformada, haciéndola igualitaria y democrática, es una herramienta para la emancipación y no para la preservación de posiciones de poder.

Modelo Estatista Chino

Úrsula quería concluir la charla pues tenía responsabilidades académicas y dejó pendiente algunos temas. Quiero cerrar comparando el modelo estatista chino con la propuesta de socialismo democrático. Piketty se manifiesta opuesto a ese modelo chino principalmente por su autoritarismo y la importancia del estado en todas las decisiones. En China, el capital público ascendía a 70% en 1978, las reformas de esos años, relacionadas con la privatización, hicieron que decline fuertemente desde los 80s y 90s hasta el año 2000 y se ha mantenido estable en 30% del capital nacional. El país ya no es comunista pero tampoco capitalista, hay un balance de capital privado y público, lo que lo hace una economía mixta. Con un 30% del capital nacional, el estado tiene fuerte influencia en las inversiones, en la creación de empleos y en las decisiones de desarrollo regional. Es interesante notar que en el año 2020 el mercado inmobiliario está casi totalmente en manos privadas, propietarios de viviendas que tienen como adquirirlas; solo el 5% de ese mercado está en manos del estado y las compañías. El estado tiene un 55% del capital total de compañías y por lo tanto tiene un control estricto del sistema productivo. Según el gobierno chino, la democracia centralista china, dirigida por el partido comunista es superior al estilo democrático occidental ya que los miembros del partido están motivados por el bien común, a diferencia del votante occidental que solo piensa en él. El régimen es una dictadura digital perfecta, el partido no deja traza de sus deliberaciones, los ciudadanos son espiados en los medios sociales, la represión a los disidentes y a las minorías es brutal, el gobierno ha intervenido los sistemas electorales en Hong Kong y amenaza el sistema electoral de Taiwán.

Capítulo 7: Eloncio Muskatel y la Tecnología

Eloncio Muskatel es un empresario exitoso y está influenciado por el multimillonario Elon Musk que ha fundado empresas para facilitar el pago de divisas mundialmente, fabricar carros eléctricos y enviar cohetes al espacio. Su riqueza ronda los 170 mil millones de dólares, de los cuales estima gastar la mitad en la solución de problemas importantes en la Tierra y la otra mitad para fundar una colonia permanente en Marte para garantizar la supervivencia futura de la humanidad. Siendo joven, tiene mucha influencia en la opinión pública y se caracteriza por la innovación constante y la ruptura con los esquemas obsoletos. La innovación es fundamental en su pensamiento, es la fuerza que dirige el progreso. Las empresas tecnológicas que ha fundado le han permitido demostrar el poder de su filosofía de progreso.

Eloncio está a favor de la libre expresión y el diálogo abierto y prefiere que la gente exprese sus opiniones aunque no se esté de acuerdo con el argumento. Sobre la identidad, ha criticado las políticas que respaldan esa manera de diferenciar a las personas, frecuentemente asociadas a la ideología 'despertar.' Produce división y polarización caracterizando a los individuos por su raza, género, edad, riqueza o pobreza, en lugar de analizar las ideas o propuestas. La gente debe ser juzgada por sus acciones o creencias y no por su identidad.

Aunque Eloncio Muskatel no se destaca por participar políticamente, tiene simpatía por las ideologías libertarias. Tiene una personalidad contradictoria, sabe más de lo que está en contra que de lo que está a favor. Políticamente, afirma ser independiente y apoya a los partidos dependiendo de lo que proponen. Unas veces apoya a los liberales, otras a los conservadores, y rechaza al comunismo en todas sus variantes socialistas. Sus opiniones políticas suelen ser moderadas pero mucha gente lo colocaría como capitalista conservador. Prefiere no opinar sobre política y ser indiferente a tanta inconsistencia, por eso se mantiene alejado de la vorágine mundana, donando a los partidos que lo merecen.

Eloncio se opone a la manipulación del 'despertar' (ideología 'woke'), que promueve la concientización en temas de injusticia social, desigualdad y discriminación sistemática. Ese movimiento, que parece muy justificado, favorece ciertas posiciones negativas como la cultura del cancelamiento, la limitación de la libre expresión, la exageración de la identificación de la identidad, el énfasis en la simbología en lugar de solucionar los problemas y el ataque al individualismo. La cultura de la cancelación ataca la libre expresión y el discurso abierto, castigando a ciertos individuos por emitir opiniones impopulares o controversiales. Eloncio favorece la libre expresión y se opone al bloqueo o cancelación de la suscripción en la plataforma comunicacional. El movimiento 'despertar' ha sido tradicionalmente favorable a suprimir los puntos de vista opuestos y la exigencia de que las plataformas de medios sociales fuercen una conformidad obligatoria. Está a favor de la libre expresión y el diálogo abierto y prefiere que la gente exprese sus opiniones aunque no estemos de acuerdo con el argumento. Sobre la identidad, ha criticado las políticas que respaldan esa identificación, frecuentemente asociadas a la ideología 'despertar,' ya que producen división y polarización. La gente debe ser juzgada por sus acciones o creencias y no por su identidad.

Aunque Muskatel ha sido crítico de algunas posiciones del movimiento 'despertar,' sus puntos de vista son complejos y matizados, ha favorecido causas por la justicia social y los esfuerzos para tomar en cuenta el cambio climático y la desigualdad. Sus críticas deben interpretarse en el contexto de sus creencias avanzadas sobre la libre expresión, el individualismo y la solución pragmática de los problemas. Por ejemplo, se opone a las cuarentenas impuestas durante el Covid ya que las considera una política fascista. Está en contra del uso de pronombres para identificar a los transgénero ya que resulta ser una actitud divisionista.

Eloncio utiliza los medios sociales públicos para emitir sus comentarios. Sus opiniones son remarcables, por ejemplo, opina que el gobierno representa una inmensa corporación que maneja recursos gigantescos y tiene el monopolio de la violencia. No hay forma de recurrir a la ley para evitar ese poder tan exagerado, solo las elecciones permiten cambiarlo. Por lo tanto, ¿cuánto dinero se le entrega a una institución que no sabe cómo administrar el tesoro? Los empresarios han demostrado mayor capacidad para administrar los dineros que produce la nación. Por qué quitarle esa función a los que saben invertir y producir, en lugar de dársela al estado que no tiene la menor idea de lo que hace. En todo caso, el estado puede ayudar a supervisar la ejecución de los empresarios privados pero de ninguna manera asumir la ejecución.

Otra área controversial es su posición respecto a los sindicatos. En sus empresas no se permite que los trabajadores se asocien para reclamar sus derechos ya que representan una barrera para la eficiencia de la compañía. Eloncio considera que las medidas de seguridad de sus empresas superan con creces las ventajas de un sindicato y que su política de entregar acciones de la compañía a los trabajadores les garantiza un futuro confortable. Los sueldos que paga son inferiores a los de otras compañías pero la posibilidad de poseer acciones los hace autónomos económicamente con el pasar de los años. Además, considera que los gobiernos de turno están controlados por los sindicatos, ya que aceptan los reclamos de los trabajadores e imponen regulaciones innecesarias que afectan a todas las empresas productivas; cada empresa requiere de regulaciones específicas y no conviene aplicar los mismos principios en todos los sectores productivos.

Eloncio Muskatel ha identificado varios riesgos existenciales para la supervivencia humana: el riesgo climático, el riesgo de depender de un solo planeta y el riesgo de obsolescencia de los seres humanos. Otros riesgos, según él, son la disminución de la natalidad, la dirección equivocada de la Inteligencia Artificial, y el extremismo religioso. Por ejemplo, inicialmente pensaba aceptar criptomonedas como el bitcoin para la compra de sus vehículos. Debido al consumo tan excesivo de energías no renovables, como el carbón, en los países menos desarrollados, para minar los nuevos bitcoin, decidió eliminar esa posibilidad.

Otra área controversial se refiere a que ha sido un empresario rico que lidera la conquista del espacio, por qué tiene la pretensión de asumir esa iniciativa. Algunos lo consideran un señor feudal moderno que decide la dirección de la civilización, como si se dirigiera a los campesinos que trabajaban en aquellas épocas. Una persona rica que decida el destino extraterrestre de la humanidad parece una noción regresiva y el gobierno ya le está poniendo el ojo para buscar alguna excusa que detenga esa pretensión unilateral del magnate.

Filosofía de la Vida

Eloncio Muskatel tiene una filosofía de vida muy particular, tiene pasión para lograr sus ambiciones, es perseverante y está en una búsqueda implacable de mejoras para la humanidad.

Ambición y Visión

Eloncio Muskatel es ambicioso y siente pasión por lo que hace, tiene un pensamiento visionario que lo ayuda a identificar las áreas prioritarias que requiere la humanidad. Su principal objetivo es la prosperidad y la supervivencia a largo plazo de los seres humanos. Propone medidas para evitar que las amenazas existenciales como el cambio climático o el impacto de un asteroide afecten la vida en la tierra. Una solución es la colonización de otros planetas habitables. El llamado que hace Eloncio está por encima de sus ambiciones personales, busca que la humanidad apunte al espacio y admita aclarar lo desconocido.

Orientación al Futuro

La filosofía de Eloncio Muskatel está relacionada con el largoplacismo, que busca influenciar positivamente el futuro a largo plazo de la civilización y representa una prioridad moral de los seres humanos. El futuro puede mejorarse de dos formas, abortando catástrofes periódicas para que sobrevivamos y cambiando la trayectoria de la civilización, mejorandola mientras dure. Asegurando la supervivencia se aumenta la cantidad de vida futura (cuantitativo); los cambios en la trayectoria aumentan la calidad de vida futura (cualitativo).

Eloncio lucha por el bien común focalizándose en objetivos a largo plazo que garanticen la supervivencia de la raza humana. Sin embargo, el bien a largo plazo se logra a expensas del corto plazo; darle comida regalada o barata a la gente pobre nunca será más útil para el futuro de la humanidad que enviar un cohete a Marte. Mientras los demás se focalizan en el medio placismo, por ejemplo, reducir la temperatura del planeta, Eloncio va mucho más allá y busca perpetuar a la especie humana.

El Poder de la Innovación

Para atacar los problemas cruciales de la humanidad se necesita una mente innovadora, la mayoría de sus emprendimientos, tales como los carros eléctricos y los cohetes reusables, están enfocados a que la tecnología transformadora nos proporciona un futuro próspero y sostenible. Propone descontinuar las industrias contaminantes o nocivas y favorecer los inventos tecnológicos que aceleran el progreso humano.

Tomar Riesgos y ser Perseverante

Su filosofía favorece la toma de grandes riesgos, algunos de sus emprendimientos han estado cercanos al desastre, y sin embargo, permanece perseverante y comprometido con sus objetivos. "Fracasar es siempre una opción, si no hay errores es porque no se está innovando lo suficiente," ha dicho con frecuencia. Esa filosofía enseña que fracasar no significa un retroceso sino un paso adelante hacia el éxito.

Conciencia Ambiental y Sostenibilidad

Las soluciones tecnológicas emprendidas por Eloncio reflejan una clara conciencia ambiental y la búsqueda de soluciones sustentables. Sus empresas se dedican a fomentar el uso de vehículos eléctricos y soluciones usando energía renovable para combatir el cambio climático. Reduciendo las emisiones de carbono se evita el efecto invernadero y se alínea con una visión más amplia de futuro sostenible.

Colaboración abierta a todos y libre competencia

Eloncio promueve la colaboración abierta de las ideas, considera que compartiendo los códigos o los diseños, se acelera el progreso. Por ejemplo, la patente del vehículo eléctrico está abierta a otros empresarios que deseen unirse a esa revolución tecnológica. Muskatel favorece la creencia de que los esfuerzos colectivos ayudan a afrontar los retos globales de la humanidad.

Nunca Dejar de Aprender

Eloncio tiene un apetito voraz por el conocimiento y el aprendizaje, favorece un enfoque multidisciplinario para la solución de problemas que se nutre de las especialidades profesionales más disímiles. Nunca hay que parar de aprender, hay que profundizar y buscar comprender el mundo lo mejor posible para dejar una contribución.

Orientación Política

Muskatel se considera un anarquista utópico pero está claro que las sociedades modernas necesitan de políticas de estado que beneficien a los ciudadanos y la única manera es premiar el buen comportamiento y penalizar a los malvados.

Pragmatismo

Su filosofía es básicamente pragmática, enfoca los problemas con una mentalidad dirigida a soluciones. Identifica los retos más patentes de la humanidad a través de proyectos ambiciosos. Muskatel se orienta a una visión práctica que tenga un impacto significativo en la sociedad.

Libertario

Eloncio tiene simpatía por las ideologías libertarias. Prefiere gobiernos que tengan poder limitado en la economía y favorezcan la libertad personal. Su interpretación de la política es socialmente liberal y fiscalmente conservadora. Manifiesta desagrado a las regulaciones que inventan los gobiernos para limitar la libre empresa y la libertad ciudadana.

Soluciones Basadas en el Libre Mercado

Eloncio es un empresario pujante y arriesgado, prefiere emprender individualmente que depender de la intervención gubernamental. Considera que los empresarios independientes pueden contribuir mucho más que los gobiernos burocráticos donde las cosas nunca se terminan. La competencia y la innovación aportada por los empresarios dirige el progreso eficientemente, sin limitaciones inventadas por burócratas faltas de oficio.

Colaboración Internacional

Muskatel considera que las empresas que enfrentan los problemas humanos deben integrarse para resultar eficientes a la hora de ofrecer soluciones para mejorar la vida. El beneficio de la integración es patente en cualquier espacio terrestre. Además, la posibilidad de movilizar a los humanos hacia el espacio extiende la luz de la consciencia hacia las estrellas.

Tecnología Espacial

Eloncio considera que no se ha invertido lo suficiente en tecnología espacial para viajar a otros planetas. Se requiere de un esfuerzo humano apreciable para mejorar la tecnología, si no se profundiza en esos problemas nunca se avanzará en mejores alternativas espaciales. Vislumbra la posibilidad de establecer una colonia humana autosustentable en Marte. Cree que es posible mientras esté vivo, lo considera un objetivo muy importante para el futuro de la humanidad. Paralelamente, los estudios más recientes del espacio señalan que el planeta habitable más cercano a La Tierra se encuentra a 4.23 años luz, en la constelación de Centaurus. En este caso se requiere enviar las naves espaciales a distancias considerables y todos los detalles para el éxito dependen de unos estudios bien sustentados.

Jeremy y la importancia de la Ideología

Uno de los proyectos elaborados por el filántropo se refiere al envío de colonos a otros planetas habitables de la Vía Láctea. Para ello se requiere asegurar la convivencia entre los seres humanos, las ideologías representan una alternativa para la convivencia y es necesario educar a los colonos en esa área. Hace poco lanzó un proyecto de simulación de ideologías para identificar las principales características que requiere una ideología y se topó con los trabajos de Jeremy al respecto. En una comunicación informal con el magnate, Jeremy le propuso integrar sus proyectos para contribuir con la humanidad. La idea es poner en marcha los modelos ideológicos que se conocen hasta el momento. Al menos unas diez civilizaciones distintas seon necesarias, se eligen aleatoriamente y están separadas para no interferir unas con otras.

Jeremy le explicó que muchos de los aspectos ideológicos se conocen, por ejemplo, toda civilización depende de la producción de alimentos para subsistir; los procesos revolucionarios son negativos para la convivencia, por lo tanto están vetados; la familia es uno de los pilares más importantes para el desarrollo humano ya que la responsabilidad de los padres facilita la crianza de los niños; la diversidad de los seres humanos requiere de mucha comprensión y las políticas razonadas para la solución de conflictos es fundamental para sustentar la civilización. El comportamiento es fundamental para convivir, por lo tanto hay que premiar a los que lo hacen bien y penalizar a los que lo hacen mal; se requiere por lo tanto de guías que indiquen cuál es el comportamiento correcto entre ciudadanos.

La Propuesta de Jeremy

La propuesta de Jeremy se inspira en sus trabajos realizados sobre ideologías, en particular la plataforma Ideolocity. La plataforma ha identificado las dimensiones de un modelo ideológico que permite comparar distintas ideologías. El sistema político y económico, la influencia personal, filosófica, ética y social, la esfera ideológica, de seguridad y la pragmática, completan la estructura. Un primer aspecto a considerar es que Ideolocity es un modelo complejo y es conveniente adaptarlo a varias civilizaciones. Ideolocity contiene consideraciones de seguridad, defensa o conquista de territorios, para hacerla útil a una colonización planetaria.

La propuesta requiere de una fuente de recursos, pero éstos no son solo económicos ya que los seres humanos representan un recurso inteligente que no se mide materialmente pero que puede medirse por su conocimiento y su moral.

IDEOLOCITY – La Conquista - Germinal Boloix - 7 de febrero, 2023

Imaginemos unos exploradores que recorren territorios para establecer colonias. Los exploradores poseen un presupuesto predefinido para establecer la colonia. Imaginemos que se reparte la misma cantidad de recursos al comienzo a cada explorador para establecer la comunidad y a partir de allí, debe seguir progresando por su propio esfuerzo.

Si los territorios están vacíos, es un descubrimiento, no hay gente local, el territorio se ocupa con los colonos que emigraron. Algunos territorios están poblados y deben ser colonizados, se dispone de un mínimo de inmigrantes y hay que convencer a los locales para que colaboren con la colonia.

Los territorios poseen recursos naturales que pueden ser explotados por los habitantes pero el valor de esos recursos está determinado por los intercambios comerciales dentro y fuera de cada territorio. Los recursos naturales de cada territorio definen qué ventajas competitivas tiene.

Los exploradores que colonizan un territorio ponen en práctica una determinada estrategia de desarrollo social; se define cuál será el modelo a utilizar, utilizando una lista predefinida.

La idea es que cada explorador defina cómo desarrollar su territorio, por ejemplo, comenzar por traer inmigrantes y recursos para construir albergues, establecer un desarrollo agrícola y pecuario, organizar la comunidad, establecer un estado, definir las leyes y las reglas de convivencia, determinar cómo crecerá la población, definir el modelo educativo requerido por los colonos, establecer los productos o servicios a generar para obtener recursos, cómo defenderse de ataques foráneos, y así sucesivamente.

Hay alternativas de desarrollo, pudiera comenzar por identificar los recursos naturales disponibles y a partir de ahí traer o formar personas con las destrezas necesarias para explotarlos y poder comerciar con los vecinos; tendría que construir albergues provisionales y al principio importar los alimentos en lugar de producirlos en el territorio. A medida que se explotan los recursos y se avanza en el desarrollo, se define como producir los alimentos, como comerciar para obtener ingresos, cómo defenderse de ataques foráneos, etc.

Debe considerarse la posibilidad de formar una milicia armada, construir barracas de albergue y prepararse para defenderse e invadir otros territorios y tomar los recursos que éstos posean. Después podría ocuparse de construir mejores albergues, producir alimentos y educar a la población, etc.

Capítulo 8: Yordano Faderson y la Psicología

Yordano Faderson es un psicólogo clínico exitoso que está muy preocupado por el bienestar de la humanidad. Su principal referencia intelectual es Jordan Peterson, un famoso psicólogo canadiense. Se ha convertido en un intelectual con influencia mundial en aspectos que distinguen y afectan a los seres humanos. Los temas que suele abordar en sus intervenciones incluyen, nociones de identidad en la política, la libre expresión del pensamiento y el desarrollo personal. Ideológicamente está orientado al individualismo, critica lo que se denomina la política correcta (la creencia de que el lenguaje o comportamiento que ofende la sensibilidad de ciertos grupos debe ser eliminado, incluyendo regulaciones o penalidades a los transgresores) y está preocupado por la erosión de los valores del mundo occidental. En cuanto al individualismo y la responsabilidad personal fomentan la toma de decisiones significativas y el desarrollo personal. Nietzsche habla del übermensch: 'no seas uno más de la masa de ignorantes, distinguete por tus conocimientos, reta al líder.' La crítica a la política de identidad, sobre todo a lo que se denomina la política correcta, expresa que mucho énfasis en la identidad de los grupos atenta contra los derechos individuales y la libre expresión; está en contra del uso de pronombres para identificar el género (sexo) de las personas.

Yordano está muy preocupado por el bienestar de la humanidad transmitiendo los principios fundamentales para la civilización. Se ha convertido en un intelectual con influencia mundial en aspectos que distinguen y afectan a los seres humanos. Los temas que suele abordar en sus intervenciones incluyen, nociones de identidad en la política, la libre expresión del pensamiento y el desarrollo personal. La libre expresión del pensamiento, el diálogo libre, inclusive en temas controversiales o incómodos es esencial para la salud de la sociedad; el discurso robusto e irrestricto de los temas permite aclarar la verdad. Ha expresado preocupación por la difusión del marxismo cultural y el extremismo ideológico, especialmente en las instituciones educativas y culturales; esas ideologías, asociadas a la extrema izquierda, amenazan los valores occidentales, el individualismo, la libre expresión y la meritocracia se ven afectados; el futuro de la sociedad contemporánea depende de la educación, contrarrestando los criterios nocivos de ciertas ideologías. Finalmente, el desarrollo personal es muy importante, Faderson dice que hace falta confrontar los retos y encontrar significado en las experiencias; su enfoque se concentra en la automejora, la resistencia y el poder de las historias, cuentos o mitos, para guiar y resolver la complejidad del mundo moderno.

Orden y Caos

El orden y el caos son dos extremos organizativos de la sociedad que están relacionados con los sistemas de creencias y valores de las personas; el balance entre el orden y el caos permite transitar por la vida compartiendo sufrimiento y felicidad. El sistema de creencias compartidas es tan fuerte que la gente pone en riesgo la destrucción del mundo para mantener los valores compartidos; ese sistema hace que la gente se entienda, sea predecible y actúe de acuerdo a las expectativas y deseos de los que comparten las mismas creencias. Además de cooperar, pueden competir pacíficamente ya que todos saben lo que esperan de cada uno. El sistema, parcialmente psicológico y parcialmente ejecutivo, simplifica la comprensión de los participantes y del mundo que los rodea; no hay nada más importante que esa organización, que se manifiesta por una simplificación interpretada de la realidad. No solo luchan por lo que creen, sino también por mantener la correspondencia entre lo que creen y lo que esperan y desean; ese estado les permite vivir pacíficamente, predeciblemente y productivamente; reducen la incertidumbre y la mezcla caótica de emociones intolerantes que produce el azar. No es de extrañar que la gente luche protegiendo un sistema que les evita emociones de terror y caos (que pueden convertirse en peleas y combates).

El Bien

Yordano ha estudiado el bien y el mal desde distintos puntos de vista, uno es su experiencia como psicólogo clínico, otro ha sido su familiaridad con la mitología y finalmente sus estudios sobre el tema religioso. Mantiene que el bien y el mal no son abstractos, están profundamente engranados en la psique humana, en los procesos conscientes e inconscientes, y tienen repercusiones en los individuos y en el bienestar social. La experiencia humana sobre el orden y el caos se relaciona al bien y el mal; simbólicamente, el orden es heroico y el caos es malevolente; el bien se relaciona al orden, la moralidad y los ideales benignos, mientras que el mal está relacionado al caos, inmoralidad y las fuerzas destructivas. Según Faderson, los individuos tienen una obligación moral de confrontar y combatir la maldad, causada por ellos mismos o que ocurre en el mundo que los rodea; cita con frecuencia La Biblia y la historia de Caín y Abel,

Caín refleja el lado oscuro de la naturaleza humana que nos lleva a cometer acciones malévolas mientras que Abel representa la lucha por la bondad y las acciones correctas; son los individuos los que deben evitar caer por el camino destructivo de Caín y seguir los consejos bondadosos de Abel. Según Yordano, las enseñanzas de La Biblia no son simples supersticiones sino pensamientos profundos sobre la ética y la moral de la vida. También recomienda utilizar los arquetipos de las escrituras religiosas o mitológicas por su universalidad; los héroes, los villanos, los sabios, son modelos que podemos utilizar para identificar nuestra posición en la vida y adherirnos personalmente a los modelos más benignos.

'Haz el bien y no mires a quien,' es un dicho popular que recomienda dar bienestar en lugar de malestar. La naturaleza humana está inmersa entre el bien y el mal, los seres humanos, aún teniendo conciencia de las consecuencias de sus acciones, están dispuestos a realizarlas sin importarles el malestar que causan. Los animales, por ejemplo, perros y gatos, tienen una naturaleza depredadora, cazan otros animales y se los comen, no tienen la capacidad de interpretar sus acciones asesinas, tienen hambre pero no son malvados; no tienen la responsabilidad de defender la vida de esos animales cazados, tienen un instinto natural que los supera. El ser humano, por otro lado, sí puede ser cruel, sabe cómo, dónde y por qué hace daño, tiene consciencia de lo que hace. Sabe que es indefenso, limitado y mortal; padece de dolores, rabia, vergüenza y miedo, y lo sabe. Sabe qué les hace sufrir, qué les amedrenta, qué les duele – eso significa saber cómo infligir sufrimiento a otros. Puede aterrorizar a otros conscientemente, herirlos y humillarlos, inclusive torturarlos; solo el ser humano es capaz de infligir sufrimiento adrede. Los humanos tienen una gran capacidad para hacer daño, es un atributo único en el mundo viviente, el resto de los animales es inconsciente a esta realidad.

La Verdad

Decir la verdad es una capacidad positiva de los individuos pero todos sabemos que depende del contexto en que nos movilizamos, por lo tanto, la verdad tiene cierto grado de subjetividad, lo que es cierto para unos es falso para otros. La verdad ayuda a superar las dificultades existenciales de las personas pues mentir genera efectos indeseados; muchas veces la gente sabe la verdad y busca que los involucrados la confirmen, si mienten, comienza la desconfianza; acordémonos que hay mentiras piadosas, aquellas en que se piensa que no hay consecuencias por decirlas. Yordano recuerda el caso de un familiar de unos 65 años de edad, de sexo femenino, divorciada, que aceptó a su ex-esposo después de 20 años de separación aduciendo que el ex estaba enfermo y debía ayudarlo; las hermanas se pusieron furiosas ya que el ex la había maltratado en su época de casados y no simpatizaban con él. Las hermanas sospechaban que se había rejuntado de nuevo pero la hermana nunca lo reconoció, dijo que era una ayuda humanitaria y solo eso; ¿por qué no reconocerlo? El caso es que las hermanas no la visitaron nunca más, desconfiaban de su propia hermana por no ser sincera.

Las consecuencias de mentir son más graves en contextos políticos ya que salen afectadas muchas personas. Los gobiernos que se atornillan al poder suelen ser los más peligrosos ya que manipulan a la gente para permanecer eternamente en el poder. Las técnicas utilizadas son variadas, culpan a los opositores de crímenes y robos, no presentan cuentas de los fondos públicos, se enriquecen a costas de la salud del pueblo. Cuando el pueblo protesta en las calles dicen que son delincuentes que perturban el orden y los castigan con penas severas. Los gobiernos no entregan cuentas de los gastos y facilitan la corrupción; los hospitales los abandonan y los pacientes tienen que proveer los insumos necesarios, si es que encuentran médicos.

Yordano ha propuesto un enfoque interesante para definir la verdad, comienza por establecer la personalidad de los ciudadanos, avanza hacia la comprensión de las ideologías y su relación con la personalidad y finaliza aportando una definición de la verdad orientada a un plan de vida. Se han identificado varios marcadores de la personalidad, si eres extrovertido te inclinas a la acción, la fiesta, los chistes, las relaciones sociales; el neuroticismo puede afectar el comportamiento haciendote depresivo e intolerante. Puedes ser agradable o desagradable con los que te rodean, definiendo así el trato con los demás. Puedes ser empático, poniéndote en el lugar de los otros pero con el peligro de sacrificarse excesivamente para colaborar con ellos. Puedes ser muy consciente y ordenado. Puedes querer ser creativo con mente abierta. Las personas tienen ese carácter desde que nacen, mucho es genético.

A continuación, Yordano utiliza un modelo ideológico simple, divide en entorno entre liberales y conservadores para relacionarlos con la personalidad. Los liberales son de mente abierta, tienen menos conciencia de las situaciones, en particular, son más desordenados. Creen que el libre flujo de la información merece tomar riesgos; creen en el libre flujo de inmigrantes en las fronteras; creen en el libre flujo de las ideas; creen en el libre flujo de los conceptos entre categorías. Según ellos, las fronteras deben ser permeables, absorbiendo y difundiendo los conocimientos. Por otro lado, los conservadores son cerrados pero tienen un alto grado de consciencia, en particular son ordenados, toman el camino opuesto a los liberales. Consideran que las fronteras no deben ser permeables, es peligroso ser de mente abierta; la sociedad puede desestabilizarse y la gente pierde el rumbo. La conclusión según Yordano es que los dos extremos demuestran actitudes correctas de acuerdo al momento en que ocurren. Si las cosas cambian rápidamente, la gente pierde asidero y no funcionan; otras veces las cosas son tan rígidas que los procesos no fluyen y todo se paraliza; ejemplo, las grandes corporaciones tienen unos 24 años de vida útil, después de los cuales desaparecen o se dedican a otros negocios.

Se necesitan liberales porque de vez en cuando, lo apropiado es inventar algo nuevo. Y se necesitan conservadores porque de vez en cuando, lo correcto es hacer lo que la gente ha hecho toda la vida. Los nuevos enfoques, las ciencias, las nuevas tecnologías las inventan mentes liberales, tienden a romper la reglas o amoldarse a las necesidades, no se dejan intimidar por las costumbres. Para ser innovador, hay que tener una personalidad liberal, orientada a romper las reglas, pero una vez que el invento está hecho hace falta conservadores para producir el bien o servicio planeado. Los emprendedores necesitan conservadores para poner en práctica lo que ha sido creado por las mentes liberales; se quiere ser productivo, organizado, trabajando según las reglas. La mente conservadora es buena para eso, le pone los puntos a las Ies, hace las Xs cruzadas, se presenta al trabajo puntualmente, mantiene un matrimonio estable y son confiables en sus actos.

En política, las discusiones son más parecidas a las negociaciones maritales, uno piensa una cosa el otro otra y así sucesivamente pero hay que ponerse de acuerdo, inclinándose hacia un lado u otro de los polos después de mucha discusión; el matrimonio no debe ser patriarcal o matriarcal, es conjunto. Cuando las cosas funcionan en el matrimonio, en la política o en el mundo, estamos en el camino correcto; es como hacer un plan, implementarlo y obtener los resultados esperados. Esta es una definición pragmática de la verdad; el plan de vida puede tener sus defectos pero fue lo suficientemente preciso como para demostrar que al implementarlo, justificó su estructura. Esta es la manera en que se justifica la verdad en el mundo; piensas que estás en lo correcto, lo implantan y funciona; no significa que es 100% correcto o que va a funcionar para siempre pero demuestra que a pesar de la ignorancia o conocimiento limitado, es lo que pudimos lograr; es una forma de transmitir la verdad y además en forma negociada. Puede afirmarse que no existen verdades universales o 100% correctas pero una verdad que considera fundamental es que los individuos son soberanos, son autónomos; aunque hayan algunos que no estén de acuerdo. Cuanto más compleja sea la situación, más difícil será extraer algo que se aproxime a una verdad objetiva; la negociación y la discusión serán los factores que decidirán el camino a seguir.

La Pobreza

El tema de la pobreza se plantea continuamente en vista de que afecta la convivencia de los seres humanos. Yordano se ha preocupado por contribuir con los más necesitados desde un punto de vista conservador, digamos, 'el que trabaja fuerte merece vivir mejor.' La pobreza es más complicada de lo que se piensa, no es solo que unos tienen menos que los demás, es un problema psicológico mucho más grave; se trata de discutir la responsabilidad de los individuos, ellos tienen el control de sus vidas y de los resultados obtenidos, inclusive si están imbuidos en un ambiente de pobreza. Luchar contra la pobreza solamente, sin profundizar en el tema, es insuficiente, hay que buscar los motivos. Los pobres tienen muchos problemas, algunos mayores que el simple poder adquisitivo. No son problemas simples, la redistribución de la riqueza es mucho más compleja que eso, no solo con dinero se resuelven los problemas; hay problemas personales, alcohol, drogas, problemas mentales, enfermedades congénitas, que influyen en la existencia de pobreza. Faderson tiene claro que la pobreza es un típico problema complejo que lo quieren resolver simplemente ayudando a los necesitados sin pedir a cambio un comportamiento personal transformador.

Por eso, solo combatir la pobreza dando ayuda a la gente no los saca del estancamiento social; la intervención gubernamental exagerada es inconveniente ya que las personas se desmotivan y no intentan mejorar la situación con su propio esfuerzo. El bienestar social puede ser contraproducente, creando un círculo vicioso de dependencia que inhibe a las personas en la toma de las riendas de su futuro; son las personas que deben motivarse a producir para mejorar.

Faderson critica a los gobiernos de izquierda que promueven el colectivismo a expensas del individuo ya que éste es el que debe tomar la batuta para superar su condición desventajosa; el problema de la pobreza no es solo sistémico, como hacen ver los socialistas criticando al capitalismo, sino que son las diferencias en capacidades, alternativas de vida y responsabilidades, las que determinan un futuro próspero; está claro que existen personas con desventajas que necesitan reconocimiento pero sin abandonar el concepto de responsabilidad personal que siempre les pertenece. Un caso extremo es el de los sin hogar o recogelatas, drogadictos y alcohólicos, apenas reciben un emolumento, lo gastan en sus drogas y recaen en el vicio y van a pedir ayuda sicológica; nunca salen de su condición ya que no tienen mecanismos para superar el círculo vicioso en que viven.

Nadie está a favor de la pobreza, dice Yordano, hay que trabajar para darle más oportunidades a la gente; una combinación de economía con trascendencia personal puede satisfacer mejor a los seres humanos que la simple redistribución de la riqueza.

Jerarquías y relaciones de poder

Faderson afirma que las jerarquías de dominancia existen desde hace cientos de miles de años, desde que empezaron a existir los seres vivos. 300 mil años de evolución de las jerarquías las hacen comunes en la vida. Organismos que tienen que cooperar y competir con otros organismos de su mismo tipo, inevitablemente tienen que organizarse en jerarquías; la gente tiene que resolver problemas, hay gente con más capacidad para implementar las cosas que otros, la competencia demuestra quién tiene la razón; en la distribución de los cargos o puestos se produce una distribución de capacidades, alta en el tope y baja en la base.

Cuando hablamos de jerarquías, es importante saber en que parte estamos, sobre todo para la salud mental ya que no debemos caer en la lucha inocua. Las jerarquías de poder son bastante comunes en el reino animal, los que viven cerca de otros de su misma especie deben entenderlas. La lucha usando solo la fuerza no es una buena solución ya que termina eliminando físicamente a muchos y posiblemente a Ud. mismo; por ejemplo unos cuervos tratan de establecer un territorio y quizás entran en combate contra otros pero terminan cediendo luego de unos pocos combates, repartiéndose el espacio.

Si no hubiesen jerarquías no se podrían organizar las percepciones, no existirían ni los valores ni los juicios para establecer la justicia, pues no se sabe qué es más o menos importante. Si no tienes objetivos que lograr, entonces no tienes sentido de la vida. Hay que aceptar que tiene que haber una cierta tensión entre los dos puntos de vista; aunque haya desigualdad con las jerarquías se discute la distribución de la riqueza con mayor justicia. Dicen que el capitalismo es el causante de las jerarquías pero eso no es cierto, el problema es mucho más serio. Se sabe que las jerarquías son problemáticas pero no es el marxismo el que las elimina. El objetivo de la izquierda política sería recordarle a los que se benefician de su posición jerárquica de que hay un costo en la distribución que perjudica a los que están más abajo, por lo tanto hace falta concientizar a los del tope para que tomen en cuenta esa injusticia. En el caso de la derecha política, estando en el tope de la jerarquía, debería entender y ofrecer alternativas de distribución de la riqueza. Aunque insistan en la perpetuidad de las jerarquías porque son productivas, éstas se prestan a tiranías y la gente que hace solo juegos de poder, beneficia a los corruptos sin beneficiar a todos; debe exigirse que la jerarquía no degenere en organizaciones punitivas a favor de los grupos en el poder.

El cerebro funciona organizándose para entender las cosas que ocurren con mayor frecuencia a su alrededor y las cosas que se manifiestan constantemente son reales; es una forma de definir lo que es real, las cosas que se manifiestan continuamente definen lo que es real. Los seres humanos están adaptados a las jerarquías como cualquier otra característica permanente de nuestra existencia; la serotonina es una explicación. La moda es un ejemplo de jerarquía, la gente se viste con la moda para sobresalir sobre los demás, es una forma de dominancia, para competir con otros en la búsqueda de pareja. Hasta la depresión puede estar relacionada a la dominancia; sentirse inferior a sabiendas de que tiene superioridad competitiva pero su autoestima es baja.

La cultura y la dominancia, tienen relación con las leyes; si no las cumples te penalizan; una tradición o costumbre se expresa como una ley para regular el comportamiento humano; la cultura describe cómo se interpretan las cosas en una sociedad, como se imitan las costumbres en la sociedad; las leyes y las culturas se basan en el conocimiento, la cultura es un contrato de comportamiento. En función de la forma en que la gente actúa y de cómo imita la cultura, genera la tendencia que se convierte en la ley, es la forma aceptable del comportamiento ciudadano; la organización social se interpreta como una jerarquía de dominancia.

Las jerarquías pueden verse como un proceso de poder, los organismos que conviven con otros inevitablemente establecen relaciones jerárquicas. Sin embargo, si las jerarquías fuesen solo de poder, por la fuerza, cabe la posibilidad de rebelarse contra ese poder, reuniéndose entre los miembros y juntos enfrentarse a esa fuerza; en general ganaría la mayoría. El concepto de poder tiende a implicar el uso de la fuerza, significa honrar la autoridad, implica usar los ejemplos de los que tienen éxito como una manifestación de poder. Por lo tanto hay que reconsiderar las jerarquías como un balance entre la fuerza (o inteligencia) de unos y las relaciones con los miembros, no es solo la fuerza la que decide. Veamos el ejemplo de los chimpancés, donde la fuerza y la maldad del macho dominante es evidente pero las coaliciones entre chimpancés son muy importantes, por lo tanto el poder por la fuerza también necesita las relaciones con los demás. Los chimpancés con mejores relaciones con los demás son los que verdaderamente se convierten en los soberanos.

No se debe confundir la capacidad con el poder, las jerarquías no son solo de poder, existe la capacidad, la competencia; por ejemplo, los plomeros, los doctores, los masajistas, pueden verse bajo una jerarquía de competencia, los mejores plomeros, por su buen trabajo, por su reputación, en el comercio, por su honestidad, pueden verse en una jerarquía; hay unos que lo hacen mejor que otros. Los jugadores de ping pong también se organizan en una jerarquía de capacidades.

La jerarquía en la distribución de los beneficios crea una distribución injusta de recursos en el tope y una insuficiencia en la base; los que tienen conocimiento son superiores relativamente a los que no lo tienen. Existe un concepto denominado Suma-Cero, relativo a la distribución de los recursos; en un escenario suma-cero, la gente lucha, quizás hasta la muerte, por unos recursos limitados, aquellos que triunfan tienen más y hay otros que se mueren de hambre. Lógicamente, es preferible un escenario que no sea suma-cero ya que así sobran recursos que se pueden repartir entre todos. Pero llegamos al meollo del asunto, cuando se desecha totalmente el enfoque suma-cero, los gobiernos de izquierda quieren que todos tengamos lo mismo, que sepamos lo mismo, que seamos iguales; por ejemplo, que todos seamos igual de atractivos, no habrá muchos atractivos pues todos seremos iguales; o no tienes ninguna fortaleza superior a otros, o no tienes una ambición mayor que otros, o talento, o no tienes una habilidad superior a otros, o deportiva o artística. Por eso es que la igualdad de resultado no tiene sentido, ya que siempre habrá diferencias.

Estas consideraciones jerárquicas se presentan también en la formación de sociedades o en la definición de los dioses; unas tribus que creen en ciertos dioses y por un proceso de intercambio, violento o pacífico pasan de politeístas a monoteístas, por ejemplo. Los dioses mesopotámicos se reunieron para determinar la mejor ruta de su futuro y eligieron uno de ellos según la visión y el lenguaje del dios más capaz. Esas son las armas más poderosas contra el caos, tener la visión de cómo amainar y el lenguaje para poderlo comunicar a todos para trabajar en conjunto; asi definen qué es el soberano, qué está por encima de todos los demás (¿una persona en particular? No, es un concepto que se materializa en la persona pero no es ésta la que verdaderamente importa).

Yordano Faderson en la Política

Yordano ha sido asociado a los conservadores y libertarios, aunque no acepta categorías fácilmente; critica las políticas que promueven la identidad pues perjudican a los individuos, son éstos los responsables de sus acciones. Un aspecto positivo de Faderson es su crítica al estado, lo considera necesario pero peligroso puesto que quiere apropiarse de todas las funciones sociales a expensas de la libertad individual y de empresa; el estado debe tener límites y estar controlado para evitar el surgimiento del totalitarismo. Cuando el estado regula demasiado, se pierde la libertad del individuo y la economía no produce beneficios

Para Faderson, el patriarcado y la tiranía son representaciones simbólicas que se tienden a personalizar, asociando al hombre con los conceptos y no es correcto. Desde tiempos inmemorables, el patriarcado, dicen, se relaciona con el orden y lo femenino con el caos; caos y orden no deberían relacionarse a los sexos masculino y femenino; lo femenino y masculino es simbolismo, no se refiere al género particular. El estado se personaliza como el rey, masculino, por la fuerza masculina; la nación como el poderoso padre o como la compasiva nodriza femenina; un padre fuerte o una madre nodriza, define la diferencia entre conservadores y liberales; la compasión de los liberales o la decencia, el comportamiento correcto de los conservadores.

El temperamento de las personas influye en las decisiones sociales ya que hay una conexión entre los dos; los liberales suelen ser emprendedores, los conservadores gerentes; la mente abierta de los liberales versus la gente super consciente pero más rutinaria de los conservadores. La diversidad proviene de la biología, por lo tanto es inevitable; las personas son diferentes, nacen con características propias, pueden adquirir habilidades pero siguen teniendo la misma personalidad.

Capítulo 9: Ideología

Las dicotomías representan un mecanismo simple para el estudio de argumentos, situaciones, conceptos, políticas e ideologías, contrastando dos polos o extremos opuestos. Permiten entender y analizar ideas complejas en un formato más digerible pero la realidad puede resultar mucho más compleja, haciendo impráctica la simplificación binaria. Las dicotomías son análogas a las utopías y distopías pero a un nivel de detalle menor. Las ideologías, en general, son sistemas de ideas expresadas en términos filosóficos para explicar la complejidad de la vida y ofrecer remedios para mejorarla. El conocimiento humano está formado por ideas, con el objetivo de mejorar la vida del ser humano. Las explicaciones abstractas son insuficientes, hay que servir a la gente, evitar los prejuicios y utilizar la razón. Las ideologías se orientan a la sociedad pero abarcan todas las esferas de interrelaciones humanas, desde el individuo, los grupos familiares, las organizaciones y la sociedad. Todas las ideas que surgen de la mente humana tienen cabida en el término ideología, familia, amistades, compañeros, grupos, pero las ideologías políticas tienen una aplicación social que las hace especialmente útiles.

Las ideologías políticas representan las creencias, valores y principios sostenidos por las personas o grupos sobre necesidades políticas, de gobierno, de economía y en general de la sociedad. Las ideologías representan una plataforma para la comprensión y definición de las necesidades complejas a las que nos enfrentamos. Ellas influencian las decisiones políticas, los movimientos políticos y las formas de organizar la sociedad. Ejemplos de ideologías son el liberalismo, el conservatismo, el socialismo, el comunismo, el anarquismo, el fascismo. Además hay movimientos específicos hacia sociedades libertarias, el ambientalismo, el feminismo y el nacionalismo.

Las naciones implantan versiones distorsionadas de los modelos ideológicos según una concepción indefinida del mundo. No existe ningún país que siga un solo modelo ideológico, usan una amalgama de ideas empastadas con teoría y pragmática. Los comunistas usan elementos del capitalismo, contradiciendo su propia filosofía. Las condiciones culturales, históricas y regionales permiten adaptarse a la realidad. Las sociedades evolucionan con el tiempo y deben responder a los cambios sociales, políticos y económicos, utilizando ideas exitosas de otras ideologías. El único ejemplo medianamente exitoso de socialismo, la socialdemocracia, combina el capitalismo y el bienestar social.

En este capítulo se presentan algunas dicotomías sobre el tema ideológico. Son factores que tienen influencia en las decisiones estructurales:

Certidumbre e Incertidumbre
Lo Conocido y lo Desconocido
Creencias e Incredulidad
Diferencia e Igualdad
Progresismo y Tradicionalismo
Identidad Grupal e Individual
Deuda Individual y Social
Mejorar un Poco al Mundo y Cambiar Totalmente al Mundo

Certidumbre e Incertidumbre

La certidumbre ofrece estabilidad y seguridad, favorece la rutina pero puede llevar a la mediocridad, mientras que la incertidumbre favorece el estado de alerta que eventualmente promueve el crecimiento y la innovación, dijo Jeremy. Las propuestas ideológicas proponen escenarios estables y predecibles dentro de un contexto seguro; los individuos pueden planear su vida y la sociedad puede florecer en un marco razonablemente productivo. En un mundo colmado por caos y desastres, el futuro se vuelve impredecible, por lo tanto, la certidumbre proporciona una alternativa estabilizadora. Tener un trabajo estable, rutinas confiables y la esperanza de resultados predecibles, genera confianza en la vida y en el futuro. Muchos aspectos de la sociedad están construidos sobre estructuras predefinidas, la certidumbre favorece la planificación y la selección de rutas de progreso, la inversión fortalece el emprendimiento y genera trabajo, el desarrollo de instituciones mejora la administración y el control, así, se promueve la convivencia constructiva. El peligro de la certidumbre es que la sociedad se acostumbra y no avanza; tener el futuro asegurado hace que la gente no utilice el intelecto, ya lo tienen todo y no necesitan mortificarse para mejorar.

Yo diría que ambos extremos tienen ventajas y desventajas, dijo Nuyma, su conocimiento sociológico le ha permitido estudiar la evolución de los modelos ideológicos en contextos ciertos e inciertos. Hay personas que funcionan muy bien en ambientes certeros y hay otras que no; lo mismo ocurre en el caso de la incertidumbre, unos sí y otros no. Por lo tanto, hay que balancear positivamente esos dos extremos para que la gente funcione y esté satisfecha. Un ejemplo simple se presenta con la eterna comparación entre el socialismo y el capitalismo, ahora relacionando certidumbre e incertidumbre; pero dejemos claro que nos referimos solo a las aspiraciones y no a los resultados comprobados de esos sistemas. En el socialismo hay demasiado control gubernamental que ata de manos a los individuos. Hay más limitaciones que libertades, los ciudadanos no tienen motivación para seguir la ruta hacia el progreso; es un modelo certero que no genera satisfacción. En el capitalismo, se exageran las libertades económicas dentro de un marco legal predefinido y los ciudadanos pueden progresar, económicamente, basados en su esfuerzo; es un modelo incierto ya que los ciudadanos están obligados a trabajar para poder mejorar. En conclusión, el socialismo promete certidumbre en lugar de satisfacción y el capitalismo deja en manos del libre mercado la satisfacción personal; la combinación que encontramos en la realidad ayuda a los necesitados y permite a los capaces florecer con su trabajo.

Lo Conocido y lo Desconocido

Lo conocido representa el reino de lo familiar, predecible y seguro, mientras que lo desconocido representa territorio por descubrir, es misterio y algunas veces, potencial, dijo Jeremy. La gente se siente confortable cuando utiliza el conocimiento adquirido durante la vida. Las sociedades mantienen los principios tradicionales, la continuidad de la cultura y los conocimientos científicos; representa un deseo inconsciente de perpetuar la especie. La ejecución de las rutinas en un ambiente conocido proporciona estabilidad; son las anclas mentales y emocionales que nos permiten navegar la vida diaria. Lo conocido sale de nuestras pasadas experiencias y nos permite tomar decisiones para la solución de problemas; la cultura, las tradiciones y los sistemas de creencias están enraizados en lo conocido. Si la evolución humana se hubiese basado en lo conocido, el progreso humano sería limitado; hace falta esa energía y pasión por la búsqueda de conocimiento para cuestionar, aprender y adaptarse a los cambios.

Permíteme expresar algunas de mis ideas sobre la importancia de enfrentar lo desconocido, dijo Nuyma, la sociología es una ciencia que estudia, entre tantos aspectos, la evolución del conocimiento humano. Descubrir lo desconocido representa una fuerza cautivadora que ha motivado a los seres humanos por milenios; lo desconocido enciende deseos de exploración, innovación y descubrimiento; impulsa el progreso y el crecimiento utilizando el intelecto y la tecnología en la adquisición del conocimiento necesario para impulsar el progreso individual o social.

Creencias e Incredulidad

Si hay un tema que define a las ideologías, es el de las creencias, empezó Jeremy. Las ideologías están guiadas por múltiples factores, entre ellos, el poder, y se aplican en el área social. Originalmente, 600 años antes de Cristo, ciertas creencias eran utilizadas en las ciudades griegas para organizar a los ciudadanos, definiendo el orden y el estado, y por lo tanto, repercuten en las creencias sobre sociedad, política y economía. La ciudad-estado requería de sustento ético y moral para justificar las políticas y las acciones necesarias en la sociedad. El comportamiento esperado de los ciudadanos definía la toma de decisiones para favorecer la convivencia social. Evidentemente, los individuos tenían participación pero debían aceptar y ceder ante las necesidades comunitarias, solo convencidos podían aceptar entenderse. Las ideologías eran sistemas de creencias sobre la participación y la necesidad de compromisos políticos, incluyendo ideas y valores sobre el orden público para orientar el comportamiento social, económico y cultural.

Naveda se había transportado mentalmente a la vieja Grecia, se veía con una sotana blanca discutiendo con la gente en la plaza pública. Para él, Jeremy, con su disertación, tenía el perfil de Platón y arengaba al pueblo para que lo siguiesen y lo apoyasen. Dijo, ciertamente, los ciudadanos son los que definen el futuro de la ciudad-estado; si saben comportarse individualmente y tienen criterios sociales, las cosas funcionan. El manejo del poder se transforma en una actividad rutinaria que no requiere de mayores esfuerzos. La seguridad no es un problema ya que en la mayoría de los casos los ciudadanos no molestan. La educación está a un nivel superior y por eso los ciudadanos saben cómo comportarse. Las creencias se discuten buscando consenso y convenciendo a todos con argumentos. Hacer las cosas bien crea credulidad pero es fundamental entender la incredulidad, no todo funciona bien, a veces usando procesos torcidos, otras por culpa de personas inescrupulosas, se crea una matriz de opinión que hace dudar de las políticas. Los políticos corruptos y los gobernantes que defraudaron la confianza social, se enriquecieron con los tesoros públicos y representan un agravio para la nación.

Jeremy quiso continuar su arenga expresando la importancia de las ideologías para la transformación social, dijo, comparan el orden actual con una visión deseada del mundo. Hace falta un diagnóstico de lo que ocurre hoy en día y establecer un modelo de sociedad ideal o deseable. Por lo tanto, es necesario definir cómo llegar a ese modelo, o sea, cómo implantar el cambio. Se requiere comprender las características de la situación actual y definir claramente el modelo deseado, estableciendo un proceso de cambio que sea menos traumático. Es aquí donde una visión inclinada a la igualdad de resultados y una orientación a la justicia económica produce un cambio social lleno de adversidades. Otra posible visión se inclina hacia la igualdad de oportunidades y una política de libertad que favorece un cambio paulatino sobre bases sustentables. Por ejemplo, una política progresista con hiperinflación y desocupación masiva no es bienvenida, mientras que una política liberal con inversiones que redundan en créditos para viviendas produce bienestar.

Eloncio Muskatel prestaba atención a los argumentos de Jeremy y Naveda, y entendía el énfasis en la sociedad y la política pero tiene una visión particular del asunto, el enfoque empresarial. Dijo, en todos los ámbitos de la sociedad y de la vida se materializa la ideología, pero las empresas son parte fundamental de la sociedad y reflejan una ideología orientada a la economía. Garantiza la subsistencia para la mayoría de ciudadanos, ofreciendo empleos que necesita la sociedad. Las empresas son como la familia, es el núcleo principal para el ejercicio de las actividades productivas. Los empresarios tienen que adaptarse a intereses que intercalan las ganancias de los accionistas con el servicio o producto que suministran. Las empresas necesitan dinamismo para poder mantenerse a flote, invirtiendo en las áreas que producen beneficios y que se traducen en mayores empleos.

Jeremy conoce a Eloncio y sabe que ha beneficiado a muchos trabajadores con sus políticas solidarias de beneficio social pero 'un grano de arena no hace una playa,' por lo cual hay que ser sincero y entender que hay empresarios que no siguen el ejemplo, menosprecian lo social. El sector empresarial tiende a ser pragmático, no se compagina con las ideologías políticas predefinidas que no dan cabida a la innovación. Puede afirmarse que manifiesta cinismo, sin importarle los efectos sociales de sus actividades; no cree en valores humanos y solo busca beneficios económicos; establece que el fin justifica los medios. Solo les importa cumplir el objetivo y reportar ganancias.

Eloncio le recordó a Jeremy que ciertamente 'hay de todo en la viña del Señor,' y es exactamente por eso que él ha triunfado. Y continuó diciendo que al haber variedad y libertad en las actividades capitalistas, tuvo oportunidad para la innovación, y propuso beneficios para los empleados. Quizás en un futuro, otros empresarios comprenderán que deben colaborar más con la sociedad; hay que pensar en todos y no solo en los que ocupan posiciones jerárquicas.

Para finalizar el tema, Jeremy se refirió a las creencias de las personas. Está claro que todos tenemos creencias diferentes, empezando por la religión, unos creen en dios, otros no. Unos se afilian a una religión y otros a otras. El tema religioso, como cualquier otro, puede discutirse y de manera civilizada entender todas las posiciones. A nivel personal, unos creen que la vida es para disfrutar todo lo posible, otros que trabajar es el objetivo final, otros que la vida es estudiar buscando la verdad. Inclusive, dentro de una misma familia unos piensan que los padres deben trabajar duro para facilitarle la vida a los hijos, mientras que otros creen que cada generación debe trabajar duro sin contar con beneficios foráneos provenientes de los parientes. En definitiva existe variedad de creencias y lo máximo que podemos hacer es conversar para buscar ventajas y desventajas de cada posición; el objetivo no es transformar a los demás a nuestra imagen, sino entender sabiamente la posición de cada uno. Por eso, las ideologías deben ser solo modelos que guían nuestras decisiones y no camisas de fuerza que obligan a todos a convertirse en una sola voz que obliga a todos a obedecer sus designios.

Diferencia e Igualdad

La igualdad es uno de los temas más discutidos en la sociedad, dijo Jeremy, todos merecemos ser tratados justamente e imparcialmente. Además, merecemos iguales oportunidades y la posibilidad de acceder a los recursos. La igualdad requiere de un adjetivo, no podemos ser totalmente iguales a los demás, pero si colocamos un adjetivo a la igualdad, sea de oportunidad, de movimiento, ante la justicia, etc. podemos entenderla mejor. La igualdad de resultados es uno de los temas más contradictorios, vivir con los mismos recursos y facilidades no tiene sentido pues esto depende del ser humano; el esfuerzo que ponemos para mejorar las condiciones de vida determina la diferencia. Es más común la igualdad de oportunidad en la sociedad, demostrando ser capaz, nadie podrá negarle los méritos. Son los propios seres humanos los que no comulgan con la igualdad y uniformidad total, se sienten diferentes y quieren ser tratados así, de acuerdo a sus méritos individuales. La dignidad y la consideración de las personas aplica cuando las personas o grupos son equivalentes, no es justo considerar a un delincuente o criminal al mismo nivel de un ciudadano responsable que nunca ha cometido un crimen.

Gabriel empezó a notar que había cierta predisposición en el planteamiento, y dijo que aunque se había aclarado que los humanos son muy diversos, cuando se habla de delincuentes y de ciudadanos honestos, hay que aclarar que los delincuentes actuaron en una situación muy específica, por lo tanto, no es bueno descalificar para siempre. Puede haber alguien que cometió un delito pero que se comporta bien el resto de su vida, al final sigue siendo un buen ciudadano, no hay que penalizar eternamente.

Pero entonces, ¿a qué tipo de igualdad nos referimos si sabemos que no somos iguales? insistió Jeremy, que se daba cuenta de que el tema se las trae. Un enfoque quizás aceptable sería que tuviéramos las mismas oportunidades en la vida, que pudiéramos demostrar nuestras capacidades y ganarnos la vida honestamente dando una contribución. Aquellos que tengan mayores capacidades tendrán mayores posibilidades de éxito mientras que el resto sufrirá más fracasos. ¿Son los hombres iguales a las mujeres o los blancos iguales a los negros? Físicamente sabemos que no lo son, las mujeres tienen un genero distinto al de los hombres y los negros tienen más pigmento en la piel que los blancos. Sin embargo, tener iguales oportunidades para demostrar sus capacidades es un mejor criterio de igualdad que supera lo físico. Todos merecemos tener la oportunidad de demostrar nuestras habilidades.

La igualdad es uno de los principios añorados por los ciudadanos, replicó Gabriel. La igualdad nos permite sentirnos iguales a los demás, en consideración, derechos, y oportunidades. Los políticos manipulan la igualdad para crear falsas esperanzas a los que viven peor. Si un político le dice al pobre que va a vivir mejor con el bienestar social procedente del estado, inmediatamente lo va a apoyar; no le importa de dónde vienen los recursos. Si fueran honestos le dirían a los pobres que la única manera de mejorar es trabajando; el trabajo genera riqueza de todo tipo, física e intelectual. La igualdad y la diferencia se manifiesta en distintos contextos, tener o no habilidades, hacer el bien o el mal, la bella o la fea, el inteligente o el tonto, etc. El que tiene habilidades supera al que no las tiene; el que tiene conocimiento no se compara con el ignorante; la que es bella tiene mejor estética que la fea; el inteligente puede convencer al tonto con argumentos. Por lo tanto no generalicemos la igualdad, pongamosle adjetivo para saber precisamente a qué nos referimos.

Progresismo y Tradicionalismo

En los últimos años, se ha puesto de moda el término progresismo para identificar tendencias ideológicas que buscan la mejora de la sociedad a través de cambios, comenzó diciendo Jeremy. Me parece normal que cualquier ideología sea progresista, mejorar siempre será un objetivo humano, nadie quiere vivir mal; aunque los tradicionalistas quieran mantener el estatus quo, a veces proponen mejoras. Los conservadores más recalcitrantes aceptan cambios pero que sean analizados y mostrados en sus resultados, no aprecian la improvisación. Es preferible estudiar los cambios y no arriesgarse con soluciones ineficientes, las personas no merecen vivir de aventuras propuestas por oportunistas. Lo que me molesta es que los socialistas y comunistas, fracasados en todas sus experiencias reales, quieran atribuirse el adjetivo progresista. Hoy en día, las ideologías izquierdistas se autodenominan progresistas para esconder sus fines funestos. Una definición académica del progresismo lo relaciona a doctrinas políticas, filosóficas, sociales y económicas caracterizadas por un pragmatismo político que defiende los derechos civiles de igualdad, libertad y justicia, buscando indefinidamente el progreso de la sociedad.

Ivory, influenciado por el marxismo autoritario exclamó, como puede observarse, 'indefinidamente' haciendo cambios no parece un objetivo saludable, sería mejor mantener lo que funciona y cambiar lo que no funciona. Es preferible permanecer estable por períodos en que las cosas funcionan bien y programar los cambios paulatinamente. Otra noción importante es que el progresismo favorece que el estado garantice la igualdad de condiciones sociales y económicas entre ciudadanos para impulsar el desempeño individual y que no sean beneficios heredados que decidan su destino y su lugar en la sociedad.

Jeremy ripostó, ese énfasis en la intervención estatal y la penalización a los herederos tiene rasgos marxistas y autoritarios. Nunca estaré de acuerdo con el estado interventor, el individuo siempre será, a mi juicio, el que defina su destino. Los estados autoritarios lo único que hacen es menospreciar al individuo en nombre de una colectividad abstracta.

Ivory estaba como un gallito de pelea e intervino, en cuanto a la herencia, considero que cada generación debe ganarse su vida con su esfuerzo sin esperar que los padres les solucionen la vida. Los seres humanos deben recorrer un camino de vida independiente sin aspirar a privilegios de cuna.

Perdón, dijo Jeremy, que no se quedaba atrás, en caso de que unos padres decidan entregar la herencia a sus hijos, es preferible que lo hagan sin la intervención del estado. El estado nunca ha sido un buen administrador de las riquezas acumuladas por los individuos. Como puedes ver, nada es claro como el agua, siempre hay contradicciones, por eso, el estado debe concentrarse en facilitar y no en forzar. Los progresistas de hoy en día son los antiguos retrógrados que nunca triunfaron y mantienen un resentimiento nacido del fracaso propio.

La declaración de Jeremy y Ivory sobre el progresismo llamó la atención de todos, pero Bertold pareció más decidido a intervenir y dijo, me considero progresista conceptualmente, o sea, quiero que la sociedad mejore lo más posible, pero sin estabilidad es muy difícil completar nada. Si la sociedad no fuese estable, no podría tener éxito en los negocios, se necesita un contexto de libertad para emprender proyectos; si la sociedad es autoritaria y penaliza la innovación no hay conocimiento ni toma de riesgos para inventar nuevas formas de trabajar. Por ese motivo, favorezco una sociedad conservadora que promocione un cambio sustentable y no acepte cambios traumáticos que solo favorecen a una élite que se enriquece en desmedro de la ciudadanía. Considero que la sociedad tiene deudas pendientes con los más desventajados. Los capitalistas y comerciantes que se han enriquecido durante años deben transformar sus esquemas de ganancias para favorecer a los que la pasan peor. Es un proceso lento que requiere de imaginación pero que busca aumentar la clase media y erradicar las clases necesitadas; en mi humilde opinión, el objetivo es integrar a toda la población dentro de una gran clase media. Ya sé que es utópico pero prefiero ese enfoque al revolucionario, que convierte a todos en una clase de necesitados que nunca prosperan; ciertas utopías son el norte a seguir, proponen una guía, no un objetivo final.

Úrsula escuchaba atentamente pero necesitaba exponer sus ideas. Permítanme decirles que esos extremos progresista y tradicionalista deben quedar ahí, como extremos, no como objetivos; un balance siempre es prudente. Las tradiciones recuerdan eventos del pasado y se celebran mientras la gente las recuerda pero el cambio debe facilitarse evaluando las consecuencias. Por lo tanto, hacen falta compromisos entre los extremos para que la sociedad avance y elimine las injusticias existentes.

Ivory se había calmado y participó armoniosamente, las ideologías que mejor interpreten las ansias ciudadanas de justicia serán las que tendrán apoyo pero hay que tomar en cuenta que las dificultades son mayúsculas. Las luchas colectivas contemporáneas como el feminismo, la sexodiversidad, la ecología, la reforma de la sociedad para hacerla incluyente y democrática están presentes en el día a día social y hay que afrontarlas con soluciones sustentables.

Úrsula quiso completar su intervención diciendo, hay innumerables extremos que deben ser analizados en el enfoque progresista – tradicionalista, por ejemplo:

Laicidad - Religiosidad: en una sociedad laica la religión no interfiere con el gobierno, la religión es personal, no social. La iglesia se encarga de lo espiritual y se mantiene al margen de lo político y económico. El estado es político, no se rige por preceptos religiosos. Un gobierno que se rige por la religión promueve el atraso, las religiones se basan en ideas antiguas que no necesariamente son buenas.

Democracia - Totalitarismo: la pluralidad y diversidad social facilita la participación de todos sus miembros. Los canales de comunicación deben estar abiertos a todos y las sugerencias deben ser procesadas por los responsables de la toma de decisiones. Una sociedad totalitaria nunca resolverá los problemas sociales, más bien los aumentará.

Reformista - Revolucionaria: hacen falta cambios constantes en la sociedad, sociales, políticos y económicos; reformando el estado y la sociedad se introducen mejoras para lograr una justicia idónea. Las revoluciones con cambios violentos nunca resuelven los problemas ya que están parcializadas hacia lo radical, que no representa a la población; cambiar debe mejorar a todos, no solo a los más necesitados; no se debe desmejorar a unos para beneficiar a otros, todos merecen una tajada de la riqueza en función del esfuerzo.

Pragmatismo - Idealismo: las posiciones idealistas sufren de un enceguecimiento irreal, por lo tanto es bueno ser pragmático, aspirando a fórmulas y métodos que hayan funcionado y que puedan demostrarse; no aspiremos a utopías o ideologías inalcanzables.

Vanguardia - Atraso: estar dispuesto a romper con lo establecido y abrazar lo nuevo es positivo pero hay que analizarlo con profundidad; con análisis superficiales nunca se resolverán los problemas. Ser retrógrado, por otro lado, demuestra flojera mental y una testarudez que peca de inmadurez.

Diversidad - Uniformidad: hay que aceptar la diversidad, por ejemplo, la sociedad europea es laica, liberal, sostenible, financia la educación y la salud. Los movimientos ecologistas, anti-imperialistas, feministas, y el socialismo marxista favorecen la diversidad. El partido demócrata en EEUU propone cambios políticos y económicos, aceptar otros partidos además del demócrata y el republicano es positivo. El socialismo absurdo de Venezuela favorece al partido único, al igual que China, Cuba y Nicaragua.

Jeremy apreció la contribución de Úrsula y propuso finalizar el tema con las siguientes consideraciones. El progresismo es un enfoque polémico, por ejemplo, la legalización de las drogas, la regulación de la prostitución, la regulación del aborto; el reconocimiento a las minorías étnicas, las políticas, las sexuales, al matrimonio igualitario, a las parejas del mismo sexo. Hace falta mucho criterio para estudiar esos temas, se requiere mente abierta, estar dispuesto a discutir excepciones y generalizaciones. La gente tradicionalista se pone obtusa y no acepta cambios, mantienen las injusticias con su mente cerrada. Los progresistas por su parte, exageran los cambios y reciben muchas críticas; quieren cambio constante, sin rumbo, que no garantiza alcanzar los fines. Solo proponer cambios sin evaluarlos es inmaduro, hace falta sopesar las consecuencias. Un ejemplo simple se refiere a las violaciones de los derechos humanos que dependen de la posición política de izquierda o de derecha. Ser de izquierda siempre se asocia a progresismo y ser de derecha a tradicionalismo. Los de izquierda tienen doble rasero para evaluar los derechos humanos en comparación con los de derecha; un caso patético es la guerra Rusia – Ucrania, se parcializa con Rusia, la agresora, en lugar de favorecer a Ucrania, la víctima. Rusia al fin de cuentas resultó ser un poder imperialista dispuesto a utilizar la fuerza para conquistar los territorios que consideran parte de su entorno.

Identidad Grupal e Individual

Las ideologías orientan a los individuos y a los grupos, comenzó diciendo Jeremy, los individuos tienen personalidad propia, el carácter, el temperamento, las actitudes y los intereses; participan con grupos sociales de todo tipo, familiares, amigables, laborales, espirituales, profesionales, etc. La identidad individual señala las diferencias con los que lo rodean: personalidad, educación, intereses, pasatiempos; identifica lo que los hace únicos. Esa identidad es dinámica, a lo largo de la vida se configura, modificándose de acuerdo a las experiencias, intereses y expectativas. La identidad social indica lo que los hace parecidos; lo que se comparte: festividades, clase social, afinidad política, religión, deportes, profesión, dificultades; lo social promueve pertenencia a ciertos grupos y participación en la comunidad. La identidad colectiva significa compartir ideas e intereses similares para lograr objetivos comunes. Las personas aceptan a los que se les parecen y les otorgan eventualmente el poder; es natural simpatizar con ciertos grupos, nos dejamos llevar por el carisma personal y los complacemos pero se necesita convencimiento. Los grupos nos analizan, nos comprenden, saben qué preferimos; nos atraen a sus intereses y es nuestra decisión apoyarlos. Cuando nos integramos a los grupos, asumimos los rasgos o atributos propios de la comunidad y redefinimos al individuo con lo social.

Creo que las ideologías omiten la identidad individual, ya que se orientan a la sociedad y no a la personalidad, dijo Joseph. Algunas ideologías hablan del hombre nuevo pero con un sentido de transformación social, no precisamente individual. Es evidente que las ideologías proponen un tipo específico de sociedad, es un modelo concreto para que todos piensen igual; pero disidencia ya que las personas tienen su propio criterio. En la naturaleza no hay un modelo único de seres vivos, hay mucha variedad, unos son terrestres, otros acuáticos, otros voladores, unos son dinámicos y otros estáticos; ¿es posible definir una ideología que admita la variedad individual humana? Si tomamos todo lo que nos hace parecidos y desechamos todo lo que nos diferencia, podríamos proponer una alternativa que integrará todo lo común sin menosprecio de las diferencias. No se si soy un soñador empedernido pero si logramos ese cometido, sabríamos en qué debemos contribuir con el grupo y en qué individualmente sin perjudicar a nadie. Por ejemplo, un sistema totalitario, por definición, queda descartado, ya que busca igualar a todos con el mismo rasero, siguiendo obligatoriamente sus designios imponentes. En el caso de la democracia, donde una mayoría se impone a una minoría, representa una solución intermedia que sin ser definitiva, supera al totalitarismo. La solución a la que debemos apuntar es aquella en que las decisiones se someten a evaluación y se adaptan al ambiente o contexto; la mayoría tiene su razón pero la minoría puede ser también beneficiada; cuando las decisiones son controversiales es preferible ser flexible e identificar alternativas que disminuyan la frustración de las minorías.

Gabriel, imitando a Nietzsche, manifestó que las conexiones sociales son convenientes pero que la identidad individual es más fuerte que la grupal. El motivo es muy simple, los grupos son invenciones, creadas para potenciar coincidencias imaginadas, mientras que el individuo es natural, espontáneo, producto de instintos durante su evolución individual. Los seres humanos son autónomos por naturaleza, no están programados biológicamente para participar automáticamente en grupos pero el interés y el razonamiento cambian esos sentimientos y determinan la decisión de integrarse al grupo.

Pasando ahora a la identidad grupal, dijo Bertold, es necesario aclarar que ocurre por las necesidades de muchos con un interés común y requiere comunicarse e integrarse para lograr objetivos complejos y de mucho esfuerzo. Las particularidades de los grupos y cómo comparten valores, creencias y objetivos determina las expectativas; la identidad se desarrolla compartiendo comidas, bailes, problemas y éxitos, incluyendo los traumas y los desastres, que también generan identidad; el sentido de pertenencia a grupos sociales, políticos o económicos se manifiesta en grupos grandes, como la nación, la etnia, la raza, la religión y la política. Es importante resaltar que las diferencias y divisiones entre grupos deben ser gerenciadas para que no se conviertan en obstáculos insalvables que perturben el logro de objetivos; esa gerencia requiere ceder ante lo evidente y comprender principios para justificar las decisiones importantes. Hay muchos ejemplos para contrastar lo individual y lo social, se me ocurren las ideas, la política, la religión, los deportes, etc.

Joseph compartía los mismos conceptos y decidió complementarlos con ideas beatas. A nivel religioso, los individuos son supersticiosos y durante la evolución humana han recurrido a inventar dioses para explicar lo que no entienden. Por experiencia sé que no se nace religioso, es el entorno, principalmente familiar, el que inculca la religión. Entiendo también que no hace falta una religión para vivir una vida feliz y productiva, los principios espirituales existen independientemente de la religión. Los individuos tienen el derecho a unirse a un conglomerado religioso si así lo desean, y las dificultades comienzan cuando no concuerdan los principios personales con los religiosos; es común encontrar diferencias de criterio entre lo personal y lo religioso ya que las religiones promueven principios reconocidos por siglos. Las personas maduras deben analizar las situaciones usando la religión, un ser humano debe tener mente abierta y tomar decisiones que no perjudiquen al prójimo; los que creen en dogmas religiosos suelen cometer grandes injusticias en la vida cotidiana. Recuerdo el caso de una esposa que viajó a otro país por varios meses a visitar a su familia dejando solo al marido y la hermana le dijo que según la biblia no se debe nunca dejar solo al hombre; la esposa se sintió un poco preocupada por dejar solo al esposo pero se tranquilizó cuando descubrió que esa afirmación aparece en el Génesis, cuando dios creó al hombre y dijo que el hombre no debe estar solo en el mundo y necesitaba una mujer; el comentario de la hermana se refiere a la creación y está descontextualizado ya que no aplica a la vida cotidiana.

Deuda Individual y Social

Un criterio utilizado en las ideologías es definir a quién está dirigido el esfuerzo que produce beneficios, se asocia con quién se tiene una deuda, expresó Jeremy. Los principales candidatos para definir esa deuda son los individuos y la sociedad. Es común discutir esta disyuntiva ya que hay ideologías que se aferran a solo uno de esos extremos. Es bien sabido que el liberalismo, el anarquismo y la capital democracia se inclinan a beneficiar al individuo ya que por carambola se beneficia a la sociedad. En cambio, el socialismo y el comunismo ponen su preferencia hacia la sociedad y por carambola el individuo sale perjudicado. El grave problema subyacente es que los individuos son muy diversos y por lo tanto no hay una solución única para que todos mejoren, por lo tanto, la deuda es distribuida. Los socialistas y comunistas inventan una solución única que según ellos favorece a todos y así la deuda se reparte. Los liberales, anarquistas y capitalistas dejan que los individuos decidan quién merece la deuda, nadie se los impone; es su propio esfuerzo el que determina la deuda que reciben.

Eloncio Muskatel escuchaba con atención e intervino diciendo, si yo hubiese vivido en un régimen socialista o comunista nunca hubiera progresado como lo he hecho, ni la sociedad que me rodea tampoco; considero que la deuda entregada por la capital democracia ha contribuido también con la sociedad, son muchos los empleados que se han beneficiado de su trabajo y ellos han contribuido a que yo pueda continuar proponiendo emprendimientos que favorecen a muchos en el futuro. La libertad de empresa constituye una de las fuentes más poderosas del emprendimiento y no necesitan que el gobierno las intervenga ya que eso causaría estancamiento y pobreza. Es de hacer notar que no digo que la capital democracia garantice que todos vivirán de los emprendimientos, es posible que algunos se queden por fuera o mejoren menos pero es preferible al atraso socialista y comunista que solo produce más pobreza.

Jeremy conoce algunas de las experiencias socialista y comunistas y sabe que solo producen atraso y estancamiento, son peores que los años oscuros de la Edad Media, entre la caída del Imperio Romano y el Renacimiento, cuando no se produjo ningún avance cultural ni científico. Permíteme concluir el tema diciendo que el extremo social está equivocado, por lo tanto, es preferible garantizar la deuda al individuo para que progrese y eventualmente se beneficie a la sociedad.

Mejorar un Poco al Mundo y Cambiar Totalmente al Mundo

Otro extremo ideológico se refiere a conformarse con mejorar un poco el mundo o cambiarlo rápidamente o de un solo golpe, dijo Jeremy. Aquellos que pretenden transformar al mundo de un solo golpe, por ejemplo, el anarquismo, el socialismo y el comunismo, nunca tendrán éxito ya que los seres humanos son reacios a los cambios violentos para imponer valores que necesitan de mucha educación. Todo el mundo sabe que los cambios tienen que ser realizados progresivamente para que puedan ser asimilados, es imposible cambiar la mentalidad de las personas de golpe.

Te voy a plantear el tema de la igualdad de resultado, dijo Naveda, muy conocido por los políticos. Pensar que todos merecemos tener igualdad de resultado es imposible, el resultado se refiere al tipo de vida que llevamos, cuánto ganamos, qué propiedades poseemos, qué derechos tenemos; la igualdad tiene al menos dos componentes uno material y otro espiritual, qué tenemos y quién somos. Para mejorar materialmente hace falta esfuerzo, los seres humanos deciden cómo vivir a través del trabajo, qué comemos, con qué nos vestimos, o dónde dormimos depende de nosotros mismos. Entender las relaciones comerciales y el funcionamiento de la sociedad nos permite vivir mejor, aquellos que no tienen la fortaleza y la paciencia para proseguir la lucha por el sustento y el conocimiento nunca prosperarán. Hay muchas personas que no quieren esforzarse, prefieren que los mantengan, creen que la solidaridad humana es un deber que los protege de las dificultades.

El aspecto material es uno, pero lo espiritual es fundamental, dijo Joseph. Por otro lado, para mejorar espiritualmente se requiere de esfuerzo intelectual; el estudio y la práctica de la moralidad es diario. La espiritualidad está relacionada con los sentimientos y creencias más profundas, tiene que ver con la filosofía y la ética, cuál es el propósito y sentido a la vida, cómo nos conectamos con la naturaleza, cómo sobrellevamos los tiempos difíciles, cómo nos comunicamos con los demás, cómo tomamos nuestras decisiones, cómo mejoramos nuestra salud mental y emocional, así como nuestra salud en general.

Ivory, aunque influenciado por Marx, decidió participar diciendo que era cierto, el bienestar material es solo una parte, hace falta también el bienestar espiritual. Las ideologías no se caracterizan por aclarar los dos conceptos y tienden a concentrarse en el aspecto material; muchos intelectuales de izquierda consideran solo la igualdad de resultado como la más importante. Sabemos que la mejora económica es más rápida que la espiritual, los seres humanos están acostumbrados a bregar para ganarse el sustento, lo han venido haciendo durante toda la evolución pero la espiritualidad ha tenido sus altos y bajos en la historia. Puede afirmarse que en los últimos siglos se ha desestimado la espiritualidad en nombre del progreso material. Por eso, hay que dudar de las ideologías que pretenden transformar al mundo a través de revoluciones o decretos. Una transformación verdadera, económica y espiritual, toma decenas o centenas de generaciones para lograrlo. Los que plantean únicamente tomar el poder lo que hacen es promover su ascenso en la jerarquía a sabiendas de que no harán ninguna transformación. Una ideología que se respete debe elaborar un plan a mediano y largo plazo donde se establecen hitos de avance material y espiritual en la sociedad.

Úrsula escuchaba atentamente el debate economía – espiritualidad y quiso manifestar su punto de vista diciendo, tenéis razón en todo lo que habláis, mejorar la espiritualidad es un proceso lento y sin garantías, en vista de que las nuevas generaciones pierden los logros de las anteriores. Por otro lado, las mejoras económicas impulsadas por el bienestar social de ciertos estados sí ha dado beneficios tangibles que pueden mantenerse por largo tiempo y tienen impactos inmediatos. Ese es uno de los motivos por los que la pragmática es un componente ideológico importante; lo que da resultados prácticos debe impulsarse ya que está basado en la experiencia y no en los ideales figurados por la mente humana.

Capítulo 10: Humanidad

La humanidad es un entramado complejo de individuos, culturas y sociedades que ha venido evolucionando por cientos de miles de años, integra conceptos biológicos, éticos, filosóficos, económicos y sociales. El propósito de la humanidad es profundamente filosófico y subjetivo pero cuenta con interpretaciones religiosas, humanistas, científicas y culturales. Filosóficamente, los seres humanos buscan la felicidad, la satisfacción, el conocimiento y la comprensión de la vida. Cada individuo le da una interpretación distinta al propósito de la vida pero se adapta por convicción a las limitaciones de la sociedad. Religiosamente hay muchas interpretaciones: aplicar las enseñanzas del creador, ayudar al prójimo, iluminar la mente y liberarse del sufrimiento. El humanismo enfatiza la dignidad y valor intrínsecos de los seres humanos, busca mejorar las condiciones humanas, promover los derechos humanos y mejorar al mundo a través de la razón, la ética y la compasión. Científicamente, el ser humano ha evolucionado para sobrevivir, reproducirse y adaptarse al ambiente que lo rodea. Los humanos representan la especie dominante debido a su capacidad de razonamiento, pensamiento y creatividad.

En este capítulo se presentan algunas dicotomías sobre el tema de la humanidad. Son factores que emanan de los seres humanos y que tienen influencia en las decisiones ideológicas:

Nacimiento y Crianza
Bondad y Maldad
Autonomía y Dependencia
Rebeldía y Conformismo
Honestidad y Deshonestidad
Disfrute y Sufrimiento
Perfección Humana e Imperfección Humana.

Nacimiento y Crianza
Jeremy comenzó diciendo que es bien conocida la controversia Nacimiento y Crianza. Cómo influyen las características al nacer y la crianza en la vida de las personas. Un extremo señala que solo poseemos el potencial con el que nacemos y el otro afirma que es la crianza la que lo define durante el transcurso de la vida. Hay ideologías que promueven el nuevo ser humano que gracias al adoctrinamiento se comporta

correctamente, se vuelve productivo, ama a sus semejantes, etc. Este extremo acepta que es verdad que nacemos con ciertas características específicas pero tenemos la capacidad para aprender cualquier cosa, y solo depende de la enseñanza y del ambiente en que nos desenvolvamos para garantizar nuestro éxito en la vida. El otro extremo considera que nacemos con características concretas y fijas y que no todos podemos comportarnos bien, o ser inteligentes, o ser productivos, o amar al prójimo, etc., nacemos con capacidades innatas que definen nuestro futuro. Al crecer solo adquirimos nuevas habilidades utilizando lo que nos procuró la naturaleza al nacer; el azar genético es más fuerte que la crianza. Jeremy finalizó la introducción diciendo que en sus investigaciones ha confirmado que la personalidad humana se define al nacer y la posibilidad de mejorarla con la crianza es cuesta arriba, difícil.

Yordano Faderno, por su experiencia psicológica y con la rapidez mental que lo caracteriza, expresó, ciertamente, la controversia nacimiento – crianza siempre ha estado presente y las investigaciones demuestran que hay una combinación de factores que determinan la vida de las personas. Digamos que se puede nacer torcido pero con la crianza se compensan los defectos y podemos ser útiles en la vida. Veamos el caso contrario, nacer superdotado y vivir en un ambiente negativo e inhóspito, no podrás progresar a pesar de tu capacidad, no tienes cómo. Te voy a contar una anécdota real de un psiquiatra, haciendo estudios sobre el cerebro, identificó las estructuras cerebrales que caracterizan a los criminales o delincuentes. Resulta que él se hizo un escaneo del cerebro y resultó que tenía una estructura similar a la de los criminales. Por lo tanto, tenía el potencial de ser un criminal, pudo haber ido por el mal camino si el ambiente se lo hubiese permitido. La conclusión es que el psiquiatra había vivido en un ambiente que lo impulsaba hacia el conocimiento y lo alejaba de su potencial criminal. Así, se puede mejorar la vida con la crianza pero la capacidad intelectual es muy difícil incrementarla; aquellos que tienen dificultades de aprendizaje de jóvenes es casi imposible que las adquieran de viejos. Uno de los aspectos que influye es que el cuerpo humano es tan complicado que nos hace a todos diferentes, solo el cerebro tiene 86 millardos de neuronas y dependiendo de la estructura que adquieran funcionará mejor o peor. Por eso la educación tiene sus límites, una cosa es instruir a una persona en una cierta habilidad como la carpintería, la electricidad o la pintura y otra muy diferente educar a la persona para que sea un investigador prestigioso en filosofía o un área de punta tecnológica.

Hay personas que se caracterizan por tener facilidad de palabra y por lo tanto triunfar en áreas que requieren de esa habilidad, por ejemplo, la oratoria es fundamental en la política; una persona parca, sin carisma, no atrae seguidores, por lo tanto, será difícil destacarse. Los que no tienen facilidad de palabra es muy difícil que la adquieran con la educación, podrán mejorar un poco pero quizás no lo suficiente como para destacarse.

Naveda, por su visión pragmática de la política decidió intervenir diciendo, revisando los conceptos expresados por Jeremy, hay dos que me parecen importantes, la personalidad y el intelecto, aunque están relacionados es bueno separarlos en el área política. Los políticos exitosos se caracterizan por una personalidad carismática y una inteligencia suficiente como para rodearse de profesionales capaces que solucionen los problemas económicos y sociales de los países. El líder exitoso no es el que quiere estar presente en todas las decisiones y a todos los niveles, sino el que sabe delegar para que la sociedad progrese ética y económicamente. Ahora bien, hay que reconocer que estos temas requieren volúmenes argumentales, por lo tanto, estoy haciendo una simplificación interesada al propósito de nuestra reunión. La personalidad de un político enfatiza la comunicación exterior; no se puede ser tímido, hay que ser extrovertido; no se puede ser pesimista, hay que reflejar optimismo; no se puede ser temeroso, hay que ser atrevido. Sobre el intelecto, identificamos otras manifestaciones, la concentración, la dedicación, la agilidad mental, la precisión de las decisiones, la solución de problemas, etc. Las personas nacen con características particulares y las mejoras que puedan lograr serán predecibles y limitadas.

Jeremy intervino para relacionar lo expresado con los sistemas sociopolíticos. El liberalismo, el conservatismo, el capitalismo democrático y la socialdemocracia se inclinan a favorecer las capacidades innatas de las personas para que las aprovechen y disfruten de una vida satisfactoria con su propio esfuerzo. La sociedad está estratificada aprovechando esas capacidades naturales, se crea una jerarquía implícita en la organización de los seres humanos. Hay ideologías que ponen mucho énfasis en la crianza, creen que se puede mejorar la inteligencia y el comportamiento de las personas y construir una sociedad más justa gracias a esa enseñanza; el socialismo, el comunismo y el anarquismo son ejemplos de esos enfoques.

Permíteme expresar mi opinión sobre el nacimiento y la crianza, dijo Joseph. Cómo venimos estructurados al nacer nos hace disponer de muchas capacidades para la vida y en qué ambiente nos formamos influencia lo que llegaremos a ser. Dios creó un universo donde los humanos sobresalen comparados con el resto de animales. En principio, deberíamos tener las mismas capacidades pero la realidad demuestra lo contrario. Lo que se desea es convivir lo mejor posible haciendo el bien sin ser mezquino. Siempre habrá dificultades, sobre todo por la organización social jerárquica, debemos cuidar la selección de los que ocupan las posiciones importantes. Lo que se debe evitar es que los incapaces lleguen al poder aprovechándose de su fuerza, poderío, riqueza, deshonestidad o estratagemas manipulativas basadas en la igualdad de resultados.

Bondad y Maldad

Jeremy comenzó a conversar sobre la bondad y la maldad, relacionándolas con las ideologías. El buen comportamiento de las personas se manifiesta a través de la solidaridad, la fraternidad, la comprensión, la compasión y el altruismo. En algunos casos, la ideología define el buen comportamiento impuesto por el poder del estado, la gente es obligada a cumplir mandamientos burocráticos y se penaliza la disidencia. En otras ideologías, lo dejan a la voluntad de las personas, en el momento que lo consideren conveniente y no por obligación, ni siquiera moral. Es bien conocida la estrategia de los socialistas y comunistas para imponer desde el estado políticas punitivas a los que no colaboren tal como lo dispone el orden socialista. En cambio, los liberales, conservadores y capitalistas democráticos, comprenden la diversidad de los seres humanos y saben que algunos no colaboran directamente pero lo hacen indirectamente, y no deben ser penalizados ya que al fin de cuentas contribuyen también.

Joseph sintió que podía contribuir al tema e interrumpió diciendo que existe una variedad de comportamientos en las personas, buenos, malos y malvados. Los buenos quieren hacer el bien en las circunstancias apropiadas, quieren mejorar el mundo pero a veces son fantasiosos; tienen que entender el mundo, el cómo y el por qué de las cosas; querer un mundo justo es aceptable pero hay que ser realista. Los malos son gente como cualquier otra, como tú, como yo, que vivimos en la comunidad y somos buenos y malos algunas veces; se puede razonar con ellos, aceptan mejoras, puedes negociar, y al final aceptarlos. Los malvados son clase aparte, he tenido la oportunidad de reconocerlos. La forma en que actúan es secreta, subversiva, y no se les nota la maldad al principio, parecen más bien simpáticos. Es evidente que no sienten solidaridad por los miembros de la comunidad, aunque residan en ella, y muchas veces esa maldad está guiada por la envidia. Mira este caso, se trata de una señora de edad que había tenido dificultades en su matrimonio, era tanta la rabia que tenía por dentro que le daba consejos a otra señora más joven, casada, que lucía feliz en su matrimonio pero que al final terminó divorciándose gracias a los consejos de la vieja; la puso tan en contra del marido que éste no tuvo más remedio que abandonar el hogar. En otra ocasión se trató de los directivos de una institución educativa universitaria, los administradores se dedicaron a aplicar la justicia discriminatoria del régimen chavista a su propio entender. Cuando se enteraban de que un profesor no era favorable al régimen, inmediatamente buscaban maneras de neutralizarlo, sea despidiendo, o desmejorando sus condiciones salariales. Aprovecharon un concurso de oposición para ingresar al escalafón y abrieron los cargos a medio tiempo en lugar de tiempo completo o dedicación exclusiva para excluir a los opositores. Los que favorecen al régimen obtuvieron tiempo completo y los que no apoyaban al régimen fueron contratados a medio tiempo. Los directivos lucían muy simpáticos, decían que todo se arreglaría después del concurso pero nunca cumplieron su promesa. Era la maldad disfrazada de ovejas inofensivas, sonrientes y agradables. Los profesores que aceptaron la injusticia terminaron jubilándose de la institución con una pensión a medio tiempo ya que nunca tuvieron la oportunidad de recibir el tiempo completo que merecían.

Jeremy dijo que ha tenido otras experiencias con personas malvadas que prefiere omitir en este capítulo, se trata de personas que se comportan como acosadores, discriminando a los que no favorecen el socialismo y comunismo, prefiere alejarse de esas personas tóxicas. El está muy al tanto de la vida de sus padres que sufrieron discriminación por ser anarquistas; los socialistas y comunistas les hacían la vida imposible.

Joseph lo felicitó por haber tenido el coraje de retirarse a tiempo de las relaciones tóxicas. Hicistes bien en apartarte de ellos, pero tienes que asegurarte de no toparte con ellos, el día menos pensado aparecen de nuevo en tu vida; los malvados son empecinados y nunca dan su brazo a torcer. Con ellos hay que ser prudente, no porque debas temer sino que es un acto de defensa propia. Los malvados, aunque creamos que son humanos, tienen defectos inhumanos típicos de leyendas de brujas, el origen de su maldad es metafísica. Me imagino que conocerás la leyenda griega de Medusa y Perceo, pero en todo caso, déjame contarla rápidamente. A Medusa y su hermana las llamaban las Gorgonas, eran malvadas y Medusa había nacido con una terrible maldición, era muy hermosa pero en lugar de cabellos tenía serpientes en la cabeza. Tenía una mirada hipnótica y cada vez que miraba fijamente a un hombre o animal, éste se transformaba en estatua de piedra inmediatamente. Fueron muchos los que intentaron matarla pero todos terminaron vueltos piedra. El afortunado cazador fue Perseo que, utilizando su inteligencia llevó, además de una espada muy afilada, un escudo de bronce muy brillante que reflejaba las imágenes como un espejo. Como verás, la idea de Perseo era no mirar directamente a Medusa, sino hacerlo por el espejo, entonces se colocaba de espaldas a ella y observaba sus pasos, ella trataba de convertirlo en piedra y se movía alrededor de él pero éste siempre la esquivaba viéndola por el espejo. Pasó bastante tiempo y Medusa, cansada, se recostó a reposar, y fue en ese instante que Perseo, acercándose y viéndola por el espejo, le cortó la cabeza, con serpientes y todo, y se la llevó como un trofeo. No creas que te recomiendo cortarle la cabeza a los acosadores, en absoluto, pero sé precavido. La leyenda enseña que con los malvados hay que ser más inteligente que ellos, unas veces para desenmascararlos, otras veces para negociar, e inclusive, en algunas oportunidades para buscar la reconciliación, debido a lo poderosos y malignos que son con sus patrañas.

Joseph tiene razón, dijo Bertold, ahora con el mundo virtual la gente te sigue por los medios sociales, encuentran tus datos, tus cuentas, tu correo o tu teléfono y comienzan a molestarte con sus mensajes despiadados; ahí te das cuenta con mayor claridad de la cantidad de malvados que existen en este mundo y tienes que bloquearlos para que no infrinjan tu privacidad. Los malvados, en el ámbito ideológico, se manifiestan en los gobiernos, ya no es una cosa de varias personas sino de unos mandatarios que están en contra del país. Por ejemplo, en Venezuela, el gobierno con sus políticas absurdas ha desmantelado el país; los servicios eléctricos, agua, aseo urbano, salud, educación, internet, telefonía, ya no funcionan por el descuido en el mantenimiento y la inversión. Venezuela ha llegado a equipararse con Haití, uno de los países más pobres de Latinoamérica. El sistema que dice aspirar al paraíso en la tierra da peores resultados que el sistema que dicen que produce el vicio en la tierra, me refiero al socialismo absurdo comparado con el capitalismo. Los socialistas se consideran los buenos de la película, siempre buscando lo mejor para la población y al final de cuentas producen lo contrario. No entienden que el mundo es imperfecto, y que es preferible una solución imperfecta que funciona que una 'perfecta' que no funciona; son solo fantasías en la mente de personas que no entienden las complejidades de los seres humanos. Buscar el mundo perfecto es una pérdida de tiempo y se vuelve una excusa para no hacer el trabajo duro necesario para ir mejorando aunque sea poco a poco; los socialistas creen que de un plumazo, con un decreto, todo cambia y mejora de la noche a la mañana, no entienden el valor del trabajo constante.

Gabriel escuchaba con atención, aunque no entendía claramente por qué los socialistas absurdos eran incapaces de cambiar el rumbo para mejorar las condiciones, ya que en el fondo ellos también salen perjudicados con sus medidas ineficientes. Dijo, demuestran que son la negación de la humanidad, no aceptan mejorar; lucen amigables, dicen ser buenos con los pobres dando bonos salariales o cajas de comida pero se les nota sus sentimientos torcidos; entran en confianza con los ciudadanos para influir negativamente, la gente tiene que ser inteligente para no caer en la trampa. Al fin de cuentas son los ciudadanos los únicos que pueden retirarles el mandato, utilizando el medio más expedito. Tengo entendido que hay muchas protestas, no solo en cuanto a los servicios y el descalabro social, sino en relación a los salarios de hambre que hacen a los venezolanos los más pobres de latinoamérica. Ese gobierno demuestra que los malvados se distinguen de los malos en que perjudican la consciencia de los ciudadanos, no aceptan mejorar, no entienden el dolor de la población. El gobierno malvado decía estar profundamente interesado en mejorar a los pobres, pero al final acabó con todos, incluidos los ricos, solo la boliburguesía se mantiene a flote gracias a la corrupción.

Autonomía y Dependencia

Otra característica humana que se manifiesta en las ideologías, dijo Jeremy, se refiere a la capacidad de acción individual en contraposición con el bienestar social proveniente del estado. Los seres humanos tienen una capacidad de movilización, decisión, acción y adaptación, igual o superior a la mayoría de seres vivos que los rodean. Sin embargo, hay unas ideologías que pretenden controlar a los ciudadanos, haciéndolos dependientes del estado. No promueven la independencia de las personas, sino al contrario, quieren que estén subyugadas al resto de la sociedad. No promueven el trabajo independiente de las personas sino que los fuerzan a compartir con los grupos, haciéndolos menos productivos. Creo que hay suficiente tiempo en la vida para dedicarse a trabajar, a veces aisladamente, otras individualmente, y en otros casos acompañado de grupos para emprender actividades organizadas. Lo normal debería ser reflexionar y pensar independientemente y luego compartir para intercambiar ideas y opiniones. El orden puede alterarse, pero al fin de cuentas, lo que se busca es solucionar los problemas lo mejor posible, tomando en cuenta las características individuales y grupales de los involucrados.

Nuyma, como buena socióloga, replicó, entiendo muy bien el dilema individuo – sociedad, los individuos manifiestan ciertas iniciativas que pueden o no ser aceptadas por la sociedad. Si ésta es atrasada, desestimará las propuestas individuales, pero si es avanzada, más bien incentiva las mejoras, ya que benefician a todos los participantes. Sabes que en la práctica, el orden suele ser sinusoidal, se pasa del individuo a los grupos y de los grupos a los individuos. Un ejemplo claro es el siguiente, si vamos a construir una casa, primero se comienza con una idea que puede provenir de una sola persona o de varias, luego se preparan bosquejos del diseño que se preparan individualmente y en grupos que se discuten con los involucrados. Luego, por división del trabajo, se le asigna a los especialistas cada una de las áreas, arquitectura, obras civiles, eléctricas, aguas blancas, aguas negras, comunicaciones, etc. Por supuesto, hay una supervisión constante para que cada grupo coordine con los demás, pero no tienen que estar trabajando juntos todo el tiempo, la curva sinusoidal se mueve de un extremo al otro, balanceando individuo y grupo de manera eficiente hasta finalizar el diseño. La construcción sigue un proceso similar, trayendo a los individuos apropiados para realizar las tareas requeridas; los especialistas colaboran en los momentos precisos. No todos tienen que estar todo el tiempo presentes, es preferible separar funciones.

Los regímenes socialistas y comunistas promueven la participación de todos en todas las actividades, dijo Jeremy, se nota que nunca han sido capaces de construir una obra de envergadura. Te imaginas a todos los trabajadores, todo el tiempo deambulando por la obra, sin nada que hacer, contando chistes, hablando de las novias que tienen en cada pueblo; viendo el celular y riendo de los que están haciendo trabajo útil. Pero claro, a la gente le gusta que le digan que ellos sí participaron en el futuro de la nación, que siempre estuvieron presentes en las grandes decisiones. A la gente le agrada que le rindan pleitesía, sentirse importante, participando todo el tiempo aún sin hacer nada. Los socialistas y comunistas dicen, en capitalismo son los poderosos los que deciden las cosas, no son ustedes los trabajadores, no permitan que unos pocos dominen las decisiones que nos pertenecen a todos. Y los trabajadores se creen el cuento y luego tenemos países socialistas pasando trabajo gracias a la precariedad y lentitud de las decisiones y acciones.

Hay un punto de vista que no se si lo has considerado, dijo Nuyma, se trata de la naturaleza humana. Aún antes de nacer estamos relacionados directamente con otro ser humano, la madre. Al crecer, nos vamos separando de ella pero nos vamos acercando a otras personas que nos rodean; la familia siempre ha sido un primer eslabón de compañía. Hace miles de años nos juntábamos en bandas y luego en tribus, es normal tener asociados para emprender actividades, distribuir la carga y pasarla bien. A la gente le agrada estar con otros, la gente evita aquellos que son antipáticos pero siempre busca con quien compartir; al paso de los años, la necesidad obliga a hacer convenios para alcanzar objetivos; si no lo haces, ni siquiera encuentras pareja. Una minoría vive sola o aislada, aunque la mayoría se integra a los grupos. Sin embargo, es importante entender que los individuos necesitan su tiempo de soledad para reflexionar o producir ideas y hay que respetar esos espacios. Puede afirmarse que el socialismo y el comunismo no respetan el derecho a la soledad, quieren que estemos distraídos todo el tiempo con otros para que no pensemos en las desgracias del sistema socialista y no tomemos decisiones para su erradicación.

Jeremy tenía una sonrisa de satisfacción escuchando a Nuyma, se notaba que entendía la desolación de los venezolanos con el socialismo absurdo, un sistema similar a tantos ejemplos desafortunados de socialismo y comunismo en el mundo. Fijate, es tan grave la influencia socialista, que si hubiera progresado en la tierra, nunca hubiéramos inventado algo de valor. El motivo es muy simple, al no alentar al individuo, muchas innovaciones se paralizan, no pueden brotar a la plaza pública; la gente está ocupada en la rutina de la subsistencia, dejando que la materia gris se atrofie con el paso de los años. Los socialistas absurdos han causado un daño tan gigantesco que ha afectado la genética de la población, se trata de una mutación genética, calculada por los líderes chavistas, para hacerse con el poder eterno.

Rebeldía y Conformismo

Jeremy continuó con otro tema que relaciona la naturaleza humana con la ideología. Las sociedades prefieren el conformismo y rechazan la rebeldía. La sociedad desea un orden social estable, sin sobresaltos, sin cambios, que todo funcione igual que siempre. En la naturaleza se habla de las jerarquías, se dice que los seres vivientes crean niveles de autoridad basados en múltiples conceptos, la fuerza, el convencimiento, el ejemplo, la negociación, el conocimiento. Con la fuerza bruta subimos un nivel sobre las víctimas, convenciendo nos ganamos un escalón por argumentación, con el ejemplo demostramos que estamos por encima de los que solo critican, negociando nos ganamos la consideración por el esfuerzo de intermediación; podemos incluir el conocimiento como una fuente de jerarquización ya que los que saben se destacan sobre los que ignoran. Este posible origen de las jerarquías coloca a la rebeldía como un intento de emancipación, demostrando el desacuerdo con la autoridad para buscar un cambio. A veces, el rebelde no dispone de argumentos sustentables pero otras veces los razonamientos son convincentes. Los seres humanos son más rebeldes que conformistas y por eso el uso de la fuerza es patente. En algunos casos, la rebeldía no es una simple oposición, sino que es un punto de vista distinto que merece discusión; se rebelan ante las injusticias, experimentan buscando mejores alternativas. Es típico de los adolescentes demostrar rebeldía sin explicación, carecen de un discurso persuasivo; desafían la autoridad, son descarados y sarcásticos, son temerarios.

Gabriel es un estudioso de las características de la rebeldía y ha identificado las siguientes, un talento rebelde es novedoso, indica curiosidad, analiza las perspectivas, acepta la diversidad, es auténtico, es inconforme y aprende de sus errores. Los rebeldes buscan desafíos, nuevas experiencias, abrazan el cambio; son curiosos, preguntan el por qué de las cosas; plantean las cosas desde varias perspectivas con una visión del mundo con mente abierta; abrazan la diversidad, desafían los roles establecidos y aceptan personas e ideas diferentes; son auténticos, no pierden su esencia, conectan con los demás, se comunican, utilizan la crítica constructiva y el escepticismo sano; aprenden de sus errores, algunos saben reconocer sus fallas y buscan corregirlas. Como verás, todas esas características son debatibles ya que hay rebeldes de distinto tipo, todos no son iguales y tienen objetivos distintos, la variedad es muy amplia.

Ivory es un rebelde sin causa, favorece el marxismo y el socialismo absurdo y decidió participar. Los modelos que utiliza la rebeldía demuestran las contradicciones inherentes al enfoque: reacción frente a las injusticias, cambios del orden social, evitar la negociación pues es pérdida de tiempo, negar la discusión o dialéctica favoreciendo el autoritarismo. Es típico de la rebeldía reaccionar frente a las injusticias, por lo tanto, hay que evaluar la injusticia, justificar o repudiar lo injusto de la injusticia; buscar cambios al orden social parece evidente pero hace falta comprobar que los cambios no sean peores que mantener el status quo; la rebeldía siempre manifiesta cierta arrogancia, se cree la poseedora de la verdad, es reacia a escuchar la opinión de los demás, considera la negociación como una derrota; por creerse poseedora de la verdad, la rebeldía evita la discusión y la dialéctica, convirtiéndose en lo que inicialmente originó su descontento: la autoridad, se vuelven más autoritarios que los propios abusadores. Reconozco que el marxismo y el socialismo absurdo son totalitarios pero confrontan la rebeldía con orden y fuerza.

Jeremy entendió el comentario de Ivory, sabe que es inconforme pero se dio cuenta de que había enfatizado la rebeldía y no abordaba el extremo conformista. Dijo, conozco muchas personas que se pueden catalogar de conformistas, son aquellos para los que el cumplimiento de las normas, reglas, o leyes es sagrado; no analizan si la ley es justa o apropiada, solo están hechos para obedecer las leyes, no para retar su validez. Conocí a un personaje que cuando le expliqué mi desagrado por las medidas del Covid, limitando la libertad de movilización y agrupación, se puso como un energúmeno apoyando las medidas del gobierno, para él la ley era lo máximo, no apreciaba la libertad de las personas. Claro, la rebeldía se enfrenta a la ley en el sentido de buscar mejoras y hacerla mas justa, es una posición totalmente opuesta al conformismo.

Gabriel decidió participar, otro punto de vista del conformismo es que demuestra poca ambición, ignora que la vida es proyectiva, al servicio de nuevas y sucesivas metas por alcanzar; los conformistas prefieren el estancamiento, no aprecian la novedad, anhelan una vida estable, sin sobresaltos. Se acordó de la película El Conformista con Jean-Louis Trintignant, un hombre que traiciona a sus amigos e ideales y se alía al fascismo en la Italia de Mussolini, solo porque repudia la incertidumbre y necesita estabilidad. Hoy en día, hay gente que se comporta como el personaje de Jean-Louis, son aquellos que se convirtieron al chavismo y solo les falta actuar en contra de sus amigos; estos neo chavistas anhelan la estabilidad, se preocupan solo de sus negocios sin importarles las dificultades de la población. El conformismo aspira a que vivamos en un mundo ideado a la medida de las fantasías tradicionales, sin deseos ni apetencias; se despreocupa del futuro, limitándose a lo inmediato, y no establece compromisos morales con nadie. El conformismo es atraso, tiene que ver con las tradiciones, la cultura; prefiere mantener una tradición negativa en lugar de evaluar su validez y actuar en consecuencia. Además, tiene rasgos depresivos: tristeza, frustración y ansiedad.

Úrsula intervino de inmediato ya que habían pasado del optimismo (rebeldía) al pesimismo (conformismo) en unos pocos segundos y el cambio era notable. Dijo que la rebeldía reflejaba novedad y que el conformismo demostraba egoísmo, promueve las convenciones o estándares aceptados por la sociedad y el único cambio de creencia posible sería para coincidir con lo que piensa el grupo, por lo tanto tiene mucho de sumisión a la colectividad. El conformismo se manifiesta claramente en las relaciones de los ciudadanos con los gobiernos. Cuando la gente se conforma con el gobierno porque tiene la fuerza o se sienten favorecidos con bienes y servicios subsidiados, se manifiesta un conformismo interesado.

Jeremy intervino para expresar que la gente no debería conformarse con los gobiernos fallidos, en vista de que las malas condiciones deben revertirse; ningún mal gobierno tiene derecho a forzar el conformismo de los ciudadanos. La gente solo puede conformarse con los gobiernos que implementan principios saludables, logrados por consenso, que benefician a todos y principalmente a los que tienen necesidad. Hay casos en que la gente tiene que conformarse y obedecer. Tal como explicastes antes, el Covid genera necesidades sanitarias que exigen la colaboración de la población, la gente debe obedecer las normas que no vulneran sus libertades y manifestar su desacuerdo, en caso contrario, los gobiernos deben recular cuando se violan derechos humanos. Los gobiernos e individuos pueden diferir pero hay que darle una oportunidad a la razón para superar la crisis. Toda medida que no demuestre validez debe ser abolida; la vacunación no fue efectiva, por lo tanto, no la impongan; los pasaportes de vacuna fomentaron la discriminación, eliminenlos; el uso de mascarilla es favorable en ciertos ambientes, mantenganlos. El problema es que la mayoría de los gobiernos adora una población obediente y hay individuos que obedecen a ciegas, como si fueran unos zombies y el gobierno los directores; los gobiernos autoritarios consideran que la gente debe conformarse y ceder ante el líder y la nación. Finalizó diciendo, la gente debe obedecer exclusivamente las leyes justificadas y aprobadas en el contrato social. Si una ley es injusta, la gente tiene el deber de solicitar su abolición y el gobierno debe facilitar los mecanismos para lograrlo. Hay que entender que el uso de la fuerza no es recomendable, por lo tanto, deben buscarse todos los medios pacíficos posibles para contrarrestar las injusticias.

Honestidad y Deshonestidad

Desde el punto ideológico, el tema de la honestidad debería ser uno de los más importantes, dijo Jeremy. Se trata de reconocer que las personas no son perfectas y por lo tanto, la sociedad debe establecer sus controles para evitar que por causa de unos pocos se perjudique a todos. El comportamiento honesto implica utilizar principios morales válidos que no perjudiquen a otros seres. La honestidad es fundamental en la sociedad, refleja las cualidades de veracidad, sinceridad y respetabilidad, relativas a nuestras acciones, palabras e intenciones; y requiere que seamos genuinos, transparentes, y confiables en las interacciones con otros. La honestidad promueve la confianza, relaciones sólidas e integridad; refleja un comportamiento ético que promueve la verdad, transparencia y autenticidad.

Joseph tiene principios altruistas y quiso enfatizar que la honestidad representa los hechos y las intenciones sin exageración y con precisión, evitando inventar escenarios ficticios y sin omitir los detalles. Las personas honestas tienen principios y reflejan palabras con acciones, demostrando consistencia entre creencias y comportamientos. La honestidad define el paisaje moral en el cual se dibujan las relaciones sociales. La confianza es un pilar fundamental que se profundiza con la honestidad; las relaciones personales, institucionales y de toda la sociedad salen favorecidas por el comportamiento honesto. Para que haya cooperación armoniosa se requiere de fuertes lazos sociales, los que se benefician por la honestidad manifestada; la credibilidad y la influencia solo se logran con manifestaciones claras de honestidad.

Recuerdo que un amigo escribió un libro en el que denunciaba que los países no se desarrollan por culpa de la corrupción, dijo Bertold. El título era llamativo y convincente pero el contenido del libro no definía la corrupción, ni daba ejemplos de casos reales o ficticios sobre casos de corrupción, ni estimaba el impacto cuantitativo o cualitativo de la corrupción. El libro no aportaba claridad ni profundidad y lo único interesante eran unas anécdotas del autor sobre su niñez, relacionadas con el esfuerzo que hace la gente pobre para subsistir. Para escribir un libro de ese tipo, una de las primeras cosas que hace un intelectual es buscar referencias bibliográficas sobre conceptos o ejemplos de corrupción para tener una idea de lo que se sabe sobre el tema. Un autor debe ser honesto en su trabajo, tener seriedad cuando propone sus enfoques.

Gabriel decidió intervenir en la conversación ya que notó que lo enfocan desde el punto de vista del erudito, del conocedor del tema, y no desde el punto de vista de un neófito. Se nota que tu amigo nunca ha investigado, por lo tanto, lo que hizo fue plantear el problema, quizás quería que tú lo aconsejaras. Lo otro es afirmar que los países no se desarrollan solo por culpa de la corrupción, se requiere de una taxonomía sobre corrupción y la definición de los países desarrollados y no desarrollados, incluida la evolución histórica. Además, qué significa desarrollo; nos referimos a qué, la prosperidad económica o la moral de los países y ciudadanos.

Jeremy intervino diciendo que la honestidad expresa claridad, significa verdad, produce confianza, enfatiza la justicia, manifiesta sinceridad y se inclina al respeto hacia los seres vivos. El problema es, por qué hay tantos deshonestos en el mundo, siempre ocurren casos de mala praxis. Una explicación es por lo que ya discutimos, la maldad, que está presente en los seres humanos y es imposible erradicarla. La educación representa un gran paso para mejorar a los 'mal faissants' ya que la gente profundiza en los conceptos y reflexiona sobre el rumbo correcto a perseguir en la vida. Lo otro es, las personas honestas nacen o se hacen. De acuerdo con mi experiencia, hay un aspecto natural, sobrevenido de los instintos, que hace que algunas personas nazcan manifestando honestidad. Éstas pueden volverse deshonestas cuando el ambiente favorece la mala praxis. Por tanto he ahí una prueba de la liviandad del dilema nacimiento – crianza, cuando los intereses entran en juego, las personas pueden tomar el camino equivocado.

Naveda conoce los ambientes deshonestos ya que le ha tocado interactuar por muchos años en instituciones educativas y agregó, la deshonestidad causa decepción, se presta a mala interpretación y esconde la verdad. Se manifiesta con mentiras, fraude y traición; conlleva a sentimientos de culpabilidad, produce ansiedad y estrés a todos los involucrados. Pero, ¿por qué hay tanta deshonestidad en este mundo?

algunos quieren beneficiarse económicamente, otros para mejorar su estatus social, inclusive para evitar ser castigados por una falta que cometieron; otros son deshonestos por miedo, inseguridad, o para protegerse de otros asociándose con malas juntas; los peores casos de deshonestidad son por falta de moral y menosprecio por el bienestar ajeno. La experiencia me ha llevado por el río manteniéndome a flote en ambientes deshonestos solo por sobrevivir en un mundo injusto. En el instituto educativo en que trabajaba había mucha interferencia política, las autoridades eran deshonestas, decían una cosa y hacían otra; perjudicaron a muchos profesores por manifestar insatisfacción hacia el sistema político que ha dirigido al país por tantos años; la actitud era descarada, carente de sensibilidad, no les importaba la suerte de los seres humanos, eran servidores del poder político sin importarles su responsabilidad educativa.

Disfrute y Sufrimiento

El tema del sufrimiento está inmerso en el ser humano, dijo Jeremy, todos pasamos por épocas difíciles, sufrimos penas, dolores, malestares, angustias de todo tipo; los efectos físicos, emocionales y sicológicos son patentes. Las emociones negativas de tristeza, miedo, rabia, y frustración, son típicas del sufrimiento. Viviendo solos o en sociedad pasamos por momentos difíciles sometidos a sufrimiento interno y externo. Todos los individuos sufren a su manera, unos sufren por la muerte de un familiar, otros por el dolor de una herida después de un accidente, otros porque la novia los dejó, necesitan afecto o no aceptan rechazo. El disfrute, por otro lado, es un sentimiento de placer o alegría que sentimos cuando realizamos actividades placenteras y satisfactorias; por ejemplo, compartir con los seres queridos, realizando un trabajo desafiante e interesante, ocupados en pasatiempos educativos y agradables, logrando los objetivos esperados o simplemente relajados, pasandola bien.

Joseph desea que todas las personas disfruten lo mejor posible pero cumpliendo sus responsabilidades. Si vivimos en un ambiente que promueve el disfrute y la satisfacción seremos más felices y estaremos motivados; en caso contrario serán muchas las frustraciones que padecemos. Es evidente que si vivimos en sociedad, se establece una estructura orientada a satisfacer a los ciudadanos; si una sociedad está bien organizada y orientada a crear las oportunidades para mejorar la vida, podremos sentirnos satisfechos.

Yordano Faderno interrumpió la conversación diciendo que el sufrimiento, aunque parezca contradictorio, representa una de las grandes fuentes motivacionales de que disponemos, hay que reconocer que el sufrimiento es el gran misterio de la existencia humana. Hay muchos niveles de sufrimiento y disfrute, además, las personas lo perciben diferentemente. Con el sufrimiento contrastamos el disfrute deseado y ejecutamos acciones para contrarrestarlo. Son muchas las tareas que se han intentado para contrarrestar el sufrimiento. Cuando un gobierno es incompetente, la sociedad sufre y se organiza para derrocar a los malhechores. Ahora bien, solo reaccionar ante el sufrimiento no es la mejor estrategia, debemos prevenirlo. Es por ello que el conocimiento entra en juego, la historia nos presenta una vía, saber del pasado permite evitar en el presente lo malvado. La historia de la Unión Soviética, China, Corea del Norte, Cuba, Nicaragua, Venezuela, permite a los ciudadanos rechazar una sociedad socialista o comunista. Aceptar sufrimiento temporal por un disfrute futuro también es contraproducente; quizás un estado neutro, sin sufrimiento y sin disfrute pueda aceptarse momentáneamente.

Las ideologías socialistas y comunistas exigen a los ciudadanos sufrir por generaciones, dijo Naveda, para así alcanzar el paraíso en la tierra; al final, terminan incumpliendo sus promesas por falta de conocimiento de la naturaleza humana, incapacidad gerencial, envidia, ignorancia supina de la vida. Evitar la pobreza no es el principal objetivo, ya que la riqueza no se puede decretar, lo que hace falta es promover las oportunidades para que la gente progrese con su esfuerzo. Siempre existirán unos que se esfuerzan más y otros menos; la injusticia demuestra que algunos, sin trabajar, se enriquezcan a costa de los que trabajan más de la cuenta. No tengo la fórmula para solucionar ese dilema. Todos conocemos lo que ha pasado en Venezuela, unos políticos inconscientes se robaron o dejaron que otros se robaran centenas de millardos de dólares; se descuidaron las obras públicas, los servicios, y causaron la desgracias de toda la población. Si hace años se decía que faltaban 20 o 30 años para recuperar al país, ahora deben faltar 50 o 60, unas cuatro generaciones de venezolanos pagarán la desgracia de un gobierno incapaz.

Como psicólogo clínico, dijo Faderson, conozco demasiado a las personas, he trabajado por años con pacientes y aprendí mucho de mi práctica. La gente con menor capacidad intelectual cree saber más de las cosas que los que sí tienen mayor capacidad; tengo entendido que el dictador Chávez se creía superior intelectualmente a sus colaboradores y rechazaba todas las críticas a sus políticas y ahí está el país vuelto añicos.

Perfección e Imperfección Humana

Es fundamental entender la naturaleza humana cuando hablamos de ideologías, dijo Jeremy. Las ideologías representan los modelos de sociedad y el ser humano es el actor principal. Cuando era joven, consideraba que todos teníamos las mismas capacidades físicas y mentales, que aprendiendo podíamos hacer cualquier tarea. Con los años empecé a darme cuenta de que había diferencias notables entre las personas. No fue una tarea fácil, y el motivo es muy simple, la gente sabe esconder muy bien quién es. Además, es muy difícil conocer a las personas ya que no se comunican claramente, son muy reservadas, no hablan con la verdad, ni siquiera reconocen lo evidente. Toda esta perorata es para concluir que además de que somos diferentes escondemos nuestra singularidad incomunicandonos. Así las cosas, sabiendo que tenemos imperfecciones, es prudente intentar desenmascarar las personalidades para que la educación tenga algun sentido. Es imposible esperar que todos podamos ejercer cualquier profesión en la vida, cada uno tiene sus capacidades individuales y el objetivo es identificarlas para poder aprovechar su potencial. Las diferencias entre personas se manifiestan a través de imperfecciones patentes, agregando que las perfecciones son muy escasas; somos más imperfectos que perfectos. Toda esa imperfección se refleja en el comportamiento individual y social, son bien conocidos los casos de corrupción administrativa con fines de enriquecimiento ilícito.

Yordano Faderson apreció los comentarios sobre la imperfección y agregó. Con todos mis años de práctica clínica me considero conocedor de personas y reconozco esos argumentos sobre la incomunicación social y su relación con la imoperfección. La visión conservadora considera la naturaleza humana como egoista y defectuosa, usando más la emoción que la racionalidad. Esa vision individual pesimista impacta a la sociedad y al estado, los humanos tienen dificultades para entender la complejidad del mundo moderno. La visión conservadora rechaza las ideologías que explican o predicen el desarrollo de la humanidad, por eso, los humanos deben recurrir al sustento de la tradición, la historia y la experiencia práctica para entender su lugar en la civilización. Los conservadores consideran a lo humanos débiles psicológicamente, las personas buscan seguridad para compensar su fragilidad; promocionan las jerarquías para establecer la posición de cada uno en la organización, los superiores asumen las decisiones, y así, las personas no se preocupan.

Capítulo 11: Principios y Valores Humanos

Los principios y valores que guían el comportamiento humano impactan positiva o negativamente a la sociedad. La cultura y los conceptos ideológicos establecen cómo se entiende el mundo y las relaciones entre entes organizados. Los principios y valores, las creencias y las guías del comportamiento, determinan las interacciones y la toma de decisiones entre seres humanos. Los principios se relacionan con el respeto, la justicia, la honestidad, la compasión, la responsabilidad, la generosidad, la tolerancia, la cooperación, la autonomía y la importancia del ambiente. Los valores son comúnmente asociados a las creencias de las personas, son subjetivos, dependen de cada uno de nosotros. Ser trabajador, ser sociable, dedicado, colaborativo, amistoso, optimista, constante, equilibrado. Los principios se conectan con los valores, orientan las decisiones sobre lo que consideramos correcto o incorrecto. Aspectos sobre el derecho a la vida, el comportamiento, la importancia de los seres humanos, la libertad, la igualdad, forman parte de los principales principios.

En este capítulo se presentan algunas dicotomías relacionadas con principios y valores que tienen influencia en las concepciones ideológicas:

Cooperación y Desacuerdo
Dignidad y Vejación
Justicia e Injusticia
Crítico y Tolerante
Responsabilidad e Irresponsabilidad
Compasivo y Despiadado
Libertad y Coerción
Egoismo y Altruismo
Éxito y Fracaso
Acción e Inacción

Cooperación y Desacuerdo
La cooperación y el desacuerdo definen las interacciones, relaciones y la dinámica de las sociedades, dijo Jeremy. La cooperación se refiere al acto de trabajar con otros para lograr objetivos comunes; involucra a individuos y grupos colaborando, compartiendo recursos y combinando esfuerzos para lograr resultados que serían imposibles de alcanzar

trabajando aislados; la cooperación ha sido fundamental en el avance de las civilizaciones. El desacuerdo se refiere a la desunión, el conflicto y la falta de armonía entre individuos y grupos; refleja la divergencia de intereses, opiniones y objetivos que producen tensiones, rivalidades e inclusive hostilidades; el desacuerdo proviene de múltiples fuentes, incluidas las diferencias de valores, intereses y percepciones.

En vista de que los seres humanos tienen opiniones y criterios diferentes, es fundamental una integración de los conceptos, dijo Úrsula. La sociedad siempre estará sujeta a la diversidad y hay que buscar soluciones prácticas para poner a todos sobre el mismo carril; si no se establecen mecanismos eficientes para convencer a todos los participantes, será imposible lograr mejoras en la sociedad; por eso considero que hace falta un criterio único que force a todos a obedecer a la dirigencia; no es posible progresar si se permite tanta diversidad de alternativas como las que proponen los ideólogos libertarios. Explícame, ¿cómo puede ponerse a funcionar una sociedad en la que todos quieren hacer lo que quieren? Se necesita una ruta común.

Naveda difirió del planteamiento totalitario e interrumpió la conversación diciendo que esa visión apocalíptica del movimiento libertario es totalmente infundada. Habrá personas que harán lo que quieran pero otras se encargarán de planificar las actividades comunitarias. Por lo tanto, existirán niveles de actividad de acuerdo a las necesidades de la sociedad. Por ejemplo, la red vial del país, consta de rutas locales y rutas interurbanas, las locales se adaptan al crecimiento local y las regionales consideran la totalidad de interconexiones. Las sociedades comunistas y socialistas se caracterizan por planificar todas las actividades de la sociedad, incluyendo interferencias con la vida de las personas; no las dejan movilizarse libremente, les ponen limitaciones ficticias para que todos sean iguales comiendo, vistiendo y viviendo.

Me parece instructiva la lección sobre la sociedad libertaria y el comunismo o socialismo pero no nos desviemos del objetivo de esta dicotomía, interrumpió Jeremy. La cooperación se caracteriza por beneficios mutuos, integración social, solución de problemas sociales, resolución de conflictos, crecimiento económico e intercambio cultural. El desacuerdo libertario busca comprender a los individuos en un determinado entorno; las políticas locales no tienen que ser igual en todas las zonas del país, una zona pesquera difiere de una zona ganadera o agrícola, no es prudente tratarlos igual.

Bertold, con su tendencia académica sugirió profundizar sobre la cooperación, fundamental para la sociedad. Trabajando juntos se beneficia a todas las partes involucradas, la eficiencia brota compartiendo recursos, conocimientos y habilidades; se promueve el sentido comunitario y se fortalece la integración, la confianza y la identidad; se mejora la toma de decisiones ya que los problemas complejos requieren de diversas perspectivas, experiencias y habilidades; los conflictos se resuelven a través de comunicación abierta, compromisos y negociaciones; la economía se consolida gracias a la colaboración de todos los involucrados; la cultura se enriquece con la participación de miembros con puntos de vista variados ya que las ideas, los valores y las tradiciones se nutren unas con otras. Por otro lado, el desacuerdo tiene consecuencias para la sociedad, los objetivos divergen, no hay comunicación, hay falta de recursos, hay luchas de poder, se manifiestan las diferencias culturales, afloran las injusticias y desigualdades.

Quisiera añadir que el desacuerdo tiene consecuencias nocivas para la sociedad pero no todo lo que brilla es oro, dijo Naveda. Me refiero a que el brillo del desacuerdo nos enceguece pero no hay que olvidar que a veces la cooperación tiene preferencias y discrimina a grandes grupos en la sociedad, por lo tanto, hay que estar pendientes de las injusticias de la cooperación manipulada con fines perversos. Es aquí donde los libertarios tienen su importancia, decubren los fines totalitarios del enfoque cooperacionista.

Dignidad y Vejación

La dignidad está relacionada con el respeto que sienten las personas hacia sí mismas, comenzó diciendo Jeremy, pero incluye el buen trato y consideración que los demás nos den y el trato que nosotros demos. La dignidad representa el valor que tienen las personas por ser humanos, por existir; los individuos tienen derechos fundamentales, merecen respeto y deben ser tratados con justicia, igualdad y compasión. Quizás ustedes se pregunten qué tiene que ver la dignidad con las ideologías pero cuántas veces no han escuchado decir "este pueblo es indigno, acepta todos los malos tratos del gobierno, no se da a respetar." Cuando decimos tener dignidad, nos referimos a tener principios y valores relacionados al respeto propio y al de los demás, y no debe aceptar vejaciones de nadie. El trato digno significa que no debemos abusar de la bondad o ingenuidad ajena. Las personas tienen derecho a tomar decisiones, ejercer su autonomía, y vivir una vida libre de discriminación, opresión, y deshumanización. La dignidad reconoce la soberanía de cada individuo, sin tomar en cuenta raza, género, edad, nacionalidad, religión, o cualquier otra característica que lo distinga; los individuos son únicos, por lo tanto merecen consideración especial. La vejación es el opuesto a la dignidad, ocurre cuando los individuos no son respetados, son degradados o reciben trato inhumano; incluye discriminación, abuso, explotación, humillación y marginalización. La vejación priva a la gente de su autoestima, disminuye su bienestar y vulnera sus capacidades; los prejuicios, la intolerancia, la limitación al acceso a recursos y oportunidades son parte de la vejación. Ocurre en distintos escenarios, personal, social, institucional, y sus efectos son profundos; causa debilidades psicológicas, exclusión social y la pérdida de identidad.

Permíteme agregar algunos aspectos sobre la dignidad, dijo Joseph, inspirados por La Madre Teresa de Calcuta. Lo primero es que se relaciona con los derechos humanos, reconoce la virtud de las personas solo por ser humanos, no influye mérito, riqueza o poder, todos merecemos trato digno. Debe valorarse la autonomía de las personas y ofrecerles un trato amable y considerado; aplica a todas las áreas sociales, salud, educación, empleo, derechos legales e interacciones personales. El trato digno permite que las personas reciban oportunidades y alcancen su potencial sin discriminación ni daño. La vejación refleja irrespeto, injusticia y falta de consideración hacia los individuos o grupos; disminuye el valor inherente de las personas, perjudica sus derechos, los humilla, los discrimina y los daña. La vejación se manifiesta de muchas formas, opresión sistemática, exclusión social, discriminación, explotación o trato degradante.

Justicia e Injusticia

La justicia representa los estándares morales según los cuales se evalúan las acciones ejercidas por las personas o instituciones, dijo Jeremy. Hay varios tipos de justicia, social, legal, correctiva y distributiva; la justicia social se refiere a la distribución de oportunidades y privilegios para disminuir las desigualdades; la justicia legal se refiere a la aplicación de leyes imparciales y procedimientos legales, para proteger los derechos de los ciudadanos; la justicia correctiva se refiere a compensar los daños recibidos con reconocimiento o restitución de pérdidas; finalmente, la justicia distributiva se refiere a la asignación justa de recursos y beneficios para aumentar la igualdad y reducir las diferencias. Para mejorar la justicia y reducir la injusticia hay que educar a las personas sobre sus derechos, promover el diálogo y ser incluyente. Requiere de compromiso y participación de los individuos, las comunidades, las instituciones, y los gobiernos, para erradicar desigualdades y promover el cambio.

Bertold intervino para resaltar la importancia de la justicia. Primeramente, es el fundamento de una sociedad armoniosa; permite que la gente sea tratada respetuosamente; que sus derechos sean reconocidos y protegidos; y que tengan oportunidades de vivir una vida satisfactoria. Por otro lado, la injusticia socava la cohesión social, perpetúa la desigualdad y provoca resentimiento e inestabilidad. Para enfrentar la injusticia se requiere reconocer y rectificar los impactos a través de reformas legales, cambios de políticas y cambios sociales. Luchar por la justicia no es solo una obligación moral sino que garantiza un desarrollo social sustentable, garantiza estabilidad y bienestar a todos los miembros de la sociedad.

Crítico y Tolerante

Tener posiciones críticas o tolerantes ante las situaciones de la vida representa una estrategia conveniente para el análisis de situaciones, dijo Jeremy. Es muy común criticar lo que otros hacen solo con el propósito de desestimar las acciones u opiniones pero sin aportar beneficio tangible. Otra manera de interpretar la crítica es haciéndola constructiva, que aporte nuevos puntos de vista para la interpretación o solución de problemas. Examinando y analizando la información de manera sistemática y objetiva, con el objetivo de identificar errores, inconsistencias y parcialidades, se convierte en una herramienta útil para mejorar la toma de decisiones. Se necesita cuestionar las suposiciones, evaluar la evidencia y definir conclusiones lógicas con un razonamiento sólido. El objetivo del pensamiento crítico es llegar a emitir opiniones o definir conclusiones bien soportadas, basadas en hechos y argumentos relevantes. El pensamiento tolerante, por otro lado, se focaliza en aceptar y respetar las diferentes perspectivas e ideas aunque difieran de las nuestras. Para ello debe respetarse y apreciar la diversidad y tener la mente abierta para aceptar posiciones alternativas. El pensamiento tolerante no significa estar de acuerdo o aceptar todas las ideas, más bien significa escuchar y tomar en cuenta las distintas perspectivas sin apresurarse a juzgarlas o desestimarlas.

Gabriel es conocido como 'el abogado del diablo,' y quiso defender su integridad crítica. Para mí es fácil criticar, solo debo contradecir lo dicho y ya tengo una manera de discutir sin hacer mayor esfuerzo. Conozco gente que siempre trata de entender a los demás y terminan aceptando todo lo dicho sin contradecir; no me parece útil para argumentar y por eso le recomiendo a mis nietos que sigan mi ejemplo. Hasta el momento me ha dado satisfacciones, aunque no mantenga amigos.

Tienes razón, dijo Jeremy, esa posición contradictoria fatiga, los que te escuchan se cansan de tanta inconformidad. La gente necesita de alicientes emocionales para fortalecer sus opiniones y la contradicción los hace dudar de lo que piensan y los desbalancean. Sin que me quede nada por dentro, muchas veces estuve tentado a cancelar nuestra amistad pero no lo hice porque me acordé de un dicho de mi madre, 'si juzgas a los amigos solo por sus defectos y no por sus bondades, vivirás solo en esta tierra.'

Responsabilidad e Irresponsabilidad

La responsabilidad es una habilidad personal que determina el logro de objetivos, ¿quién no tiene responsabilidades? preguntó Jeremy. Toda persona madura tiene que asumirlas, es una experiencia que nos hace asumir un rol activo, decidido. Para lograr nuestros fines necesitamos motivarnos y la responsabilidad es un tipo de motivación. La responsabilidad afecta el comportamiento, requiere del cumplimiento de nuestras obligaciones, actuar rindiendo cuentas y así evitar ser imputable; se refiere a ser confiable, no imputable y consciente al ejercer nuestros deberes, acciones y compromisos. Con responsabilidad asumimos las consecuencias de nuestras acciones; sopesando el impacto directo al individuo y a la sociedad se pueden encontrar caminos de solución. Los servidores públicos reconocen la importancia de sus compromisos y tratan de cumplirlos; los ciudadanos se apropian de sus acciones, reconocen sus aciertos y rectifican sus errores. El comportamiento responsable supera lo personal para adentrarse en lo social, beneficiando con nuestras acciones a grupos de personas, al ambiente y a la sociedad. La responsabilidad cuenta con herramientas de apoyo para tomar decisiones acertadas; la integridad personal es necesaria, las consideraciones éticas imponen alternativas correctas y la evaluación del impacto de nuestras decisiones permite avanzar hacia un futuro alentador.

Me parece que hay que ir más allá de la visión personal de la responsabilidad y adentrarnos en las áreas que impactan su relación con la sociedad, dijo Úrsula. La política es una de las herramientas de que se dispone para contribuir con la sociedad. Primeramente, hace falta basarse en una información confiable para la toma de decisiones, aplicar la regla de la ley y asumir las consecuencias de las acciones. Debe priorizarse el bienestar de los ciudadanos, involucrarse en procesos transparentes de toma de decisiones y trabajar para el bienestar común. Otras responsabilidades se refieren a mantener las instituciones democráticas. respetar las libertades civiles y promover los valores para una sociedad justa y equitativa. Además, responder por las acciones ejecutadas, admitir los errores, trabajar para corregirlos y mejorar a la sociedad beneficia a todos.

Aunque todos favorecemos la responsabilidad en la política, sabemos que la irresponsabilidad impera en ese medio, dijo Naveda. Los políticos favorecen su imagen, la consolidación de su poder y patrocinan el bienestar de los partidarios en lugar del de los ciudadanos. La irresponsabilidad se refiere también a la imputabilidad, negligencia y falla en el cumplimiento de las obligaciones; erosiona la confianza pública, destruye las instituciones democráticas y provoca inestabilidad social. La irresponsabilidad se manifiesta con la evasión en la rendición de cuentas, negar su fracaso y achacárselo a los demás, también dedicarse a políticas de corto alcance sin sopesar el daño a largo plazo. Son muchos los ejemplos de políticos irresponsables que utilizan un lenguaje incendiario para promover el odio y división entre los distintos sectores de la sociedad. La corrupción demuestra el interés por el lucro personal e ignora el sufrimiento de los ciudadanos para sobrevivir.

Compasivo y Despiadado

El tema de la compasión está asociado a una decisión espiritual de los seres humanos bondadosos para contribuir con los que sufren y ha sido difundida por miles de años por las religiones, dijo Jeremy. Aunque no hace falta ser religioso para ayudar, muchos nacen con esos instintos. Las religiones han exagerado la necesidad de compasión para contrarrestar las posiciones despiadadas, consideradas negativas y malsanas. Las personas compasivas reconocen la ansiedad, dolor o sufrimiento humano y tratan activamente de solventarlo; ese sentimiento va más allá de la simple simpatía, que solo lamenta la situación; se asocia a la empatía, comprendiendo y compartiendo con los demás. El comportamiento de una persona compasiva es amable, comprensivo, y evita juzgar anticipadamente; escucha con atención, ofrece soporte y toma acciones necesarias; promueve conexión, empatía y la integración de las personas en la sociedad. La ausencia de compasión es característica del trato despiadado y se manifiesta con indiferencia y falta de consideración por el bienestar de los demás. Ser despiadado puede provenir de prejuicios, egoísmos e incapacidad de conectar emocionalmente con los demás; a veces, los despiadados, son indiferentes, no están al cabo de entender la situación y actúan sin darse cuenta del impacto negativo que causan.

Joseph apreció la introducción y decidió dar sus comentarios, él está fascinado con el ejemplo de La Madre Teresa de Calcuta aplicado a la sociedad. La colaboración y cooperación de los distintos actores sociales, incluyendo instituciones públicas, la sociedad civil, y el sector privado fomenta las alianzas y el logro de objetivos. En el caso de crisis y desastres se requiere de respuestas que mitiguen el sufrimiento y soporten a las comunidades, hay tantos terremotos, huracanes y guerras donde colaborar; las ayudas humanitarias, el acceso a los recursos y servicios esenciales, y la reconstrucción de la infraestructura se hace patente. Los planes estratégicos y la sostenibilidad del bienestar social contribuye a un futuro promisor; las prácticas de desarrollos sostenibles que garanticen la riqueza de la población, la protección del medio ambiente y la preservación de los recursos, promueven el progreso.

Hasta el momento han dado argumentos enfocados a las personas pero hay que buscar interpretar el mundo social y político, dijo Naveda. Cómo definir políticas, cómo tomar decisiones y cómo contribuir al bienestar social, esas son las preguntas por responder. Las políticas deben considerar a los individuos como los principales receptores de los beneficios, tomando en cuenta cuál es la distribución de necesidades en la población. Cada segmento social recibe su cuota, los más vulnerables tienen mayores necesidades de educación, salud y bienestar. La justicia y la igualdad social identifican las desigualdades y la discriminación inmersas en los sistemas, la raza, el género, la edad, el estatus social, las discapacidades. Los estrategas y líderes deben luchar por una sociedad inclusiva que dé oportunidad a todos para progresar y triunfar. Sentir empatía por los necesitados y saber escuchar a todos los sectores sociales. Los canales de comunicación recogen las demandas de la población y las canalizan a los encargados de implantar los procesos correctivos. La participación de la población es fundamental para exigir a los gobernantes la solución de los problemas. El liderazgo ético y la transparencia de la gestión facilitan la participación y la confianza, además, garantizan un futuro mejor para la población. Como verás, la compasión sí es útil en la sociedad y la política.

Libertad y Coerción

Un tema importante para los seres humanos es la libertad, comenzó Jeremy, pero viviendo en sociedad nos enfrentamos a restricciones. El tema de la libertad es muy extenso, pasa por el individuo, el modelo social, la autoridad, las imposiciones, etc. Los humanos son libres por diseño, repito, el individuo es soberano por naturaleza, ama la libertad, por lo tanto, es un principio muy preciado. La libertad proviene del interior de nuestra mente y se materializa en nuestras interacciones sociales; tenemos la capacidad de pensar e imaginar situaciones para decidir cómo actuar. El pensar es libre, pero la acción requiere de reflexión, tenemos que imaginar las consecuencias de nuestras acciones, la evaluación de ventajas y desventajas, riesgos y beneficios facilita la ejecución. Como individuos somos libres pensadores pero cuando vivimos en sociedad nuestra situación cambia, estamos obligados (parcialmente) a interactuar con otros seres humanos. En principio, el individuo tiene total libertad de pensamiento pero de ahí en adelante, comienzan las limitaciones indeseadas; para actuar, moverse, u opinar, tiene restricciones impuestas por la sociedad. La actuación depende de reglamentos, de leyes, que nos obligan a modificar nuestras acciones, la libertad en sociedad es solo parcial. Para disfrutar de libertad debemos tener un comportamiento cónsono que la favorezca, si no respetamos la libertad de los demás veremos la nuestra amenazada.

Yo agregaría lo siguiente, dijo Gabriel. En inglés, existen dos palabras distintas sobre libertad, 'liberty' y 'freedom,' son sinónimas, pero podríamos diferenciarlas para hacerlas más precisas; 'freedom' es inherente a los seres humanos, es interna a la persona, al ser humano, una condición filosófica y sicológica proveniente de la mente. Ser libre ('free') sería equivalente a tener el poder de apropiarnos de lo que sucede dentro de nuestra mente, ser autónomos internamente, sin ataduras sociales. 'Liberty,' por otro lado, es un concepto político o social que le permita a la gente disfrutar, en sociedad, de derechos de propiedad, libertad de asociación, libertad de movimiento, etc. ¿Qué os parece la idea?

Jeremy replicó al instante, diciendo, magnífico, me parece genial puesto que para mí siempre existirá el individuo libertario que no se somete a leyes injustas, será por lo tanto 'free,' libre. En sociedad estará sometido a ciertas limitaciones, por lo tanto, su 'liberty,' es parcial y tiene que saberlo desde el principio, no puede aspirar a tener 'freedom' total, tiene que conformarse con 'liberty.' Aunque todo suena un poco anglosajón con esas palabras extranjeras, valdrá la pena inventar unas palabras castellanas para precisar la diferencia. Por ahora conformarnos con decir, la 'libertad individual' es total pero interna al ser humano; la 'libertad social' es limitada a la discreción de los que nos rodean, a la sociedad. Si la sociedad es restrictiva, los individuos no logran satisfacción pero si es abierta tendrán muchas oportunidades de realizarse. Recordemos que la capacidad de responder a nuestras ansias es lo que nos hace humanos, tener un motivo para continuar viviendo es fundamental, por lo tanto, un balance interno – externo permite mantener la salud mental y la satisfacción de seguir viviendo.

La obligación es una forma de coerción, es un curso de acción que la sociedad impone a las personas, por ejemplo, cumplir con una ley y así evitar la amenaza de un castigo, dijo Gabriel. La gente la puede aceptar voluntariamente con argumentos morales como el buen comportamiento o la verdad, pero es más común el caso del uso de la fuerza social, imponiendo un solo criterio, a veces justificado. Las leyes nos obligan a cumplir ciertos mandatos legales que se originan en principios éticos de lo que es correcto. El incumplimiento de las leyes trae consigo sanciones proporcionales, impartidas en nombre de la colectividad. Las obligaciones son muy comunes, cumplir un contrato, decir la verdad bajo juramento, respetar las señales de tránsito, usar el cinturón de seguridad en el auto, no apropiarse de la propiedad ajena, pagar los impuestos, no violentar los sentimientos ajenos, etc.

Jeremy decidió intervenir, su pensamiento libertario le hace molestarse por la limitación social. En general, el ser humano no debería ser obligado a seguir un rumbo fijo, impuesto por los demás, pero puede ceder y colaborar cuando entiende los motivos. Con esto quiero decir que somos dóciles cuando entendemos la situación pero rebeldes cuando no coincidimos. Las obligaciones nos rodean, son muchos los que dependen de nosotros y muchos de los que dependemos; estamos en el centro de la esfera de responsabilidad que se extiende hacia el mundo de otras personas. Las ideologías han fallado en comprender que la mayor parte de lo que somos y debemos ha sido planteado sin nuestro consentimiento. Estamos enmarcados en relaciones que nunca elegimos, y el mundo exige valores y retos que van más allá del área confortable de los acuerdos mutuamente aceptados. Añadamos que el mundo moderno ha puesto sobre el tapete las obligaciones por piedad y compasión, son acciones que colaboran con los que tienen mayores dificultades para sobrevivir.

Egoísmo y Altruismo

El tema de la solidaridad, la fraternidad, el altruismo y su relación con el egoísmo es muy común en las ideologías, dijo Jeremy. Aquí hay por lo menos dos puntos de vista, uno es natural y el otro social. El natural proviene del interior del individuo, qué predisposición tiene hacia hacer el bien a los demás ; el otro refleja el comportamiento caritativo que espera la sociedad. La pregunta es, ¿a qué aspira la sociedad de cada ser humano? Desde el punto de vista natural, los seres humanos son diversos, unos son egoístas, otros menos, y otros muy espléndidos; hay mucho de instinto. Aspirar a que todos sean benevolentes es absurdo, siempre habrá ocasiones para no serlo; el momento y la ocasión definen la respuesta. Por suerte, las ideologías también son diversas, unas obligan a los ciudadanos a ser fraternos y otras saben que es imposible aspirar todo el tiempo. Lamentablemente, el socialismo y el comunismo son sistemas totalitarios que obligan a la gente a comportarse de una sola manera y penaliza a los que hagan lo contrario. El liberalismo, el anarquismo y el conservatismo tienen una visión más realista de la fraternidad, primero que nada no obligan a los individuos; abren caminos de colaboración donde cada cual decide voluntariamente participar.

Sabes una cosa, intervino Bertold, esta argumentación sobre el egoísmo y el altruismo tiene implicaciones económicas y espirituales. Es bien sabido que el capitalismo es un sistema que puede funcionar independientemente de lo que sienten las personas, es el mercado el que ayuda a decidir. A mayor oferta bajan los precios, en otro caso suben; el que no puede pagar por un bien o servicio tiene que abstenerse y buscar alternativas. Es posible combinar el capitalismo con la ética y la moral para contribuir con aquellos que la están pasando mal, en otras palabras, ¿pasar de un capitalismo egoísta a un capitalismo altruista? El ser humano no es solo individualismo y egoísmo, es solidaridad y amor.

Quiero contestar esa pregunta, interrumpió Eloncio Muskatel. No es por darme de altruista pero te confieso que estoy avanzando por el camino correcto. Estoy fundando un pueblo cerca de Austin, Texas, para ayudar a mis empleados a vivir mejor; pagarán menores rentas por sus viviendas y podrán trabajar desde su casa sin tener que trasladarse a la oficina; tendrán todas las necesidades cubiertas, escuelas, dispensario, automercados, y las facilidades recreacionales cerca de sus viviendas; gimnasio, piscina, y parques. Y algo muy importante, varias mesas de ping pong para que todos practiquen ese deporte que genera ideas para mejorar la productividad de la empresa y la salud mental de los trabajadores. Con esta inversión quiero transmitir que en capitalismo sí es posible hacer obras sociales, no necesitas cambiar al gobierno y la constitución para que los empresarios colaboren con sus trabajadores y todos podamos mejorar; estos cambios son aquí y ahora, en frente de todos, para que sean testigos de una revolución social de avanzada, patrocinada por los mismos emprendedores. Lo que hace falta es concientizar a los empresarios para que destinen fondos a la mejora de las condiciones de vida de sus empleados. Estamos claros de que no todos los empresarios pueden sufragar esos gastos pero si un porcentaje elevado los patrocina sería un beneficio tangible para la sociedad. Lo otro es que los empresarios no son los más idóneos para ayudar a los empleados públicos, ya que nosotros pagamos impuestos, por lo tanto son las mismas instituciones públicas las que deben destinar ingresos para colaborar con sus empleados.

Jeremy intervino para aclarar que hay ideologías que tergiversan los criterios para manipular a los partidarios en favor de enfoques totalitarios que lleven a una élite sin escrúpulos al poder. Todo lo que hacen es criticar destructivamente al capitalismo para ellos administrar los tesoros públicos, y decidir su colocación para favorecer solo a un grupo de la población. Esos sistemas, socialismo y comunismo, no representan una alternativa factible y demostrable, todo son aspiraciones inviables.

Éxito y Fracaso

El éxito es la realización progresiva de ambiciones, propósitos, e ideales, dijo Jeremy. Cada persona define lo que constituye su éxito ya que todos tenemos una visión distinta de la vida. Las motivaciones e intereses definen el éxito pero la sociedad puede llevarnos a malinterpretar, hay que tener fortaleza de criterio y admirar nuestra interpretación, quizás distinta de los demás. El éxito depende de los objetivos y metas que nos proponemos y del contexto en que nos desenvolvemos. En política, ganar elecciones demuestra que el mensaje cuaja con las expectativas de los electores; implantar políticas exitosas con nueva legislación, reformar las leyes, y atacar los problemas sociales urgentes consolida un apoyo sostenido. El éxito del gobierno depende del grado de soporte y popularidad que reciben; conectando con los ciudadanos, inspirando confianza, y comunicando eficazmente el mensaje. Las condiciones políticas, económicas, sociales y diplomáticas indican el grado de éxito o fracaso de la gestión. El éxito o fracaso en política es subjetivo, unos grupos defienden las medidas tomadas por el gobierno mientras que otros grupos las rechazan; las ideologías, los valores, y los intereses determinan los resultados logrados. El impacto a largo plazo también sale afectado, el liderazgo, la coordinación y la toma de decisiones a tiempo determinan el éxito.

Permíteme agregar algunos comentarios sobre las dificultades para determinar el éxito o el fracaso en las gestiones gubernamentales, dijo Naveda. Lo primero que podemos identificar es que cada grupo interpreta las cosas a su manera. Para el gobierno, mantenerse en el poder es un éxito; para la oposición, la mala gestión gubernamental es evidente ya que la población vive peor. Lo principal para los gobiernos es ganar las elecciones, implementar políticas que sean bien recibidas por la población y recibir el apoyo de la población. Está claro que el éxito económico es fundamental, si la gente siente que vive mejor económicamente, apoya al gobierno ciegamente. La solución acertada de las crisis es otro elemento que identifica el éxito o el fracaso de la gestión; un liderazgo oportuno, una coordinación adecuada y una pronta toma de decisiones son cruciales. Si los gobiernos mantienen estándares éticos de altura, transparencia y rendición de cuentas, aseguran su éxito; los escándalos, la corrupción y la desconfianza los llevan rápidamente al fracaso. Otro factor a considerar es el impacto de las políticas aplicadas; muchas de ellas llevan tiempo para dar frutos y la gente puede estar exigiendo soluciones rápidas, por lo tanto, hace falta evaluar los efectos y la sostenibilidad de las medidas. Para finalizar, hay que reconocer que los éxitos y fracasos son subjetivos, cada segmento de la sociedad interpreta los resultados de manera distinta, dependiendo de su ideología, valores e intereses; a veces los gobiernos ejecutan políticas exitosas en un área y desastrosas en otras áreas, por lo tanto, no se puede nunca confiar totalmente en los gobiernos.

Acción e Inacción

Pensar es una cosa pero actuar es otra, hay que ponerle atención a lo que hacemos para evitar malas consecuencias, dijo Jeremy. Antes de actuar, reflexionemos, sopesamos las alternativas y emitimos juicios, decidimos que camino tomar, y una vez que actuemos, asumamos las consecuencias. Los gobiernos tienen el poder de actuar para intervenir en los problemas políticos, económicos y sociales pero tienen que informarse, investigar, consultar con expertos y desarrollar estrategias para atacar cada situación que se presenta. Son múltiples las áreas que necesitan de atención gubernamental, procedimientos, regulaciones, inversiones y respuesta a las crisis. La acción se manifiesta cuando los gobiernos intervienen en todas las áreas de las sociedad; en la práctica, los gobiernos sí desean involucrarse, accionando, para ganar adeptos y mantener el poder. La inacción, por otro lado, se manifiesta evitando las regulaciones, descentralizando funciones, privatizando y limitando el poder de influir socialmente.

Ivory, con su tendencia totalitaria pero comprensiva, interrumpió la conversación expresando que los gobiernos accionan para demostrar su poder y el que no acciona demuestra incompetencia. La inversión en servicios públicos promueve el crecimiento económico y genera empleos; invertir en infraestructura, educación, salud, transporte y bienestar social mejora la vida de los ciudadanos. Las regulaciones incrementan la seguridad pública, protegen a los consumidores y permiten una competencia justa en el mercado de bienes y servicios; se aplican en el área financiera, el ambiente, el mercado laboral, la salud y la seguridad ciudadana. El problema con los gobiernos que exageran la intervención es que en muchas oportunidades no producen resultados aceptables y tienen que reprimir los reclamos de los ciudadanos, la violación de los derechos humanos se convierte en el modus operandi y los opositores son penalizados. La realidad es que el mandatario de turno es el principal responsable y debe ser destituido, la cárcel es una opción para penalizar a los autoritarios. A veces los gobiernos toman la justicia en sus manos y desobedecen leyes para beneficiar a sus partidarios; la manipulación judicial les permite lograr sus fines autoritarios. Por otro lado, la inacción de los gobiernos liberales y conservadores es negativa, dejan a los ciudadanos decidir por su cuenta sobre los destinos económicos y sociales.

Capítulo 12: Sociedad

La sociedad es una organización social que define las interrelaciones e interacciones entre individuos, grupos e instituciones. Se caracteriza por promover una cultura uniforme, costumbres, creencias, valores, lenguaje y otras prácticas que mejoran la vida de los ciudadanos. Las sociedades dividen las labores de los individuos en función de las necesidades, intereses y habilidades de los miembros. Los grupos y organizaciones se agrupan para desarrollar proyectos conjuntos. Las instituciones definen la estructura y funcionamiento de la administración pública de bienes y servicios. Además de muchas otras características, las sociedades necesitan de elementos que garanticen el control social, a través de leyes, normas y sanciones informales, para regular el comportamiento y mantener el orden.

Una lista de características de la sociedad incluye:

- Interacción social: los individuos se comunican, cooperan, resuelven conflictos, intercambian ideas y comercian bienes y servicios
- Diversidad cultural: usualmente la sociedad está conformada por distintos grupos con un bagaje cultural diferente, con creencias, valores y tradiciones diferentes
- Normas y valores sociales: la sociedad establece normas (los comportamientos aceptados) y valores (principios y creencias) que guian el comportamientolas decisiones individuales y colectivas; definen las expectativas éticas, morales y sociales
- Instituciones: crean la estructura y el orden en la sociedad; el gobierno, los sistemas educativos, el servicio de salud, el sistema judicial, son ejemplos de servicios disponibles
- La economía: define la producción, distribución y consumo de bienes y servicios
- La organización política: define la estructura gubernamental, la conformación de los partidos políticos y el sistema electoral
- Las redes de asistencia social: definen centros para contribuir con el mejoramiento de la vida de los ciudadanos, ofrecen apoyos espirituales, económicos, organizativos y colaboran con la solución de los conflictos

En este capítulo se presentan algunas dicotomías sobre el tema de la sociedad. Son factores que identifican características sociales y que tienen influencia en las concepciones ideológicas:

Empoderamiento y Marginalización
Organización y Desorganización
Normas y Anomia
Control y Descontrol
Participación y Apatía
Crecimiento y Estancamiento
Individuo y Colectividad
Permisividad y Prohibición
Discriminación y Tolerancia
Optimismo y Pesimismo
Seguidores y Líderes

Empoderamiento y Marginalización

El empoderamiento no es un concepto difundido por muchas de las ideologías, dijo Jeremy, debido a que antagoniza con una visión autoritaria de la sociedad que penaliza la libertad individual. El motivo es muy simple, el empoderamiento capacita a los individuos para controlar su vida, tomar decisiones informadas, y ejecutar acciones para atender sus necesidades y preocupaciones. Es una estrategia para fomentar la autovaloración, la confianza, y capacidad para expresar su opinión, participar en la toma de decisiones y acceder a recursos y oportunidades. El empoderamiento no se refiere únicamente a ofrecer asistencia y caridad a los necesitados, incluye el reto y la transformación de las estructuras de poder existentes que suelen perpetuar las desigualdades y la marginalización. En cuanto a la marginalización, me refiero a la exclusión política, económica y social de ciertos individuos o grupos en la sociedad; los marginalizados tienen limitaciones de acceso a recursos, oportunidades y procesos de toma de decisiones; los motivos son variados, la raza, el género, la edad, el estatus socio-económico, las discapacidades; la marginalización produce desigualdades en la dinámica del poder, genera discriminación, estigmatización e impacta la movilidad social. Las iniciativas para empoderar a las personas son variadas, los programas educativos, los talleres para adquirir habilidades, el asesoramiento de expertos, la búsqueda de soporte popular para cambiar políticas, la creación de redes de soporte. Con el empoderamiento se busca fortalecer la participación, la expresión y la capacidad de los marginalizados y el deseo de retar al sistema que perpetúa su estado marginal.

Un aspecto que debemos resaltar, dijo Yordano Faderson, es que la marginalización proviene también de los propios marginados. Es muy fácil echarle la culpa a los demás y poner a los marginados como víctimas. Muchas veces, son ellos mismos los que no colaboran, creen que los demás deben velar por ellos. Por lo tanto, hay que buscar el origen de la marginalización tanto en los sistemas existentes que no favorecen la integración de las personas y con las personas afectadas; y preguntarse, ¿por qué son marginales? Son muchos los casos de marginales que no hacen ningún esfuerzo por progresar, por ejemplo, muchas familias viven como parásitos, dependientes de otros familiares, es un patrón de familia que se repite en muchos países. Un modelo a seguir sugiere que cada pareja debe independizarse y vivir separada en un núcleo familiar independiente de los padres pero hay otro modelo que sugiere lo contrario, vivir en familias multinucleadas, varias parejas de recién casados (hijos o hijas) viven con sus padres. Aunque prefiero el primer modelo, que me parece más natural ya que deja a las parejas progresar sin interferencia foránea, todos sabemos que ciertas culturas favorecen múltiples parejas viviendo juntas, con el ánimo de ayudarse mutuamente. Ambos modelos tienen sus ventajas y desventajas pero el primero favorece la autonomía y el segundo la dependencia; 'el casado casa quiere.' es un dicho muy famoso que resalta la necesidad de independencia.

Ese ejemplo del núcleo familiar, dijo Naveda, aplicado a la problemática entre liberales y socialistas, relacionado con la independencia y la dependencia. Los primeros quieren poca interferencia del estado y los segundos prefieren el estado interventor, que resuelve todos los problemas; la práctica ha demostrado que los socialistas buscan un mundo irreal, guiado por la búsqueda de una igualdad inalcanzable mientras que los liberales consideran que la autonomía existencial es preferible al control artificial. El gobierno no debería 'quitarle a algunos para darle a otros,' lo que sí puede hacer es buscar que los que tienen compartan, generando progreso sin causar dependencia; por ejemplo, generando trabajo en lugar de entregar dádivas.

Organización y Desorganización

Las sociedades necesitan de estructuras y sistemas para funcionar adecuadamente, dijo Jeremy, y por lo tanto requieren de organización. Las estructuras departamentales facilitan el trabajo de grupos, las jerarquías permiten la toma de decisiones rápidas, los sistemas y procedimientos permiten distribuir las responsabilidades eficazmente. La organización es la base de la coordinación, cooperación y colaboración entre individuos, instituciones y departamentos. Cuando la sociedad está bien organizada, las instituciones funcionan, el gobierno ejecuta sus planes y el sistema judicial es imparcial; la promulgación de leyes, reglas y regulaciones guían el comportamiento y las interacciones sociales; la estructura legal genera orden, protege los derechos individuales y grupales y mantiene la cohesión social. Las instituciones y organizaciones de la sociedad, los órganos gubernamentales, las instituciones educativas, los negocios y comercios, las organizaciones sin fines de lucro, dan mejores servicios, promueven el desarrollo económico, y solucionan los problemas de la sociedad; con la organización se definen las estructuras, permite planificar, se asignan los recursos y se mejora la toma de decisiones.

Ustedes pensaran que soy teórico pero la organización es una de mis fortalezas, dijo Bertold, he tenido experiencia empresarial por muchos años y la administración requiere organización. Se necesita una estructura con un propósito para lograr objetivos; la estructura transmite orden y define los sistemas y procedimientos; aclara las etapas y procesos para hacer eficiente la gestión. Para organizar hay que saber hacer las cosas, haber definido los pasos y reflejando una solución concreta; no se trata de improvisar, se trata de ejecutar tareas repetitivamente. Si estamos en una situación inestable, insegura, tenemos que ser flexibles y establecer una estructura dinámica que se modifique con la necesidad. No es lo mismo una empresa que fabrica cables eléctricos que una empresa que investiga nuevas aplicaciones de inteligencia artificial; en la primera todo está estructurado al detalle para producir kilómetros de cable mientras que en la segunda se necesita una estructura fluida, dinámica, fácil de cambiar y adaptarse a la evolución del nuevo conocimiento. La organización genera orden, claridad y predictibilidad, reduce el caos y la confusión.

Magnifica tu intervención, dijo Jeremy, los que te conocemos sabemos que tienes mucha experiencia gerencial, útil para organizar la sociedad. Lo único que me queda por discutir es la desorganización, es el otro extremo que parece indeseable pero tiene una interpretación singular. La desorganización genera ineficiencia y descontrol, parece a primera vista dañina pero hay circunstancias en que se requiere un toque de flexibilidad. Por ejemplo, en tareas creativas, en prototipos funcionales, en estudios exploratorios, en proyectos novedosos, se requiere una dosis de desorganización dirigida a aclarar las cosas para sintetizar soluciones. En el caso de situaciones sujetas a cambios es preferible destinar menos recursos a la organización, hasta que la situación se estabilice. Un caso concreto y desafortunado es la guerra, cuando Israel se enfrenta a Hamás, no tiene claro si Hezbollah, Siria e Irán entran en el desastre violento y procede con cautela en su organización militar, colocando combatientes en diferentes frentes.

Normas y Anomia

Las normas permiten guiar el comportamiento ciudadano, dijo Jeremy, definen, entre otras, las expectativas que tenemos de los demás. El problema con las normas es que se basan en valores humanos y sabemos que individualmente apoyamos distintos valores. La dificultad reside en seleccionar las normas que favorecen imparcialmente a todos para mantener un orden social aceptable; siempre habrá grupos que no están de acuerdo con una determinada norma e intentan desobedecerla o impugnar. Hay distintos tipos de normas, triviales, morales, sociales, organizacionales, jurídicas y tabús. Las triviales se refieren a expectativas informales del día a día, el trato en familia, que no causa penalidades punitivas, como por ejemplo, acostarse temprano, bañarse diariamente, dar los buenos días, dar las gracias, o vestirse apropiadamente según la ocasión. Las normas morales son más exigentes ya que reflejan el comportamiento ético de las personas y algunas son penalizadas, por ejemplo, el robo, el asesinato, la violación, el adulterio. Las normas sociales tienen relación con el comportamiento social, incluyen las costumbres, convenciones o tradiciones, y su incumplimiento produce rechazo social. Las normas organizacionales se aplican a las instituciones y organizaciones de todo tipo, tienen que ver con la responsabilidad laboral y el secreto de la información empresarial. Las normas jurídicas son muy amplias y están establecidas en las leyes y los reglamentos, las penalidades son punitivas, por ejemplo, el soborno, el fraude que pueden ameritar cárcel. Los tabus son moralmente repugnantes y prohíbidos; por ejemplo, el canibalismo, el incesto, y el profanamiento de símbolos religiosos.

Hay que resaltar que las normas tienen su justificación pero debemos ser prudentes cuando las proponemos, dijo Bertold. La exageración normativa puede causar inacción, por lo tanto, se requiere un balance entre la libertad de acción y la limitación normativa. En sociedad hace falta un nivel mínimo de orden para poder funcionar y la convivencia mejora cuando seguimos unas reglas de comportamiento. Déjame darte un ejemplo, si no existieran normas de tránsito sería imposible trasladarse en una ciudad congestionada de autos; si la gente no hiciera cola para entrar al teatro, la gente se amontona y nadie puede entrar. Cuando no se quieren cumplir, alegando rechazo justificado, considerando que la norma es incorrecta y tratando de demostrarlo, comienzan los conflictos; los casos de desobediencia injustificados se prestan a penalidades ya que se hace solo por contradecir la regla. Lleva tiempo alterar una norma y existen culturas que son tolerantes y otras que son punitivas. Los desobedientes pueden con el tiempo transformar las normas para adaptarlas a cambios constructivos que mejoran la vida de todos; la innovación, modificando o eliminando normas, siempre debe ser evaluada. Por lo tanto la anomia solo aplica en los casos en que sin normar se mejora el flujo de los entes involucrados.

Nuyma, a pesar de su talento sociológico, se encontraba un poco parca, llevaba tiempo sin participar, decidió hacerlo en ese instante, quería demostrar su profundidad de pensamiento. Las normas sociales son los estándares y valores aceptados en la sociedad, asumen que los ciudadanos están de acuerdo y obedecen las normas de comportamiento. La conformidad con las normas mantiene el orden y la cohesión, la gente se siente integrada y el sentido de pertenencia crece; se convierten en la gente 'normal.' Los que se desvían de las normas son 'anormales.' La sociedad hace cumplir las normas controlando y regulando. Los mecanismos utilizados para cumplir las normas utilizan socialización, educación moral y exigencia en el cumplimiento de las leyes. Creo que la mayoría entiende la necesidad de las normas pero la anomia es un comportamiento común cuando se desconectan las aspiraciones personales con los medios disponibles para lograrlas. Si hacemos una encuesta, la mayoría de las personas está insatisfecha con los éxitos logrados en sociedad, es difícil ganarse la vida, las relaciones de pareja son extenuantes, el reconocimiento por el esfuerzo es bajo; si contamos los problemas mentales y de salud, la insatisfacción se dispara. La delincuencia es un reflejo directo de la desconexión entre objetivos y oportunidades. Los problemas políticos de los países producen fuerte anomia, en Venezuela se produce un éxodo millonario, causado por el gobierno oprobioso del socialismo absurdo; la gente está desilusionada del enfoque totalitario, no hay trabajo, no hay oportunidades, los servicios no funcionan, reparten migajas a los pobres picatierra como a las inocentes gallinas. Si un país no ofrece futuro a sus ciudadanos, se van por el camino de la anomia; la sociedad se desintegra y la gente se desvía del camino productivo y trascendente.

Control y Descontrol

El control es la capacidad de vigilar, influenciar o manipular situaciones, eventos, procesos o resultados de acuerdo a puntos de vista provenientes de planes, deseos, creencias o intenciones, comenzó Jeremy. Para controlar se necesita poder y conocimiento y así lograr los objetivos propuestos; el control requiere empoderamiento, confianza y autonomía. El descontrol es el opuesto, no se tiene capacidad real de influir en las decisiones, demostrando debilidad, vulnerabilidad y dependencia. En sociedad, los ciudadanos carecen de control sobre los eventos sociales, sienten ansiedad y frustración, resultando en ineficiencias; sentirse a merced de las decisiones gubernamentales sin poder evadirlas incrementa las emociones negativas, perjudica el crecimiento personal, afecta la toma de decisiones y perjudica el bienestar de los ciudadanos.

El control es necesario pero en exceso puede ser negativo, dijo Eloncio Muskatel. En la sociedad se requiere un balance entre la supervisión y la independencia. En la manufactura, la construcción y actividades afines se debe ejercer control para garantizar que los productos lleguen al mercado con la calidad esperada, las estadísticas sobre la producción identifican las situaciones a corregir. Para que un supervisor tenga confianza en la ejecución de sus empleados, necesita comprobar que efectivamente dominan la materia, para ello controla frecuentemente inicialmente y reduce el control con el tiempo, según los resultados. Adicionalmente, hay que organizar grupos redundantes para el control, si un grupo no detecta un problema, otro grupo puede identificarlo y corregirlo. Para terminar, hay que reconocer que a pesar de los controles, las situaciones imprevistas requieren de intervención instantánea, y para ello, la solución de problemas se convierte en una herramienta fundamental; disponer de personal calificado garantiza la toma de decisiones informadas.

El control y el descontrol son típicos de las sociedades, los humanos no son confiables y desconfían de los demás, por lo tanto tienen que tomar medidas para protegerse, dijo Nuyma. Por mi experiencia sociológica conozco la historia de la civilización, la cual ha sido cruenta, son muchas las injusticias cometidas por culpa de las malas influencias. El control indica interés, por lo tanto, se necesita supervisión al ejecutar acciones para asegurar que se completen, lo importante es que favorezcan a los individuos, grupos o la misma nación. Un enfoque orientado al control promueve autoridades fuertes que supervisan la vida en sociedad; la regulación, las leyes y las reglas ayudan a mantener el orden y la estabilidad. El control requiere de organización, sobre todo jerarquías, para ejecutar las acciones con un mando único, irrefutable; se quiere orden y predictibilidad para evitar el caos y preservar la seguridad de los ciudadanos. La regla de la ley es fundamental en ese enfoque, asegurando que todos son sometidos uniformemente a los mismos criterios.

Las sociedades que favorecen el descontrol no son necesariamente utópicas o distópicas, sino que representan un enfoque flexible. Un descontrol deliberado demuestra descentralización y autonomía individual. Incorpora la diversidad y la variación en las políticas; las reglas de la ley no son únicas, se dejan a la discreción. Se favorece la flexibilidad y la adaptabilidad, aceptando distintas perspectivas y resoluciones. El descontrol total no es conveniente ya que encamina a la sociedad hacia el caos y la destrucción.

Participación y Apatía

Participar en sociedad es fundamental en democracia, dijo Jeremy, ya que los ciudadanos se involucran en las decisiones. Expresar sus puntos de vista y participar en la toma de decisiones, contribuye a mejorar los procesos comunitarios; participar en las elecciones, inscribirse en los partidos políticos, anotarse como voluntario y proponer mejoras sociales, hace que los individuos impacten los valores de la comunidad; la participación promueve cohesión social, empodera a los individuos, promueve el sentido de pertenencia en la comunidad y el amor a la propiedad comunitaria. Cuando la gente no participa, no tiene oportunidad de influenciar las decisiones ni de exigir mejoras a los líderes; expresando sus inquietudes determinan la dirección que toma la sociedad. Abstenerse produce aislamiento y desconexión, además de la pérdida de crecimiento personal; conocer a otras personas, aprender nuevas tendencias y contribuir a solucionar los problemas mejora la vida. Los valores determinan la decisión de participar o no, cada individuo tiene el derecho de elegir las áreas que le interesan; el balance entre un compromiso activo y una apatía respetuosa garantiza el funcionamiento de una democracia imparcial.

Bertold quiso aportar su granito de arena explicando su experiencia personal y administrativa. A título personal, favorezco a mi familia, nunca me destaco por colaborar con la comunidad pero siento intranquilidad por no hacerlo. Por suerte, mi trabajo me permitió colaborar indirectamente con las comunidades, trabajé por muchos años en la telefónica, ayudando a instalar los cables telefónicos alrededor del país. Hay varios aspectos que determinan la participación: el compromiso, el empoderamiento, la responsabilidad, el cambio social y la inclusividad. Me sentía comprometido con mi trabajo, con empoderamiento participaba en las decisiones, siendo responsable por mi contribución sentía satisfacción cumpliendo mi deber. Participando, colaboraba con el cambio social poniendo a disposición de los usuarios el servicio telefónico. Un aspecto inolvidable era sentirme incluido, mis opiniones eran valoradas y aunque no siempre aceptaban mis propuestas yo escuchaba las de los demás y reconocía cuando eran superiores a las mías.

Ivory, con sus pensamientos radicales hacia el comunismo, rechaza los argumentos participativos con el estatus quo y sobre todo si no se implican directamente con la comunidad. El problema de la sociedad es que todos son apáticos, nadie contribuye, solo trabajar es insuficiente para mejorar colectivamente. La apatía social tiene consecuencias graves, por ejemplo, el estancamiento. En una sociedad estancada la gente no se subleva contra el status quo, se genera desilusión, irresponsabilidad, desconexión y baja participación política. Prefiero un sistema autoritario que obliga a todos a participar; aún recuerdo el caso cubano mandando a todos los muchachos a cortar caña de azúcar, así es que debe ser, todos contribuyendo, la gente no puede quedarse en su casa reposando, inclusive es mejor para la salud.

Crecimiento y Estancamiento

El crecimiento en sociedad se refiere al desarrollo positivo, al avance y al progreso logrado en las areas sociales, económicas y culturales, dijo Jeremy. Algunos ejemplos incluyen el crecimiento económico, los avances tecnológicos, el desarrollo social y los descubrimientos científicos. Un indicador fundamental del progreso social es el crecimiento económico, una mayor producción de bienes y servicios y un aumento del ingreso personal o familiar, mejora los estándares de vida y reduce la pobreza.

Además, creación de empleos, mejoras de la infraestructura y promoción de la innovación tecnológica. El progreso tecnológico produce mejoras, avances en las comunicaciones, transporte, salud y energías renovables; mejora la calidad de vida, la eficiencia y la productividad. El desarrollo social mejora la educación, la salud, la igualdad, y la justicia social. El conocimiento científico permite profundizar en los fenómenos naturales y solucionar situaciones prioritarias en la sociedad, por ejemplo, avances en medicina, energía y el ambiente, se aunan para mejorar la condición humana. El estancamiento es la peor decisión que puede tomar la sociedad, limita el progreso y desarrollo generando decadencia económica, política, social, cultural, intelectual y ambiental. Los efectos del estancamiento perjudican a todos, sobre todo a los jóvenes, generan malnutrición, mala educación y enfermedades. Son muchos los casos de sociedades que han visto a las nuevas generaciones perjudicadas física y moralmente por las malas decisiones de los gobiernos de turno.

Es lamentable, dijo Joseph, que el crecimiento de una sociedad se mida por el materialismo. Todos conocemos los términos de producto interno bruto, ingresos, recursos, tesoros, pero pocos hablan de espiritualidad o moral. El materialismo y la espiritualidad deben representar las dos mitades del concepto de crecimiento social, cada una se sustenta en la otra. Hay varios enfoques para tomar decisiones espirituales, el consecuencialismo, la deontología y la ética de la virtud; cada una presenta una perspectiva distinta. El consecuencialismo analiza las decisiones en función de las consecuencias de los hechos; una acción es correcta sí produce la mayor felicidad y utilidad a los involucrados. La deontología recomienda un código de ética predefinido para la toma de decisiones, las religiones y las profesiones mantienen códigos de ética para sus feligreses o asociados. La ética de la virtud recomienda cultivar las buenas prácticas de honestidad, compasión, coraje y justicia; los que practican esas virtudes terminan comportándose moralmente bien.

Individuo y Colectividad

El dilema entre individuo y colectividad ha estado presente en todas las ideologías, expresó Jeremy. Es un tema fundamental pues siempre ocurren situaciones en que se contrapone uno con el otro. Es común discutir las bondades o maldades de las ideologías. Los individuos están en el mundo para realizar sus sueños, no para realizar los sueños inventados por unos pocos. Los seres humanos son ante todo individuos que tienen una configuración mental y física que los hace independientes pero que 'ceden' a la necesidad de compañía y supervivencia para mejorar sus condiciones de vida. Durante la niñez están obligados a ceder ya que no tienen las capacidades para independizarse pero al crecer comienzan a darse cuenta de sus potencialidades. Se dice expresamente 'ceden' pues la convivencia debe ser voluntaria y no forzada; la vida en sociedad requiere de un compromiso entre la voluntad y la obligación. Puede afirmarse que los individuos viven en una constante contradicción, tienen un impulso individual hacia la independencia pero están sometidos a fuerzas externas que los limitan en su capacidad de expresión. El extremo individual se refiere a una interpretación ideológica donde el individuo es el que decide totalmente sus acciones, tiene independencia y no tiene porque ceñirse a las limitaciones sociales. En el otro extremo tenemos a la colectividad, ese concepto abstracto que coloca a todos dentro del mismo saco, como si todos pensáramos igual en cualquier situación. La colectividad analiza las situaciones desde el punto de vista de la existencia de una agrupación funcional y los individuos son solo piezas de recambio, reemplazadas en cualquier momento. La colectividad no es más que un invento que organiza grupos de personas para que realicen actividades que contribuyan al orden, objetivos y productividad de los participantes. Por ejemplo, una familia, una empresa, un club, son colectividades inventadas para que un grupo de personas se asocien para contribuir con los objetivos esperados por el grupo; los participantes pueden o no estar totalmente de acuerdo con los objetivos pero sin embargo contribuyen; las actividades se organizan para lograr resultados que los beneficien a todos. Las ideologías suelen manipular los extremos de acuerdo con los principios que intentan implantar. Las que favorecen a los individuos lo hacen para enfatizar los principios libertarios de los seres humanos; las que favorecen la colectividad consideran que el problema es diseñar una sociedad organizada donde los individuos cumplen la leyes y los contratos.

A Gabriel le encantan los temas filosóficos y decidió participar luego de esa introducción tan elocuente, colocarse en cualquiera de los dos extremos es irreal, no es posible que los individuos tengan total libertad, y no es posible eliminar las libertades con el imperio de la colectividad. Lo que hay que buscar es un balance entre individualidad y colectividad y creo que ya tú lo has dicho en múltiples ocasiones, el individuo necesita sus espacios de libertad y la sociedad necesita colaboración para funcionar, por lo tanto, aprendamos a identificar esos espacios y evitemos implantar medidas totalitarias, con la excusa de que si unos las cumplen, todos tienen que cumplirlas. No forcemos a todos todo el tiempo, es preferible establecer excepciones, en ciertas oportunidades nos asociamos a la colectividad y en otras al individuo, es mejor no generalizar y menos que sea el estado el que lo especifica en la constitución.

Jeremy agradeció los comentarios de Gabriel y quiso terminar diciendo que a la hora de elegir un extremo prefiere el individual, a pesar de lo difícil que es ponerlo en práctica. Pensar que la colectividad es más importante que la individualidad implica totalitarismo, no acepta que las personas sean distintas, y la libertad que todos merecen no está supeditada a un criterio único, inventado por un grupo. Querer poner al colectivo como el representante de la verdad es absurdo, las personas difieren de la colectividad en múltiples aspectos.

Permisividad y Prohibición

Un tema análogo con la coerción es la prohibición, comenzó diciendo Jeremy. Las prohibiciones causan muchas controversias, apenas se trae al tapete un caso particular, la gente argumenta en favor y en contra, y los ánimos se caldean. Son tantos los casos. La probibición del alcohol en Estados Unidos en los años 20-30, la prohibición de la pornografía, de las armas, del aborto, de las drogas, de las protestas, etc.; todas las sociedades pasan por el dilema de imponer o no las prohibiciones. ¿Puede generalizarse una solución solo hacia un extremo? por ejemplo, favorecer siempre la permisividad en lugar de la prohibición. Me inclino hacia la permisividad, soy libertario por naturaleza pero prefiero mantener una mente abierta ante los dilemas.

Me parece muy positiva tu posición, dijo Yordano, aunque estés a favor de la permisividad, no es bueno enceguecer, es mejor tener disposición a la discusión y sobre todo dispuesto a la negociación. Las sociedades quieren resolver temas complejos con soluciones simplistas, creo que aquí es donde fallan. Es lamentable que mucha gente inteligente se incline por soluciones simplistas ante la complejidad de los problemas, todo es un cero o uno, si o no, blanco o negro, prohibo o permitido. Opinan que es más fácil decidir entre dos alternativas, digan cuál de los dos y lo sometemos a votación, gana la mayoría, facilito; para qué complicarnos la vida, la vida es corta. Yo opino que tenemos cerebros superpoderosos pero todo lo queremos resolver simplemente, como si ese fuera el objetivo: cuanto más simple mejor, no compliquemos las cosas.

No señores, el objetivo es darle una solución satisfactoria a la disyuntiva, usemos todos esos billones de neuronas que poseemos.

Jeremy recordó el caso del Covid, la libertad de movimiento fue limitada por los gobiernos. El ser humano no nació para estar confinado en su casa sin salir, sin caminar, sin tomarse un café, sin visitar a su familia o disfrutar con sus amistades. Los gobiernos deben ser cautelosos cuando confinan a la gente puesto que perturban su naturaleza. La paciencia del ser humano tiene sus límites, no es bueno jugar con las emociones humanas.

Discriminación y Tolerancia

El tema de la discriminación es un tema que fascina a Jeremy, quizás porque lo ha conocido de cerca. Por eso comenzó diciendo que en la sociedad ocurren muchas situaciones injustas donde los participantes se sienten con el derecho de maltratar a un grupo de individuos para favorecer una supuesta causa justa. El caso del socialismo absurdo en Venezuela se prestó a innumerables casos de discriminación política, los administradores se tomaban atribuciones que superaban con creces los lineamientos del poder central autoritario. El presidente de la república afirmaba en todos sus mensajes que había que acabar con los opositores al gobierno y los administradores se encargaban de hacerle la vida imposible a los empleados que se habían destacado como críticos al régimen. Puedo afirmar, sin ninguna duda, que los partidarios al socialismo absurdo fueron extremadamente punitivos comparados con los cuarenta años (1958 – 1998) de democracia que tuvo el país antes de que ellos llegaran al poder. Por lo tanto, la socialdemocracia de aquellos años fue éticamente superior al socialismo absurdo, utilizando principios democráticos y con un componente de bienestar social y respeto a la meritocracia; los chavistas, por su parte, se dedicaron a infiltrar a una banda de ignorantes en todos los niveles ejecutivos y productivos del país, hicieron mucho daño escuchando al líder galáctico. Para completar el descalabro, la cúpula elitesca chavista robó los tesoros públicos a diestra y siniestra; se habla de más de 300 millardos de dólares robados al erario público (300.000.000.000 millones) los cuales no regresarán al país.

Eloncio Muskatel, considerado un millonario exitoso, intervino diciendo que él ha creado empleos con sus empresas y ha llevado a su país al tope de las aplicaciones de inteligencia artificial que tendrán impactos positivos para el futuro de la humanidad, y expresó. ¿Cómo es posible que esa banda de ladrones venezolanos (chavistas como los llaman) hayan dilapidado los dineros públicos perjudicando a toda la población indefensa? Considero al capitalismo muy superior al socialismo, muchos capitalistas trabajan para mejorar ellos y su país mientras que los socialistas roban para gozar ellos sin mejorar al país. Sin embargo, tengo una pregunta para el pueblo venezolano, ¿por qué sois tan tolerantes ante semejante robo? La tolerancia es una expresión usualmente favorable para el que la ejerce pero en estas circunstancias el pueblo no avanza. Por lo tanto, la tolerancia tiene sus fallas, el ser o no tolerante depende de las circunstancias. Es lo de siempre, los humanos tomamos los conceptos generalizadamente, creemos que aplican en todos los casos, pero eso no es verdad, el contexto define el rumbo a tomar.

¿Conoceis mi cuento del muchacho de la lonchera que trabajó en la construcción de los rieles del tren durante el verano y que llevaba una comida preparada por su mamá y los compañeros se burlaban de él? Intervino Yordano. Es un caso que pone en contexto la tolerancia, por una parte la de los trabajadores y por la otra la del muchacho. Por cierto, era un trabajo temporal que producía un ingreso sustancial en esos meses de vacaciones y era importante conservarlo. Es un ejemplo de 'bullying,' en criollo, acoso, los trabajadores pusieron a prueba al muchacho a ver cómo reaccionaba ante las burlas, a ver si tenía resistencia o era sabio. Cuando lo molestaban, se quejaba y reaccionaba malamente, por ejemplo, le tiraban metras a la lunchera y no se sabía quién lo hacía, se peleaba con todos, gritando a los molestosos, además, recurre a la gerencia para exponer su caso. Cuando se lo cuentas a la gente dicen que es un caso de 'bullying' que no debe aceptarse, dicen que el criterio para juzgar el acoso es solo blanco o negro, correcto o incorrecto, una sola opción es la verdadera, y nunca aceptarlo, según ellos. Lo que sucede es que cuando entras a detallar el caso, el contexto era de unos trabajadores bastante ignorantes, había ex delincuentes, que iban a hacer un trabajo muy duro por unos meses y el muchacho de la lunchera era un joven hijo de mamá que nunca había trabajado con gente ruda, sin consideraciones. El muchacho se ponía bravo por las burlas; al final tuvo que retirarse pues el gerente le dijo que si no sabía entenderse con esos trabajadores él no lo iba a defender para arriesgar su proyecto.

Yordano completó el cuento con algunos detalles para hacerlo más interesante. Luego, se refirió a la discriminación y a la tolerancia diciendo que las minorías son discriminadas por diversos factores, pero que no deben convertirse en victimas para atacar a los maltratadores. Debe hacerse un esfuerzo educativo no solo a los maltratadores sino también a los acosados ya que sino en lugar de mejorar vamos ha seguir empeorando. Un ejemplo típico se refiere a la reacción de ciertas minorías a las miradas de los transeúntes. Un día entraba a un restaurante y mientras esperaba por una mesa oí un estornudo y una tos muy fuerte y voltee hacia el lugar de donde provenía y me topé con la mirada de una señora negra con dos hijas que esperaba sentada en un banco. El caso es que la señora me vio con una mirada penetrante de rechazo a mi curiosidad, y yo solo buscaba el origen del estornudo y la tos. Es muy típica esta actitud de los negros que expresan un rechazo agresivo hacia la gente que los ve; deben entender que es preferible una reacción neutra y comprensiva ante situaciones simples ya que la gente se impacta de pequeñas situaciones que se van acumulando con el tiempo. Ya estamos bombardeados diariamente por la propaganda que muestra a las minorías en todos los medios de comunicación y no parece haber colaborado con una mejor comprensión del problema. En conclusión, tanto los acosadores como los acosados deben educarse con mayor ahínco y entender que las respuestas agresivas no son bienvenidas.

Optimismo y Pesimismo
El tema del optimismo es propio de las propuestas ideológicas, dijo Jeremy. Al analizarlas en profundidad se encuentran las tendencias optimistas que las sustentan. Una posición progresista indica el deseo de mejorar las condiciones de vida y la trascendencia del ser humano. Cuando hay optimismo por el potencial del ser humano se pueden emprender grandes empresas. Es inevitable cooperar en sociedad, aunque seamos individualistas, siempre hay empresas que requieren del aporte de los grupos. Asumiendo responsabilidades nos convertimos en los protagonistas de los cambios sociales, nos apoderamos del futuro actuando en el presente. Es también optimista la posición idealista que propugna un futuro fascinante para la humanidad. Finalmente, cuando las ideologías promueven la esperanza, demuestran un optimismo que favorece la solución de los problemas. El optimismo es un tema que afecta primeramente a los seres humanos, necesitamos sobrevivir, sino perecemos. Hay que ser optimista para levantarse todos los días a buscar el sustento o escribir libros. Lo reconozco, más de uno me ha llamado optimista, me alaga ese adjetivo ya que conozco a otros, pesimistas, que

no generan conocimiento. Se imaginan estar con una amargura todo el tiempo y para peor desgracia reflejándola hacia los demás. Prefiero mantener mi optimismo y trabajar en lo que me brinda satisfacción. Ahora bien, internamente buscamos esa satisfacción que nos permite seguir viviendo pero externamente, en la sociedad, pasan cosas que nos demuestran que no vamos bien, ¿cómo se compaginan ambos puntos de vista?

Yordano Faderson entró en la conversación, conoce mucho sobre la psiquis humana. Puede afirmarse que tenemos una fuerza interior que supera la percepción del mundo que nos rodea y nos atrevemos a retar los indicadores negativos, investigando, experimentando y preguntando. Es el optimismo el que nos permite seguir luchando. Esa actitud optimista de la vida, refleja coraje, apertura, franqueza, responsabilidad, típico de los fuertes. En cambio, el pesimismo refleja timidez, introspección, desconfianza, típico de los débiles. El juicio optimista o pesimista se manifiesta en la forma de expresar opiniones, unos sobrevaloran las opiniones de los demás y devalúan las propias. Ese caso demuestra pesimismo hacia su persona y optimismo hacia la otra, se relaciona con la autoestima. Alta autoestima refleja optimismo, independientemente de que esté o no bien fundamentado. Imaginemos el caso de los que no aceptan sugerencias, creen que lo saben todo, son optimistas, pero arriesgan fracasar ya que no escuchan. Ambos grupos son débiles a su manera, unos no tienen confianza en sí mismos, los otros reflejan excesiva confianza que los lleva a la arrogancia, por carecer de mente abierta.

Gabriel usa una metáfora en sus cursos, tomada de Peter Drucker que analiza otra perspectiva sobre el optimismo y pesimismo, es el ejemplo del vaso de agua hasta la mitad. Se dice que el pesimista siempre lo ve medio vacío y el optimista siempre lo ve medio lleno. Si lo analizamos, están viendo el mismo vaso de agua pero hacen una interpretación que emite un juicio. Es lo mismo que ver oscuridad al final del túnel o ver luz al final del túnel, este último no sabe si se trata de la luz del sol o de un tren dentro del túnel. Es la interpretación interna de la persona, no es un juicio objetivo sobre la situación. Es peor el caso de creer o no en dios, externamente no hay evidencias, no hay manera de demostrar nada, pero el optimista usa su imaginación para no dudar y el pesimista la utiliza para dudar. Hemos llegado al extremo de creer lo que imaginamos, me parece que no refleja sanidad mental.

Jeremy emitió una sonrisa aprobatoria, y expresó que son muchas las veces que ha discutido ese tema con gente creyente pero no se le había ocurrido usar el contexto imaginativo para argumentar. Quiso focalizar de nuevo el tema hacia las ideologías diciendo, algunas de ellas propugnan un mundo perfecto, parecen optimistas, pero pierden su fuerza cuando se topan con la realidad, se vuelven pesimistas; o sea, promueven el optimismo pero recogen pesimismo. Es común de los socialistas y comunistas, inclusive de los anarquistas, proponer un mundo utópico, el paraíso en la tierra, y darse cuenta posteriormente de que nunca se logrará. Debe ser patético, tantas esperanzas puestas en una ideología inalcanzable para darse cuenta muy tarde de que los seres humanos no comulgan con esas fantasías. Me temo que muchos de los propulsores de esas fantasías terminarán deprimidos. Que lástima, no se dan cuenta de que una cosa es tener buenas intenciones y otra muy diferente es tratar con seres humanos.

Yordano intervino para apoyar a Jeremy, y dijo, tienes razón, ya conocemos todas esa utopías que pintan a unos ciudadanos aceptando una vida uniforme, todos se portan bien, todos son buenos, todos quieren al prójimo. La realidad nos demuestra que la gente acepta comportarse bien bajo ciertas circunstancias, que la gente hace el bien a veces, y que solo quieren al prójimo si la situación así lo justifica. Quisiera agregar lo siguiente, la palabra ideología tiene que ver con idealización, por lo tanto pareciera que su principal orientación es optimista, pero estoy seguro de que analizarlas en detalle y por sus fracasos, demuestra una visión pesimista.

Eloncio Muskatel sintió como un resorte pidiéndole participar, él es un empresario exitoso que toma en cuenta a los seres humanos pues ellos representan la esencia de la vida. Además de ayudar a la humanidad con sus proyectos, siente el impulso de ayudar a sus trabajadores para que disfruten de una mejor vida. El no es un empresario explotador como diría Marx, es consciente de su responsabilidad social. La noción de optimismo está en todas las ideologías, sino no serían ideologías, dijo, y el optimismo es intrínseco del idealismo. Sintetizando las principales características de las ideologías tenemos que se enfocan al bienestar de los seres humanos, de la sociedad, y de la humanidad en general. Primero que nada, hay que tener una razón para vivir, y las ideologías deben presentar esa visión; cuál es el propósito de existir. Aunque se aspira a contribuir con los demás tenemos que contribuir con nosotros mismos. La noción de progreso es generalizada, siempre mejorar en lo posible, nunca retroceder a épocas superadas. Un aspecto importante es que los ciudadanos deben ser entes participativos de las decisiones que se toman en la sociedad, no es conveniente contar con personas apáticas que solo piensan en su bienestar inmediato sin vislumbrar las consecuencias. Aquellos que ven todo bien porque a ellos les va bien confirman el desinterés de lo que pasa a su alrededor; solo cuando se ven afectados directamente reaccionan. Es por esos motivos que las ideologías deben presentar sus planes de implantación de aspiraciones, donde se definan las instituciones encargadas de ejecutar los planes de desarrollo. Finalmente, tienen que definir claramente cómo se controla el progreso de la sociedad de acuerdo a los planes establecidos y cuáles son las medidas previstas para corregir las incongruencias. Aquí les puedo afirmar lo siguiente, muchas de las ideologías experimentadas hasta el presente fueron lideradas por analfabetos ideológicos, gente que solo justificaba sus acciones por instintos justicieros de hacer el bien pero sin ningún soporte ejecutivo para alcanzar los objetivos. Yo, siendo un empresario, considero que no debo ser el líder de la nación pero sí debo estar al lado del pueblo para que se logren los objetivos con organización y trabajo.

Jeremy apreció la contribución de Eloncio y decidió agregar lo siguiente. Creo que has dejado claro la contribución optimista de las ideologías pero vale la pena finalizar con la visión pesimista ya que en tiempos difíciles, la gente siente miedo, ansiedad, desencanto, impotencia, desesperanza. En las crisis, debemos poner atención a nuestras emociones para superar el estrés, el dolor y el malestar. Si estás deprimido vives en el pasado, si estás ansioso vives en el futuro, si estás en paz vives en el presente. Los pesimistas ven el peor escenario y alimentan la ansiedad; si balanceamos las ventajas y desventajas con flexibilidad y realismo podemos hacer frente a los retos que nos promete el futuro. Ahora bien, a veces hay que buscar los pro y los contras de una estrategia y por lo tanto hay que poner optimismo y pesimismo a competir para estar preparados ante cualquier eventualidad. Desde el punto de vista ideológico hay que patrocinar la dialéctica y la retórica para repasar todos los puntos de vista; cualquier punto de vista debe ser analizado, las ideas no se discriminan. Aunque las ideologías son por principio optimistas, idealizan el mundo, imaginan lo mejor que puede suceder, el punto de vista realista entra en juego, hay que evitar la fantasía y la ilusión absurda, el análisis pesimista contribuye a evitar caer por el mal camino.

Seguidores y Líderes

El tema sobre las interrelaciones personales es bien conocido, dijo Jeremy. Hay unos que ejecutan y otros que lideran, sin menoscabo de los que ejercen ambas funciones. Los que lideran son los que dirigen y los que ceden pierden su independencia y sus intereses para lograr objetivos comunitarios. Existe un compromiso individuo – sociedad en que las personas se ven obligadas a reprimir sus apetencias individuales favoreciendo las sociales. Por su parte, la sociedad es totalitaria, considera la posición grupal como la prioritaria, olvidando al individuo. Hay muchos factores a considerar en esta relación, la perspectiva, los roles, la autoridad, las habilidades, las responsabilidades, y el riesgo. La perspectiva identifica los puntos de vista de los participantes. Los seguidores se enfocan en la implementación y la construcción, al nivel de detalle; los líderes tienen una visión global, definiendo las estrategias del grupo, proyecto u organización. Los roles indican las funciones asumidas por los participantes: los seguidores obedecen los lineamientos, ejecutando las tareas establecidas y guiados por los líderes. Los líderes por su lado tienen la autoridad y la responsabilidad de planificar y guiar a los grupos u organizaciones.

Yordano Faderson intervinó, había escuchado los planteamientos y necesitaba expresar sus ideas. Hay que entender que somos seres humanos y necesitamos hacernos respetar. Nuestro ego es gigantesco, no soportamos que otra persona nos supere. Por lo tanto, todos los argumentos que presentas pueden considerarse académicos, se definen los términos pero no van más allá. Los humanos son muy complicados, para aceptar la autoridad de otro tienen que tener muy buena opinión de su valía. Siempre habrá conflictos entre seguidores y líderes, por cualquier motivo, y lo único que se puede hacer es aceptar, temporalmente, la autoridad de otros. Es utópico que la gente acepte eternamente la autoridad impuesta pero si se acepta temporalmente contribuimos a que se logren objetivos útiles para todos. Hay muchos ejemplos que demuestran la necesidad de ceder a una autoridad temporal. Los servicios prestados en la sociedad se hacen para beneficiar a muchos, por ejemplo, las escuelas, las carreteras, la electricidad, los teléfonos, el agua potable, los hospitales, etc. Es mejor contribuir para que existan y funcionen bien, cediendo nuestro ego para el bien de todos. Contribuir está bien pero hay límites, las personas necesitan independencia para realizar otras labores pertinentes a sus intereses, no todo es favorecer a los demás, uno mismo debe tomarse en cuenta.

Eloncio Mukatel también tenía su opinión sobre el asunto por su experiencia empresarial y decidió intervenir. Yo tengo una opinión sobre la importancia de los participantes en las grandes empresas humanas. No es posible lograr los objetivos si la gente está desubicada. La vida tiene una duración predefinida, dejemos una contribución mientras estamos vivos. Sentimos envidia y somos sensibles a la injusticia pero cedamos para contribuir un poco con el resto de la sociedad. No se necesita tanto esfuerzo para dejar una buena impresión, la vida es larga, podemos contribuir un poco y tenemos el resto de la vida solo para nosotros.

Bertold tiene experiencia gerencial también y decidió participar. No crean que tengo mentalidad autoritaria pero los líderes son más importantes, relativamente, que los seguidores. Para mí, el líder tiene una visión y la desarrolla con el grupo, selecciona a los que colaboran y los motiva a esforzarse; tiene autoridad participativa y se convierte en el responsable de las decisiones grupales. Cuando nos referimos a una empresa o asociación es evidente la necesidad del líder gerencial, muy compenetrado con los que participan. Otra cosa es el liderazgo nacional, un país está compuesto por una infinidad de participantes y el líder no tiene la capacidad de intercambiar con todos. Un problema con los líderes nacionales es que si fallan, todos salen perjudicados indefinidamente mientras que si un seguidor falla solo se pierde un detalle temporalmente. Los errores de los líderes son irreparables y los de los seguidores son maleables.

Capítulo 13: Gobierno

El gobierno es la entidad encargada de ejecutar las políticas, emanadas del estado, que promueven bienestar, seguridad y progreso de los ciudadanos y de la nación en su conjunto. Los objetivos del gobierno están guiados por principios humanos y sociales, definiendo políticas, asignando recursos y tomando decisiones. Los objetivos del gobierno deben considerar las ideologías, las condiciones económicas y las necesidades sociales. El bienestar social, el crecimiento económico, el orden público, la seguridad nacional, la justicia, la equidad y mejorar la calidad de vida de los ciudadanos, son solo algunas expectativas. Las responsabilidades del gobierno y las aspiraciones de la población servida deben sincronizase para producir el avance social esperado.

En este capítulo se presentan algunas dicotomías sobre el tema del gobierno. Son factores que identifican características gubernamentales y que tienen influencia en las concepciones ideológicas:

Orden y Caos
Democracia y Autocracia
Independencia y Dependencia de Poderes
Pasión Política y Apatía Política
Regla de la Ley y Por la Ley
Élites Controladoras y Élites que Dejan Hacer
Parlamentarismo y Presidencialismo
Burocracia y Adhocracia
Legitimidad y Usurpación
Centralización y Descentralización
Estados Fallidos y Estados Exitosos

Orden y Caos

Las nociones de orden y caos están ligadas a las funciones gubernamentales, dijo Jeremy. El orden permite actuar de acuerdo a normas sociales bien entendidas, así, la gente coopera y se hace predecible. Con una estructura social la gente sabe qué hacer y sabe qué esperar de los demás. Sin embargo, el orden hay que organizarlo y mantenerlo, para ello se requiere evaluarlo y controlarlo, por un lado promover la estructura y por otro lado convencer (u obligar) a los que no colaboran. El caos, por otro lado, ocurre de forma inesperada (en la mayoría de los casos): son situaciones nuevas e impredecibles que emergen desde un escenario familiar o rutinario; el caos puede ser indeseado y catastrófico pero invariablemente genera un nuevo orden. No es que estoy promoviendo el caos sino que lo estoy explicando. En la práctica, cuando ocurre, hay que actuar y buscar soluciones que nos lleven a un nuevo orden, el caos eterno es insostenible. [Bueno 2011]

Yordano Faderson ha estudiado la historia, la mitología, la neurociencia, el psicoanálisis, la psicología, la poesía y muchas secciones de La Biblia. Tiene una comprensión clara de grandes obras como, El Paraíso Perdido de Milton, El Fausto de Goethe y El Infierno de Dante. Con todo ese bagaje de conocimiento, hizo una pregunta que se relaciona a la capacidad de los humanos para aceptar el caos: ¿Por qué se llegó a una parálisis (punto muerto) en las conversaciones nucleares durante la Guerra Fría? Se dio cuenta de que los sistemas de creencias de los seres humanos son tan fuertes que son capaces de arriesgar la destrucción de la vida en La Tierra para mantener sus ideales. El caos estaba por desatarse, los humanos arriesgaban su vida y luchaban para que sus creencias coincidan con sus expectativas y deseos. El sistema de creencias es muy fuerte, incluye conducta y expectativas, regula y controla las fuerzas internas. Este sistema protege la identidad a toda costa, estabiliza las relaciones humanas y sostiene un sistema de valores que define lo que es importante. Los valores generan significado y determinan los objetivos que promovemos. Sin valores positivos se pierde el significado de la vida, somos vulnerables y mortales, el dolor y la ansiedad se apoderan de nuestra existencia y el sufrimiento nos paraliza. En pocas palabras, la gente de la Unión Soviética se arriesgó a desaparecer de la faz de La Tierra por defender sus creencias (y el sistema de valores), así de fuerte es el sistema de creencias que se apodera de los pueblos. Hace cinco días comenzó la guerra entre Israel y Hamás, ¿se arriesgarán a desaparecer por sus creencias?

Democracia y Autocracia

La democracia y la autocracia representan una dicotomía elemental para entender la orientacion de los gobiernos, dijo Jeremy. Los que vivimos en el mundo Occidental estamos acostumbrados a convivir en democracia a pesar de vivir o haber vivido épocas nefastas donde la autocracia impera. En América del Norte, la democracia ha predominado pero en el resto de América Latina hay altos y bajos al soporte democrático. En teoría, la democracia permite participar a la gente en las decisiones políticas pero en la práctica sabemos que existen intereses de grupos poderosos que alteran el rumbo de la historia. La democracia promueve la equidad, la participación, y la representatividad, para que los ciudadanos tengan la oportunidad de opinar e influir en las decisiones. El extremo opuesto, autocrático, representa el ejercicio del poder en manos de una persona o una pequeña élite al mando: es más importante la autoridad de los líderes que la de los ciudadanos.

Permíteme plantear algunas características de la democracia que la hacen la preferida en Occidente, intervino Naveda. Lo primero es escuchar la voz del pueblo y aplicarla en la toma de decisiones. Los medios son variados: elecciones, referendos, debates públicos, conferencias, etc., la gente expresa sus opiniones y preferencias en los temas que afectan su vida y la vida en sociedad. A continuación, se enfatiza la regla de la ley, la guía que asegura equidad, justicia y protección a los derechos individuales. Las leyes aplican a todos los ciudadanos, incluyendo aquellos que ejercen el poder, previniendo el abuso de autoridad y promoviendo la transparencia de su gestión. En cuanto a las libertades civiles, la democracia respeta y cuida la libertad de expresión, prensa, reunión y religión; se permite la libre discusión de las ideas, se acepta la divergencia de opinión, y el libre intercambio de ideas, esencial para una ciudadanía vibrante e informada. Para finalizar, dar cuentas elocuentes demuestra respeto hacia los gobernados; las elecciones frecuentes y los controles independientes aseguran la respuesta de los líderes a las necesidades y deseos de los gobernados; la transparencia promueve confianza y previene la corrupción.

Ante la visión democrática expuesta, Bertold quiso entregar su granito de arena expresando su opinión sobre la autocracia. La autocracia es, desde luego, una forma de dictadura, a veces por motivos coyunturales o personales. Los líderes se asignan el deber de solucionar las situaciones adoptando una postura autoritaria. La autocracia se caracteriza por una autoridad centralizada, el poder se concentra en un solo mandatario que se abroga el título de benemérito; las decisiones las toman unos pocos privilegiados, la mayoría de las veces sin consultar la opinión popular o la de los expertos. Limitan las libertades políticas y perjudican a los disidentes: la oposición, los medios independientes y la sociedad civil se ven impedidos de ejercer sus derechos ya que atentan contra la continuidad del gobierno en el poder. Otro factor es la falta de cuentas, en autocracia no se permite controlar las cuentas sobre el erario público, facilitando la corrupción, gastando con fines inescrupulosos, sin considerar el sufrimiento popular. Para finalizar, la autocracia favorece la estabilidad, evitando los riesgos y con una eficiencia incomparable en la toma de decisiones, especialmente en casos en que se requiere rapidez; por supuesto el costo a pagar es sacrificando los derechos y libertades individuales.

Deseo participar para continuar el tema, intervino Úrsula. Me parece fundamental que se reconozca que la democracia, a pesar de sus bondades, tiene elementos negativos que no podemos esconder. El primer punto se refiere a que las mayorías no necesariamente tienen la razón, por lo tanto, es importante separar los temas en que todos pueden opinar y los que solo algunos tienen esa capacidad, establecer en qué se puede y en qué se debe opinar. Un ejemplo, tomado de la época de Socrates, son las elecciones, si un pueblo no está instruido y no tiene opinión propia, difícilmente aportará un valor agregado con su voto ya que se dejará manipular por el mensaje populista o por el mercadeo electoral que favorece la personalidad y no la capacidad. Los mercaderes del voto manipulan las bondades de su partido o candidato contrastandolo con los opositores; el mercadeo del voto forma parte de la sociedad del espectáculo y del mundo de la opinión, que se caracteriza por la falta de madurez; se confunde la inteligencia o sabiduría con la facilidad de palabra, promoviendo a los políticos extrovertidos sin someterlos a un verdadero test de conocimientos. El resultado es la demagogia, la politiquería, los populismos de todo tipo, incluyendo la dictadura del proletariado.

Independencia de Poderes y Dependencia de Poderes

Un tema muy importante en política, que tiene que ver con la distribución de autoridad de los gobiernos se refiere a la independencia de los poderes, dijo Jeremy. Aunque todos sabemos que ese principio es necesario, distribuye la autoridad entre las instituciones, permite independencia de criterio y contrarresta el poder de la fuerza, es común ver gobiernos totalitarios que lo vulneran a diestra y siniestra. Con la independencia de poderes se garantiza que ninguna institución concentre toda la autoridad y se asegure un sistema de control que balancee las decisiones. La división ejecutiva, legislativa y judicial del gobierno es común en las democracias y cada una es independiente de las demás; cada rama tiene sus poderes y responsabilidades establecidos en la

Constitución, y además vigilan a las otras para que cumplan sus funciones. Por supuesto, para que todo funcione, los servidores públicos necesitan educación con principios morales y éticos; para ser político no basta con la actitud solidaria, hace falta formación extrema en todos los aspectos que afectan a los seres humanos, incluida la historia, la política, la geopolítica, la moral y cívica, además de la filosofía y la espiritualidad.

Cuando no se respeta la división de poderes, dijo Bertold, nos encontramos con un gobierno unidimensional que concentra el poder, los poderes del estado están supeditados a esa autoridad y las agencias regionales y locales ceden el mando. Por ser una autoridad centralizada, pueden crear o abolir gobiernos locales y regionales, además de decidir los poderes y las responsabilidades. Un gobierno uniforme se caracteriza por la falta de controles y por lo tanto nadie puede desafiar los designios. Un gobierno uniforme a todo lo largo del territorio nacional comete errores que afectan a todos; este modelo aplica a países pequeños pero hay que recordar que las dictaduras tienden a utilizar esas estrategias y la dictadura del proletariado es un ejemplo craso de aplicación de la vía única, socialismo y comunismo dictum; con ese modelo creen ser más eficientes ya que no hay oposición.

Los que viven en Venezuela, agregó Jeremy, saben por experiencia que el gobierno actual acabó con la independencia de las instituciones y le entregó toda la autoridad al poder ejecutivo; las decisiones centralizadas no garantizan la pluralidad, el pensamiento único chavista inundó la población, y ésta se subyuga al poder gubernamental. "Es más difícil – dice Montesquieu – sacar a un pueblo de la servidumbre, que subyugar a uno libre," lo escribió Simón Bolívar hace cientos de años y se aplica al gobierno chavista que desangra a Venezuela; la experiencia demuestra que cada día que pasa, el gobierno se atornilla más y más al poder a pesar de su inmensa incapacidad.

Pasión y Apatía Política

La pasión política es un comportamiento desmesurado por los procesos políticos, y las ideologías son un componente definitorio de esas pasiones, dijo Jeremy. Las emociones suelen estar relacionadas con esa pasión, la gente se involucra en las actividades, sugiere políticas, participa en la comunidad, organiza elecciones y se conmueve por los resultados. La pasión requiere buscar información política pertinente, entrevistarse con los candidatos y familiarizarse con las políticas. Los apasionados emiten opiniones políticas enfatizando sus creencias y objetivos, participando en demostraciones de apoyo a sus ideas y asociándose a los grupos más necesitados. La expresión de las emociones demuestra entusiasmo, esperanza, rabia y frustración; la toma de decisiones, las acciones y el trabajo necesario determina los resultados. Los apasionados por la política se comprometen al cambio imponiendo sus ideas y creencias, dispuestos a gastar tiempo, energía y recursos para lograrlo. Son los que participan en las campañas electorales, votan y organizan a la comunidad para influir en los resultados. La pasión política, aun siendo positiva, tiene doble filo ya que puede incrementar la polarización cuando solo aceptan sus propias ideas y niegan el diálogo constructivo con posiciones opuestas. La apatía política, demuestra falta de interés, entusiasmo y compromiso. Demuestra desconexión con los procesos políticos, desilusión con la clase política o creer que aún participando no habrá transformación.

Ivory consideró que la presentación enfatiza las personas con un fuego interno para participar en la política pero no aclara la importancia de la política en la sociedad. Las actitudes hacia la organización del gobierno y la sociedad civil deben ser naturales, adquiridas por la comprensión de cómo funciona la sociedad, cuál es el significado de la política y cómo se facilitan las decisiones políticas. Si los ciudadanos no entienden que su participación es fundamental, nunca habrá cambios sustentables ya que serán las élites las que decidan por ellos. Participar sustenta posiciones distintas y guía la toma de decisiones. Es común, que por trabajar en su profesión, los ciudadanos piensen que ya contribuyen con su trabajo productivo y no tomen en cuenta la política; participar en política no produce una ganancia material, directa o indirecta, prefieren dedicarse a sus familias, su trabajo, sus pasatiempos, que producen beneficios tangibles. Los políticos profesionales gastan su tiempo en la conducción de la sociedad, son ellos los que se benefician del trabajo político ocupando cargos en el gobierno de turno o aprovechando su posición privilegiada. No hay mucho más que decir al respecto, son los políticos profesionales los que se ganan la fama (y el dinero) arriesgando su reputación. La apatía política ciudadana se demuestra con desinterés, sin votar en las elecciones, sin participar, siendo escéptico de los resultados políticos, desconectandose de los problemas sociales, desconociendo las consecuencias de la falta de participación ciudadana y al finalmente minando las bases de la democracia con su inacción.

Jeremy regresó a la conversación tratando de arengar la participación ciudadana. La sociedad civil es la más interesada en que los ciudadanos se involucren en política ya que sin participación de los más necesitados es imposible conocer de primera mano sus problemas. Algunas estrategias para aumentar la participación se refieren a educación ciudadana, incluir a oprimidos y pudientes en el debate, colocar información política asequible y comprensible, promover el diálogo, participar en actividades políticas e identificar las causas de los problemas. La educación de la población permite que entiendan los procesos políticos, sus dificultades y la importancia de participar. La inclusión de todas las clases sociales en la discusión, sopesando las diversas perspectivas y opiniones e integrar las soluciones, garantiza mente abierta; una información accesible y transparente soporta la toma de decisiones. El diálogo constructivo y respetuoso entre las distintas tendencias políticas colabora a reducir la polarización y proponer alternativas factibles. Una participación significativa, individual y colectiva, define las prioridades; algunos se identifican con un alcance reducido, involucrando a pocos ciudadanos, y otros participan en proyectos comunitarios de mayor alcance, pero lo importante es participar. La raíz de los problemas puede ser corrupción o ineficiencia gubernamental, pero lo que hace falta es exigir justicia denunciando los casos. Entre las muchas alternativas para hacer participar a los ciudadanos sugiero, los que contribuyan en actividades políticas de cualquier tipo, y que demuestren beneficios para su círculo cercano o para la comunidad reciban un estipendio o paguen menos impuestos; evidentemente, será difícil valorar la contribución ya que hace falta establecer parámetros, pero es mejor intentarlo que quedarse inmovil.

Regla de la Ley y Regla por la Ley

Estos términos 'de la ley' y 'por la ley' parecen iguales pero son muy diferentes, y los políticos lo saben muy bien, dijo Jeremy. La regla de la ley es un principio democrático que asegura que todos, incluido el gobierno de turno, está sujeto al control legal vigente. Representa la estructura legal que define el comportamiento de los individuos, las organizaciones y las instituciones, incluyendo el propio gobierno. Sus características son las siguientes, supremacía de la ley, igualdad ante la ley, justicia imparcial, respeto por los derechos humanos, transparencia y predictibilidad. La ley es la autoridad suprema y nadie está por encima de ella; todos los actos individuales y gubernamentales deben cumplir con la ley. Todos los individuos son iguales ante la ley, todos merecemos las mismas protecciones legales y recibir un justo proceso. El sistema legal suministra justicia imparcial en las disputas y permite el acceso a la justicia a todos los ciudadanos. La regla de la ley está hecha para proteger los derechos humanos, previniendo el uso abusivo de la fuerza y asegurando la dignidad y libertad de todos. Las leyes deben ser claras, bien definidas y accesibles al público, asegurándose de que los ciudadanos las entienden y puedan anticipar sus obligaciones y sus derechos adquiridos. La regla de la ley tiene innumerables ventajas, además de los derechos humanos, asegura la estabilidad y consistencia de la gobernabilidad.

La regla por la ley, es el otro extremo, intervino Bertold, es un concepto en el que el gobierno usa el sistema legal como herramienta para mantener el poder y dominar a la población. En ese sistema, el gobierno manipula la ley para beneficiar sus propios intereses, independientemente de la falta de principios de justicia, derechos humanos o equidad. Las características de la regla por la ley, además de la manipulación legal, incluye la aplicación selectiva de la ley y la ausencia de controles y balances; los gobiernos manipulan la ley para justificar sus actividades, sin importarle los principios de justicia o el bien común. La ley se aplica torcida para beneficiar a los partidarios y suprimir a los opositores; esos gobiernos favorecen el secretismo, sin presentar cuentas ni someterse a controles, evitan ser auditados por instituciones independientes y se transforman en estados totalitarios.

La regla de la ley es el estado preferencial para una justicia equitativa e igualitaria, dijo Joseph, es la regla por la ley la que causa descalabros. Sin embargo, desde el punto de vista del gobierno, la regla por la ley tiene algunas ventajas, consolida su poder y suprime las divergencias. Hace y deshace a discreción, sin nadie que lo critique; restringe a la oposición y ésta no representa un reto que amenace la autoridad del gobierno. Las desventajas de este enfoque son muchas: la erosión de los derechos, intranquilidad social y falta de confianza. Los derechos se afectan a extremos de impunidad y es peor para los opositores. Los propios partidarios comienzan a recibir el maltrato legal cuando se convierten en competidores de los líderes. La sociedad puede entrar en una vorágine de descontento y arremeter contra el estado de derecho corrupto; la arrogancia de esos gobiernos horada la confianza del público por el sistema de justicia y el gobierno, poniendo en duda la solidez del contrato social.

Élites Controladoras y Élites que Dejan Hacer

El tema del control de las élites tiene al menos dos connotaciones, una se refiere a la élite en el poder, actuando con fuerza e influencia para dominar a la población o dejando hacer, dijo Jeremy, y la otra define cómo controlar a los partidarios del régimen que aspiran a convertirse en la élite. Los partidarios son competidores potenciales, por lo tanto representan una amenaza para los que pertenecen al grupo en el poder. Voy a comenzar por la primera interpretación, los líderes controladores son activos, buscan influir en las decisiones del sistema político, centralizando el poder en pocas manos; utilizan variados mecanismos para ejercer su autoridad: restringiendo a la oposición, limitando las libertades civiles, y manipulando los procesos electorales. Las características de este enfoque se refieren al autoritarismo, la censura y el control de los medios, favorecer a la familia y los amigos, limitan la participación política y centralizan el poder. El autoritarismo es típico de esos sistemas, tienen una orientación patriarcal o matriarcal para tomar las decisiones rápidamente sin analizar las consecuencias; controlan y censuran los medios para manipular el flujo de información y dirigir la opinión pública a su favor. El nepotismo y el amiguismo son comunes en ese enfoque controlador, colocan a los partidarios en posiciones clave del gobierno para torcer las decisiones a su favor. Limitan la participación política, poniendo trabas a políticos de oposición famosos que puedan poner en duda su mandato. El poder centralizado se caracteriza por asumir e influenciar las decisiones del país, reduciendo la autonomía de instituciones regionales.

El enfoque laissez-faire, dejar hacer, dijo Bertold, asume un rol pasivo sin intervenir en las decisiones, prefiriendo delegar las responsabilidades para que las instituciones ejerzan sus funciones sin una figura paterna o materna que los controle. Algunas características de este enfoque se refieren a que descentraliza el poder, enfatiza las libertades individuales, orienta las políticas al mercado, produce menor interferencia política, y tolera a la oposición política. La descentralización del poder se manifiesta facilitando la autonomía de las instituciones regionales, permitiéndoles tomar sus decisiones. Las libertades individuales se convierten en prioritarias, facilitando un discurso político abierto que favorece la competencia constructiva; la preferencia por el mercado libre de la economía se traduce en mayor producción, originada en la competencia por crear mejores productos y servicios, el gobierno es no intervencionista. El enfoque laissez-faire no perturba a las instituciones independientes, tal como el sistema judicial y los medios de comunicación; tolera distintos puntos de vista y promueve el debate y la crítica. Agregaría que el enfoque laissez-faire, aunque suene libertario al extremo, no lo es, ya que siempre hace falta un mínimo de control central para confirmar que las decisiones que se toman concuerdan con los planes establecidos.

Naveda quiso retomar el tema faltante sobre cómo controlar a los competidores del mismo bando. Este problema se presenta principalmente en los sistemas totalitarios en donde hay una élite que manda y unos partidarios que apoyan las decisiones. Los que mandan tienen que mantener contentos a los que los apoyan para que no se produzcan conflictos de poder; usualmente, los que apoyan se contentan con mejorar su condición económica o sus prebendas pero apenas sufren inconvenientes pueden oponerse a la élite al mando. La situación se complica cuando deciden tomar el poder, expulsando a la élite al mando.

Parlamentarismo y Presidencialismo

Los que hemos vivido en Latinoamérica estamos acostumbrados a gobiernos presidencialistas, dijo Jeremy. En democracias presidencialistas, los poderes, ejecutivo, legislativo y judicial, son independientes, y tienen bien definidas sus responsabilidades en la constitución. El poder ejecutivo lo lidera el presidente, que es elegido por votación popular; el poder legislativo también es elegido por votación popular; finalmente, el poder judicial está compuesto por magistrados elegidos, primeramente por el poder legislativo, pero el poder ejecutivo participa en ciertos casos. En teoría hay separación de poderes, precisamente, el presidente goza de marcada independencia del legislativo y judicial; el presidente es responsable del gobierno y representa al estado, implanta leyes, toma decisiones sobre políticas públicas y representa a la nación a nivel internacional. Los presidentes son elegidos por períodos específicos y no pueden ser removidos del cargo por el legislativo. Periódicamente, el legislativo revisa las cuentas del poder ejecutivo; el presidente debe responder directamente al pueblo y puede ser sometido a plebiscito para removerlo del poder. Los gobiernos parlamentarios deben responder al legislativo con frecuencia, el primer ministro se ve increpado a justificar la toma de decisiones que afectan a la nación. La estabilidad del gobierno depende de la confianza que transmite a los miembros del parlamento; esta flexibilidad permite tomar cambios de rumbo en caso de cambio de circunstancias. La rendición de cuentas es constante ya que el parlamento funge de controlador de las decisiones del ejecutivo; si el parlamento emite un voto de censura al ejecutivo, un nuevo gobierno puede formarse para sustituirlo.

Dejame intervenir para hacer una comparación entre estos sistemas, dijo Naveda. Primero que nada, el estilo del liderazgo es distinto, el parlamentario hace participar a muchos más miembros de la sociedad, en este caso el parlamento, con mucha mayor supervisión al ejecutivo. El presidencialismo es más individualista ya que deja en pocas manos el destino del país. Segundo, la estabilidad es precaria en el sistema parlamentario comparado con el presidencialista; se puede cambiar de gobierno en cualquier momento solo con la censura de una mayoría del parlamento mientras que el presidencialista tiene unos períodos preestablecidos que en principio no se pueden alterar. Tercero, el modelo presidencialista se presta a largos períodos de estancamiento cuando el legislativo no aprueba las solicitudes del ejecutivo. En el parlamentario, es posible radicalizar la situación cuando hay estancamiento y reemplazar al primer ministro. Cuarto, el reporte de cuentas del ejecutivo en un sistema parlamentario es constante mientras que el presidencialista produce reportes de progreso más retardados, cuando ya es tarde corregir. Finalmente, la flexibilidad del parlamentario es evidente y el presidencialista es más estable. En general, puedo afirmar que la preferencia depende de la historia de cada país pero recomendaría que se evaluara el camino parlamentario ya que es más cónsono con la democracia. Cuantos gobiernos presidencialistas que no merecen seguir en el poder se eternizan y hacen sufrir a sus ciudadanos por décadas, es preferible un cambio a tiempo en lugar mantener una inacción destructiva.

Úrsula se sintió motivada a participar y dijo, aunque cada sistema tiene sus ventajas y desventajas, tenemos que estar claros que son los ciudadanos los que determinan si los sistemas funcionan; hasta el presente, los ciudadanos que gobiernan hacen y deshacen sin sufrir las consecuencias de su mala gestión. La alternativa presidencialista se originó gracias a hechos históricos donde los caudillos tomaron el poder por la fuerza y se mantuvieron gobernando hasta que llegó otro caudillo a reemplazarlos. La llegada de la democracia, con sus poderes independientes, produjo algunos cambios positivos en cuanto a la participación del pueblo, pero el sentimiento caudillista siguió imperando, los presidentes se adueñaron de las decisiones. Me refiero al socialismo absurdo en Venezuela, que le arrancó la lengua a los venezolanos y las instituciones están al servicio del régimen oportunista; el presidente y sus secuaces torcieron el valor del poder legislativo y lo hicieron dependiente al ejecutivo.

En el norte de América, dijo Jeremy, Canadá se distingue como una república parlamentaria donde el primer ministro es elegido por el poder legislativo de acuerdo con la cantidad de parlamentarios elegidos por el partido; hasta el presente, los ciudadanos están contentos con este modelo a pesar de los vientos separatistas, Alberta en el oeste y Quebec en el este, que soplan en el país. Los Estados Unidos tiene un gobierno presidencialista pero cada estado tiene autonomía para decidir en muchas materias; el país acepta mayor diversidad de criterio ya que cada estado decide de acuerdo al punto de vista de los ciudadanos que forman parte del territorio; son pocas las situaciones en que el gobierno federal impone criterios centralizados a los estados. El resto de Latinoamérica tiene una marcada preferencia por el centralismo y el presidencialismo, aunque hay claras evidencias de que los presidentes no pueden pasar por encima del poder legislativo. Solo los regímenes de Venezuela, Cuba y Nicaragua se mantienen al margen de un mundo marcado por la democracia y con esperanzas libertarias.

Burocracia y Adhocracia

Los gobiernos se organizan a través de una burocracia, dijo Jeremy. Las actividades están definidas, los procedimientos y las reglas documentados, los niveles de autoridad preestablecidos y el objetivo es la eficiencia y consistencia de los procesos. Las cadenas de producción en las fábricas, los canales de distribución, el transporte, los servicios públicos, se organizan con una autoridad condescendiente. La milicia, por otro lado, considera la autoridad como la guía a seguir, no hay principios o procedimientos predefinidos, son las órdenes del comandante las que se obedecen; los subordinados son obedientes, ciegos y mudos. La burocracia incluye estructura jerárquica, especialización, formalidad, impersonalidad, estabilidad, predictibilidad y eficiencia. La jerarquía define un proceso descendente de toma de decisiones desde el tope. Las actividades se dividen en roles especializados donde los empleados ejercen sus labores de acuerdo a la descripción de cargos y habilidades. Las actividades se formalizan en reglas, procedimientos y documentos escritos que estandarizan las operaciones y garantiza resultados consistentes. Las relaciones son impersonales con decisiones basadas en reglas y no en preferencias personales. Las burocracias patrocinan la estabilidad y predictibilidad, buscando resultados consistentes y minimizando la incertidumbre. Los procesos estandarizados y la especialización buscan eficiencia en el consumo de recursos y la ejecución de las tareas.

Noto que dominas la alternativa burocrática, dijo Eloncio Muskatel, debes haber vivido en ese ambiente por muchos años pero si mal no recuerdo trabajastes como investigador y sabes que esos trabajos no son rutinarios. Dejame ofrecer la visión adhocrática, más flexible, innovadora y adaptable. Primero, es menos formal o jerárquica, favoreciendo un ambiente de trabajo fluido y creativo, típico de la investigación científica. En mis empresas hay una mezcla de formalidad e informalidad, la formalidad es para actividades bien conocidas como la publicidad y el mercadeo pero la informalidad permite inventar nuevas tecnologías. Te preguntarás, ¿y qué oportunidad tiene la adhocracia en los gobiernos? pues bien, los gobiernos tienen que cumplir lineamientos, emanados de la constitución y las leyes para ofrecer los servicios públicos establecidos pero hay actividades de investigación e innovación que deben incorporarse a la sociedad ya que el mundo cambia cada día y las constituciones o leyes no pueden prever el futuro. Por lo tanto una organización adhocrática se presta para construir una nueva sociedad. La adhocracia requiere estructura plana, flexibilidad, innovación, combinación cruzada de funciones, informalidad y ambiente dinámico. La estructura plana permite un intercambio de opiniones donde se busca la sabiduría y no precisamente la obediencia, hace falta convencer con argumentos y no por el poder. La adhocracia favorece la flexibilidad, adaptándose a nuevas circunstancias, promoviendo experimentación y una solución de problemas creativa. La creatividad y la innovación se favorecen, promueve la mente abierta buscando soluciones no tradicionales y explorando nuevas alternativas. Requiere de la interacción entre grupos funcionales diversos en lugar de la especialización, afrontando así retos novedosos que nunca pueden resolverse con una visión atrasada. La comunicación y la toma de decisiones es informal, favoreciendo el diálogo constructivo y la colaboración espontánea. La adhocracia aplica en ambientes dinámicos e inciertos donde las soluciones tradicionales no tienen posibilidad de éxito.

Úrsula había escuchado con atención y quería ofrecer su contribución contrastando los dos enfoques. Las áreas que considero esenciales son las siguientes: estructura, toma de decisiones, especialización, innovación y estabilidad versus agilidad y aplicabilidad. La estructura organizativa burocrática enfatiza formalidad y jerarquía mientras que la adhocrática es flexible y fluida, adaptándose a las necesidades. La toma de decisiones burocrática obedece reglas con canales de autoridad predefinidos mientras que la adhocracia enfatiza toma de decisiones descentralizadas e innovadoras. La burocracia favorece la especialización mientras que la adhocracia promueve la colaboración multidisciplinaria y los equipos conformados por miembros con habilidades variadas. La innovación es mayor en una adhocracia ya que fomenta la creatividad y la experimentación. La burocracia favorece la estabilidad y la eficiencia mientras que la adhocracia favorece la adaptabilidad y la rapidez en respuesta a las necesidades. Para finalizar, la burocracia funciona en ambientes estables y predecibles mientras que la adhocracia es aplicable a procesos o proyectos erráticos, sujetos a cambios impredecibles.

Legitimidad y Usurpación

Parece mentira que en el mundo se le permita a los usurpadores mantenerse en el poder, comenzó Jeremy, son muchos los ejemplos de gobiernos usurpadores que tergiversan las leyes para apoderarse del poder y nunca entregarlo de vuelta a manos del pueblo. Hay muchos países en Latinoamérica, África y Asia sujetos a la usurpación manipulada; son bien conocidos los casos de Cuba, Nicaragua, Venezuela, Rusia, Corea del Norte, Sudán, Níger, y pare de contar. Los golpes de estado sangrientos han sido los medios utilizados desde tiempo inmemorial para tomar el poder pero recientemente la estrategia es apoderarse de las instituciones, manipular la constitución y poner el estado al servicio del partido en el poder. Hay muchos casos de fuerza bruta para tomar el poder, primeramente en África, pero la manipulación de la constitución y las leyes es el primer medio utilizado por los usurpadores para parecer legítimos. La usurpación autoritaria es común, se produce manipulando elecciones, suprimiendo a los opositores y aprovechando tecnicismos legales para apropiarse del aparato democrático. Los dictadorzuelos afloran espontáneamente cuando se hacen del poder y distorsionan la interpretación de la constitución y las leyes, su principal objetivo es perpetuarse en el poder para gozar de los .

Ahora voy a presentar la visión legítima de un gobierno en el poder, dijo Yordano Faderno, que se ha destacado últimamente por ser una voz crítica en la política canadiense. Un gobierno legítimo representa una autoridad que le otorga el pueblo para que lo represente y actúe para el bien de la comunidad; el pueblo espera que mantenga el orden y la estabilidad, obedeciendo la constitución y las leyes; el gobierno se integra por medios electorales, estructuras constitucionales y el consentimiento del pueblo. Hay varias formas de legitimación, una es la tradicional, basada en la historia, la cultura y las costumbres; el gobierno es legal ya que se alínea con la tradición reinante. La legitimación legal-racional está basada en el cumplimiento de las leyes, la constitución y las reglas y procedimientos establecidos; el reconocimiento del gobierno se garantiza cumpliendo con la plataforma legal. Otra forma de legalización es carismática, basada en la personalidad y carisma del líder de turno; la gente sigue al líder ya que les inspira confianza y refleja una conexión sólida con sus aspiraciones.

Hay otras consideraciones sobre la usurpación del poder que quisiera presentar, dijo Eloncio Muskatel. La usurpación se refiere a la toma del poder, por individuos o grupos, utilizando procesos irregulares o prohibidos. No tiene legitimidad y utiliza medios de fuerza, manipulación, e irrespeto por la constitución y las leyes. El golpe de estado es un medio común para usurpar el poder, se sustituye el poder constituido violentamente, usualmente ejecutado por los militares o la policía de élite; los grupos armados toman el poder y lo sostienen combinando la fuerza bruta y convenciendo al pueblo de que son los salvadores. Otro medio ya discutido es la manipulación de la constitución y las leyes, manipulando las elecciones y suprimiendo a la oposición política. Finalmente, los dictadorzuelos oportunistas usan las debilidades del sistema democratico para perpetuarse en el poder.

La lucha entre la legitimidad y la usurpación ha sido parte de la historia social, intervino Naveda, ya que todos los seres humanos se sienten con el poder de la verdad. Puedo afirmar con convicción que la lucha social se enfrenta a dos modelos básicos, el libertario y el totalitario, y este último no se caracteriza por garantizar la paz humana. El modelo libertario desea que el individuo florezca y dé sus merecidos frutos en la sociedad mientras que el modelo totalitario define un comportamiento social uniforme, inventado, que va contra la naturaleza humana. En este mismo Siglo XXI se va a dilucidar la tendencia futura de la humanidad, espero que sea libertaria por el bien de todos.

Centralización y Descentralización

El poder y la autoridad se ven afectados por la distribución de las responsabilidades en los gobiernos, dijo Jeremy, las alternativas evidentes se refieren a la centralización y la descentralización. La centralización coloca la toma de decisiones a nivel nacional, resultando en procesos estandarizados y controlados eficientemente pero no necesariamente justos para todos los grupos de la población. La descentralización coloca la toma de decisiones al nivel regional o local, resultando en mayor variedad de alternativas que no son necesariamente eficientes, vistas globalmente, pero que resultan justas para los entes cercanos ya que se hacen tomando en cuenta las características propias de los pobladores. El enfoque centralizado se caracteriza por la concentración del poder, la estandarización de los procesos, la eficiencia, la coherencia y el control efectivo. El enfoque descentralizado se caracteriza por el empoderamiento localizado, participación local, reacción inmediata, conocimiento eficiente de las necesidades y la rendición de cuentas oportuna.

Úrsula, partidaria de las soluciones autoritarias, bien sean comunistas o socialistas tiene una visión retardataria del significado del poder y decidió intervenir. Aunque los seres humanos no son ni hormigas ni abejas, deberían aprender de estos bellos insectos: son obedientes y trabajadores, no se la pasan discutiendo cómo hacer las cosas, simplemente las hacen y todas comen y duermen felizmente. Si los seres humanos supieran comportarse como esos insectos otro sería el futuro de la humanidad. Las hormigas y las abejas no necesitan de un poder concentrado en pocas manos, saben de antemano qué hacer, les reclaman si hay motivo; los procedimientos son estándares y sin complicaciones, unas salen a buscar los alimentos, otras se concentran en preparar las colmenas para que estén en buen estado; la colmena es la nación, ya que las abejas funcionan en un ambiente localizado, todas se comportan parecidas en cualquier lugar de la colmena sin que nadie se los enseñe; el control es efectivo ya que proviene de la comprensión de su naturaleza, la abeja reina representa una simbología similar al líder del sistema autoritario y todos le obedecen.

Naveda no concuerda con Úrsula y decidió intervenir diciendo, perdona pero ese ejemplo de las hormigas y las abejas está fuera de lugar, y lo digo respetuosamente pues te conozco desde hace mucho tiempo en la universidad. Entiendo que quieras enfatizar tu visión utópica de la vida para hacernos partícipes de un comportamiento imposible para los humanos; no somos obedientes por naturaleza, aunque aceptamos compromisos después de discernir su conveniencia. Por eso, el enfoque descentralizado es apropiado para los seres humanos: la ubicación es muy importante, si no tenemos el contacto humano cercano empezamos a dudar de la conveniencia de obedecer órdenes globalizantes. Los que están cercanos tienden a participar regularmente y saben qué es lo que se necesita; las respuestas a los problemas o situaciones es más rápida y efectiva que si necesitamos autorización de unos iluminados alejados de la verdad. El conocimiento de las necesidades es primeramente local, a pesar de que hay consideraciones de transporte y distribución que requieren de un conocimiento que interrelacione las regiones. Para finalizar, la presentación de cuentas descentralizada se revisa directamente por los afectados, y tienen el poder de exigir el cumplimiento de los compromisos.

Estados Fallidos y Estados Exitosos

El concepto de estado fallido contiene una gama amplia de niveles, unos más graves que otros, dijo Jeremy. Un estado fallido denota que ha fracasado en múltiples áreas, incluyendo estabilidad, gobernabilidad y desarrollo. Fracasar en la protección del territorio, fallar en el suministro de los servicios básicos, malograr la seguridad de los ciudadanos y desproteger los negocios, determina el éxito o el fracaso de los países. El fracaso económico es un factor determinante al catalogar un estado fallido ya que afecta la subsistencia de la población pero los aspectos espirituales de los ciudadanos salen también afectados por la mala gestión gubernamental. Los problemas de los estados fallidos son, falta de control, malos servicios públicos, colapso económico, corrupción e ineficiencia, y las crisis humanitarias. Los gobiernos fallidos pierden el control del territorio a manos de otras fuerzas que se abogan la explotación de los recursos naturales, es típico de la explotación del oro o los diamantes. Los servicios públicos dejan de funcionar, la salud, la educación, la infraestructura, el sistema de justicia, los sistemas de distribución de alimentos, y los servicios básicos de electricidad, agua, gas, internet. Se pierden los ingresos de la república, por la inflación se genera desempleo, pobreza y la pérdida de oportunidades para ganarse la vida. La corrupción produce ineficiencia, mala administración y carencia de transparencia en los ingresos y costos. Los ciudadanos emigran hacia otras regiones más productivas, produciendo crisis humanitarias.

Quisiera contrastar esa visión apocalíptica de los estados fallidos con la de los estados exitosos, dijo Ivory, que sigue fantasioso con su utopía socialista o comunista. Son gobiernos estables, con instituciones eficientes, alto desarrollo y prosperidad; proveen servicios esenciales, se rigen por la regla de la ley y promueven el progreso socio-económico de sus ciudadanos. Los aspectos claves son, estabilidad política, instituciones sólidas, suministro de bienes y servicios esenciales, la regla de la ley y la prosperidad económica. Básicamente existe estabilidad política respetando a todos los sectores políticos y una transición pacífica al poder; las instituciones funcionan y con servicios judiciales honestos, el respeto a la ley y la administración pública; los bienes y servicios, los alimentos, la salud, la educación, la infraestructura y la seguridad están garantizados para los ciudadanos. Los estados exitosos tienen una economía pujante que garantiza trabajo a todos los ciudadanos, proporcionando oportunidades y mayores estándares de vida y desarrollo humano en general.

No se lo irán a creer pero he descrito un estado socialista o comunista exitoso, todo funciona bien, la gente es feliz, el país prospera, todo gracias a la autoridad central que todo lo controla. Sin autoridad, los seres humanos no cumplen sus responsabilidades, viva el gallito rojo del partido comunista.

Jeremy prefirió cerrar la conversación y no entrar en discusión con un fanático de tal envergadura.

Capítulo 14: Economía

La economía es la principal actividad que promueven las sociedades debido a la importancia para la supervivencia humana; si no sobrevivimos morimos. Tradicionalmente, los grupos humanos, familias o tribus, se acercaban para compartir sus recursos; las tribus se establecen en lugares con abundancia de recursos y se mudan cuando éstos escasean. A medida que crecía la población, se hacía más difícil subsistir, se luchaba por los recursos y eventualmente se convive. Con el paso del tiempo y por prueba y error, se negociaba y se intercambiaba, comenzaba el comercio. Posteriormente, comenzó la división del trabajo, donde los grupos se especializan en la producción, en el transporte o en el comercio.

Las economías modernas favorecen el mercado, la responsabilidad de la infraestructura productiva, la libre competencia, la división del trabajo, la producción, gobiernos respetuosos de las leyes, del orden, la propiedad privada y un comercio honesto intercambiando los recursos. El mercado define las condiciones del intercambio de bienes y servicios, en función de la oferta y la demanda o impuesto por una planificación central. La propiedad puede ser privada o pública, los medios de producción pueden ser independientes o estatizados. El libre mercado favorece lo privado, la planificación central lo público. La competencia permite producir a bajos precios, innovando y mejorando la calidad; los productores compiten por la preferencia de los consumidores. La división del trabajo aumenta la productividad y fomenta expertos que dominan su profesión.

Los seres humanos requieren de motivación para dedicarse a la producción, unos aspiran a mejorar sus condiciones de vida, otros aspiran a la fama, otros acumulan capital para reinvertirlo en la áreas que producen más beneficios. Los gobiernos liberales garantizan la propiedad privada, el cumplimiento de las leyes, el mantenimiento del orden, la regulación de la economía, la competencia justa y protegen a los consumidores. Los productores se especializan en las áreas en que son más eficientes y buscan recursos disponibles en otros lugares, fomentando el comercio entre todos los productores y consumidores.

En este capítulo se presentan algunas dicotomías sobre el tema de la economía. Son factores que tienen influencia en las concepciones ideológicas:

División del Trabajo y Trabajo Inclusivo o Completo

Libre Mercado y Mercado Controlado
Propiedad Privada y Propiedad Pública
Beneficio Propio y Bien Común
Competencia y Colaboración
Consumidor y Productor
Medios de Producción del Estado y Medios de Producción Privados
Empoderar a los Trabajadores y No Empoderar a los Trabajadores
Disponibilidad de Crédito y Escasez de Crédito
Control de Precios y Liberación de Precios
Bienestar Social Amplio y Bienestar Social Restringido

División del Trabajo y Trabajo Inclusivo o Completo
La división del trabajo es uno de los esquemas más útiles desarrollados por los seres humanos, dijo Jeremy. Antiguamente los humanos tenían que hacer de todo y saber de todo; era una ventaja y una desventaja a la vez. Era una ventaja ya que eran autónomos y podían independizarse; una desventaja era menor productividad. Al principio, todos tenían que hacer labores de supervivencia, búsqueda de alimentos, almacenamiento, proceso de preparación y cocción; búsqueda de ubicación para los albergues, construcción y mantenimiento; seguridad de los perímetros; elaboración de vestidos y zapatos; cuidado de enfermos y recién nacidos; búsqueda de pareja; y mantener relaciones amistosas con los vecinos. Con el paso del tiempo y de acuerdo a condiciones específicas, ciertos grupos empezaron a asociarse con otros vecinos y se comenzó a definir una especialización de tareas para hacer más eficientes a los grupos. Unos se dedicaban a la caza y la pesca, otros a la recolección de vegetales y frutas, otros se encargaban del proceso de preparación de alimentos y otros ejercían funciones médicas para curar a los enfermos. Empezó una división de labores muy básica que se fue popularizando hasta crear tantas especializaciones como diera la imaginación. El proceso es el siguiente, se descompone un proceso complejo en partes más simples, asignando a distintas personas la realización de cada una; por ejemplo, durante la caza, un grupo asusta a los animales para que huyan en cierta dirección para que otros los acorralen y sea más fácil matarlos. En el norte de América, los indios cazaban los búfalos asustandolos y produciendo una estampida que los llevaba a un desfiladero donde los animales morían al caer, luego los descuartizaban y los repartían a la tribu.

Hoy en día son muchos los casos de división de labores, todas las industrias utilizan esa estrategia para organizar su producción.

Tu presentación parece reflejar una inexorable continuidad hacia la división de labores, dijo Eloncio Muskatel, como si fuera algo natural como respirar y comer pero creo que es un poco más complicado que eso, involucra grupos de personas poniéndose de acuerdo para contribuir al logro de objetivos. La división de labores no es algo instintivo, es algo lógico, y por lo tanto, requiere convencer a los miembros del grupo para que colaboren. Hay muchos factores que determinan la colaboración, por ejemplo, la necesidad, la comprensión, la disposición, la conveniencia, todos derivados de las creencias de las personas y todos somos diferentes. Si no quieren participar se hace cuesta arriba poner a prueba las ideas o producir los bienes y servicios.

El concepto de organización, dijo Bertold, utiliza la separación de labores, asignando las responsabilidades a cada grupo y supervisando la ejecución de las tareas de cada grupo. Las líneas de ensamblaje se inventaron para acelerar la producción. El diseño del producto se hace con la línea de ensamblaje en mente; varios trabajadores haciendo un producto por especialización y por etapas son más eficientes que un solo trabajador haciendo todo el trabajo; la secuencia está preestablecida, asegurando que cada etapa cuenta con los componentes necesarios. Entre los beneficios, se identifican las habilidades innatas de las personas para aprovecharlas en la hechura del producto, se facilita el entrenamiento y permite rotar al personal para que no se aburra de hacer siempre lo mismo. Reduce los costos y genera empleo ya que cada labor puede ser realizada por un trabajador menos calificado y no se necesita que el trabajador sepa todos los detalles para elaborar todo el producto.

Libre Mercado y Mercado Controlado

Las economías de libre mercado han sido siempre asociadas al capitalismo, dijo Jeremy, pero últimamente, países que considerábamos comunistas o socialistas se han sumado al usufructo del capital y permiten un libre mercado parcial. Se sabe que el libre mercado utiliza las fuerzas de la oferta y la demanda para determinar la producción y los precios; es preferible que el gobierno intervenga muy poco, dejando a las personas y las empresas tomar decisiones de acuerdo a las señales provenientes del mercado. Algunas ventajas del libre mercado se refieren a la asignación de recursos, a la competencia e innovación y a la dependencia de los consumidores; los recursos se asignan a las áreas donde hay más demanda por lo tanto hay menos desperdicio. La competencia se libera ya que no hay intervención del gobierno y se promueve la innovación y la reducción en los precios; los consumidores se benefician de mayor variedad de oferta y seleccionan los productos y servicios que mejor se adaptan a sus necesidades. Algunas desventajas se refieren a desigualdad en el ingreso, fallas del mercado y escaso apoyo social a los más vulnerables; la desigualdad en el ingreso se produce ya que unos, los más sortários, más trabajadores, o más inteligentes, se enriquecen más que otros, que carecen de esas habilidades.

Este tema le interesaba sobremanera a Ivory, ese cuento del mercado le parecía desventajoso, es preferible que todos vivan pobremente sin aspavientos. Los principios de mercado pueden fallar por varios motivos, desinterés empresarial de producir lo que se necesita, afectación al ambiente y a las personas por contaminación, o por no reconocer los problemas sociales que necesitan de una contribución solidaria; al carecer de redes sociales que descubran deficiencias, ciertos segmentos vulnerables de la sociedad pueden sufrir penurias en épocas difíciles. Una economía controlada por el gobierno, conocida como de planificación centralizada o de comando, es la encargada de tomar las decisiones económicas; el gobierno está al mando o controla las principales industrias y determina los bienes y servicios a producir, en qué cantidades y a qué precios. El gobierno también define los salarios y regula las actividades económicas.

Libre Mercado – Intervención y Controles (de Precios)

Ya hemos dicho, dijo Jeremy, que el libre mercado es un sistema económico basado en la oferta y la demanda de bienes y servicios con poca o ninguna intervención del gobierno. Representa la suma total de intercambios voluntarios a través de transacciones sin presiones ni obligaciones. Los intercambios se hacen de mutuo acuerdo y son beneficiosos para todos los participantes. Para que el libre mercado funcione se necesitan principios sobre la propiedad privada, el capitalismo consciente y los derechos individuales. El libre mercado prospera en ambientes donde los derechos de propiedad están garantizados ya que se incentiva la inversión. El libre mercado es más eficiente ya que no depende de la opinión de los burócratas; además, el incentivo del beneficio atrae a multitudes. La competencia también se promueve ya que los costos a los consumidores decrecen cuando existen varias empresas tratando de conquistar clientes a través de precios más bajos y volúmenes más altos de producción.

La intervención gubernamental es la mayor amenaza del libre mercado, intervino Bertold. Las limitaciones pueden ser implícitas o explícitas, por ejemplo, forzando sanciones que producen consecuencias no deseadas. Hay prohibiciones en áreas de recreación, ejemplo los casinos, las ferias; hay impuestos a las transacciones de propiedades, el uso del carbón, o las ganancias; también hay regulaciones para proteger la salud, aumentar la seguridad, imponer estándares de calidad, fortalecer las condiciones de trabajo.

Hay nociones de mercado público en los sistemas socialistas que se basan en la imposición de ciertos productos o servicios por parte del gobierno, dijo Ivory. Ciertas variantes, denominadas socialismo de mercado, combinan propiedades públicas con la economía de mercado; el estado o los trabajadores son los propietarios de los medios de producción.

Propiedad Privada y Pública

La propiedad privada es un concepto natural que se desprende de los instintos humanos, dijo Jeremy. Es mucho lo que se ha criticado a la propiedad privada haciéndola ver como signo de egoísmo y falta de solidaridad, de ambición y avaricia pero nadie puede negar que se nace con esa tendencia a hacer y poseer; adquirimos o fabricamos, y lo consideramos nuestro. Propiedad es un término genérico que define las reglas que gobiernan el acceso y control de cosas abstractas como las ideas y de objetos materiales como la tierra, los recursos naturales, los medios de producción, los bienes manufacturados; así mismo, los textos, los dibujos, los inventos y otros productos intelectuales. El uso de esos recursos es importante para la gente; en particular cuando son escasos y necesarios. Para evitar conflictos, las sociedades necesitan un sistema de reglas para hacer posible la cooperación, la producción y el intercambio.

Es el momento de participar en este tema, dijo Naveda. Una propiedad privada define el uso y control de la persona o ente que la posee y solo puede aceptarse que otros la usen si el propietario lo permite; esa propiedad puede ser transferida a otra persona o ente bajo la conformidad del propietario siguiendo los procedimientos establecidos en los contratos o reglamentos. La propiedad representa un ahorro para la persona o ente que la posee y puede servir en otros emprendimientos o innovaciones y así generar ganancias más rápidamente. La propiedad privada motiva a los propietarios a trabajar duro para mantener su propiedad en buenas condiciones y hacerla productiva para obtener beneficios que promuevan el sostén de sus familias.

Joseph, como alma caritativa tiene sus reservas sobre la propiedad. La propiedad privada tiene algunas desventajas, genera diferencias en la población ya que unos poseen más y mejores bienes que otros. Es el esfuerzo de cada uno el que permite adquirir más y mejores propiedades pero hay elementos de suerte y oportunidad que entran en juego, haciendo a unos más exitosos que a otros. Cuando los bienes son adquiridos a través de triquiñuelas, los seres humanos no aprueban el éxito de los perpetradores y consideran injusto que posean propiedades ganadas con trampas. La propiedad privada alienta la ambición y el deseo de enriquecerse, afectando la solidaridad de los necesitados. Las ansias de lucro, pueden afectar el medio ambiente por sobreexplotación.

Para Bertold, la propiedad pública también tiene sus ventajas y desventajas. La propiedad puede considerarse de uso común, de uso privado o de uso colectivo. El uso común los pone a la disposición de todos, el acceso es libre, por ejemplo, las tierras, los parques, las calles. El uso privado asigna recursos con la decisión de los individuos, familias, o empresas, ejemplos, uso de tierras o recursos donde ellos deciden el uso a sabienda de que el recurso tiene un contenido social, por lo tanto con limitaciones pero otros ejemplos simples a título personal son los autos, las viviendas. El uso colectivo de los recursos lo decide la comunidad, incluye los hospitales, escuelas, aeropuertos, puertos, vías de comunicación, instalaciones militares, el almacenamiento y transporte de armamentos.

Jeremy decidió avanzar diciendo que en toda sociedad existen espacios para ambos extremos, por lo tanto no es conveniente promover uno solo. En la mayoría de los casos existe un criterio que determina cuál es el balance aceptable. Por ejemplo, la infraestructura vial suele asignarse al control de los bienes comunes públicos. La explotación de los recursos naturales suele asignarse a los bienes colectivos públicos. Pero la vivienda, la agricultura, la industria, suelen asignarse a la propiedad privada. Otro aspecto es que la propiedad puede estar supeditada a la cultura, hay espacios históricos que la gente desea conservar y prefiere no dejarlos a criterios privados exclusivamente.

Beneficio Propio y Bien Común

La economía orientada al beneficio es una característica capitalista para maximizar las ganancias de los individuos, empresas o inversionistas, dijo Jeremy. Cada individuo, grupo, o empresa busca mejoras económicas para vivir confortablemente. La orientación al beneficio le da mucha importancia a la riqueza, se vive mejor, se come mejor, se tiene acceso a mejores servicios, se adquieren mejores viviendas, se puede viajar por el mundo, etc. La economía orientada al bien común le da prioridad a la sociedad y busca distribuir los recursos y los beneficios entre la población. En esa economía, el gobierno y otras organizaciones sociales actúan regulando y promoviendo el bienestar social. Aunque las economías socialistas y comunistas pregonan el bien común, los que hemos tenido la oportunidad de vivir en esos regímenes sabemos que lo que hacen es perjudicar a la gente que desea vivir mejor y la población empobrecida por las malas prácticas solo sobrevive.

Una economía orientada al beneficio no significa egoísmo o solo búsqueda de riqueza, dijo Naveda, que conocía las críticas al capitalismo y había aprendido cómo mantener armonía con los socialistas y comunistas. En toda sociedad se comercia con dinero y se producen bienes y servicios, es una forma de manejar la economía sin personalizar o identificar específicamente a los que comercian; son procesos abstractos para hacer fluir las transacciones. Claro, la propiedad privada, la competencia entre comerciantes y el interés por lograr ventajas o beneficios es indiscutible; el libre mercado, la oferta y la demanda, son los que determinan los triunfadores. Hay tendencias en el capitalismo a redistribuir el ingreso pero como seres humanos tenemos el instinto de favorecernos primero y luego considerar a los demás. Las ventajas incluyen crecimiento económico, generación de empleo, favorece las inversiones; los recursos se distribuyen de acuerdo a los precios y las fuerzas del mercado, siguiendo el interés de los consumidores, no es la política la que define a quién se sirve.

Sabemos que hay mucha desigualdad e injusticia en el sistema capitalista, dijo Ivory, incitando al totalitarismo con su simpatía por el socialismo y el comunismo. La orientación al bien común distribuye equitativamente los recursos y beneficios del proceso productivo, se necesita un gobierno fuerte para torcer la tendencia egoista de los seres humanos. Para lograrlo se favorece la propiedad pública y se regulan las actividades para que no haya preferencias; se crean redes sociales para favorecer a los más necesitados, la medicina, la educación y el bienestar social. Los socialistas y comunistas modernos redistribuyen las ganancias para favorecer a los necesitados, aplican impuestos progresivos a los que más tienen y le dan regalías a los que no tienen.

Está bien, suficiente, ya conocemos las fallas de los socialistas y comunistas, no hace falta persistir en esa fantasía que no produce beneficios a los seres humanos, dijo Jeremy. Ir contra la naturaleza humana es inadecuado, dejemos que la gente sea libre de elegir su camino sin interferir con su futuro. En capitalismo sí se puede redistribuir la riqueza de los que tienen más pero debe hacerse con su participación y no imponerla desde el pedestal autoritario; los que tienen más deben generar empleo para paliar las desigualdades y facilitarle el camino a los más necesitados. El mundo es un sistema capitalista, por lo tanto, ajustemoslo a una visión compasiva de los seres humanos pero sin proponer totalitarismos desde el estado.

Competencia y Colaboración

Las economías capitalistas siempre han utilizado el esquema competitivo para motivar la generación de mejores productos a mejores precios y promover la innovación, dijo Jeremy. El concepto es muy simple, en el afán de ganarse la vida, la oferta y la demanda definen los productos y servicios a comerciar; los emprendedores identifican las áreas álgidas y ofrecen productos para competir en el mercado, aquellos que brindan los mejores servicios y productos a los mejores precios son los que conservan los negocios y prosperan. Digan lo que digan, la economía basada en competencia usa mucha cooperación ya que sino sería imposible fabricar los productos u ofrecer los servicios; por supuesto, hay dificultades en la repartición de los beneficios ya que todos los participantes quieren ganar una tajada y sabemos que los que ponen el capital aspiran a la mayor parte, y los trabajadores se sienten explotados ya que reciben salarios que no alcanzan para subsistir. El otro extremo sobre economía basada en cooperación dice enfatizar la colaboración, perseguir objetivos compartidos y proponer esfuerzos colectivos; en este esquema, las empresas, el estado y los individuos trabajan juntos para alcanzar los objetivos trazados y resolver los retos sociales.

Eloncio Muskatel, a pesar de ser un capitalista practicante, desea implantar la vía cooperativa en la economía con la participación de los emprendedores o negociantes en la solución de problemas sociales. Para él, lo esencial son las actividades que afectan a toda la comunidad, como la necesidad de escuelas, hospitales, recreación, y la infraestructura para el transporte de pasajeros y productos, las comunicaciones digitales, etc. Hoy en día, el estado se encarga de cobrar impuestos para emprender la construcción de la infraestructura utilizando la autogestión o contratando con la empresa privada. Tengo entendido que en los pocos países que se llaman comunistas o socialistas, es el estado el que se encarga de administrar la construcción utilizando las ganancias de las empresas públicas y los impuestos de los contribuyentes.

Yordano Faderson tiene la visión del psicólogo que comprende a los seres humanos y considera que la economía aún siendo un invento humano está motivada por instintos. La competencia entre humanos, y en general entre animales, se ha manifestado durante toda la evolución, la lucha por una pareja, por los recursos, por el poder, por la fama, son todas imputables a los instintos. La colaboración existe, así como competimos también colaboramos, lo que quiero resaltar es que son comportamientos naturales humanos y muchas ideologías quieren resaltar la cooperación en lugar de la competencia, cuando en realidad son equiparables. Antes de inventar la economía ya se competía; siempre ha habido un balance entre competir y colaborar, no es por culpa del capitalismo que se compite, sino que se compite porque somos competitivos y cooperativos a la vez. Los sistemas capitalistas tienen sus problemas ya que le dejan al individuo la libertad de actuar para ganarse la vida y los sistemas comunistas y socialistas aluden a la solidaridad forzada a sabiendas de que los seres humanos no son totalmente solidarios, solo lo son a veces.

Naveda quiso dar su toque práctico del asunto diciendo, considero que las aspiraciones colaboracionistas atribuidas a los comunistas y socialistas pueden cumplirse igualmente en los sistemas capitalistas como el liberalismo, el conservatismo y la social democracia. Creo que en comunismo y socialismo son peores los resultados, ya que tratan de modificar a los individuos para hacerlos cumplir aspiraciones inviables. Las aspiraciones sobre cohesión social, sostenibilidad, equidad, propuestas por los sistemas socialistas y comunistas se pueden lograr en los sistemas capitalistas sin mayores inconvenientes, lo que se necesita es el compromiso entre los participantes: gobiernos, empresas y sociedad civil.

Orientación al Consumidor y Productor

El caso de la economía orientada al consumidor indica una preferencia por el consumidor, transmite libertad de escogencia y colabora con los usuarios, dijo Jeremy, mientras que la orientación al productor transmite obligación de aceptar lo que existe. La orientación al consumidor pone énfasis en cumplir las necesidades y los deseos de los consumidores. Los industriales analizan las preferencias, las demandas y la rutina de compra de los consumidores para ajustar los productos y servicios a esas necesidades. El objetivo es maximizar la satisfacción del cliente y fomentar el consumo para crecer económicamente. En el otro extremo, la economía orientada al productor le da preferencia al proceso productivo para hacerlo eficiente, sin considerar la variedad de clientela. El objetivo es optimizar el proceso, reducir los costos y maximizar los beneficios, obligando al consumidor a aceptar los productos.

Aplicando esa descripción a las ideologías, dijo Naveda, se puede afirmar que los sistemas capitalistas, liberales y conservadores, favorecen el enfoque al consumidor, mientras que los socialistas y comunistas favorecen al productor. Los liberales y conservadores dejan que las fuerzas del mercado, impulsadas por los consumidores, definen la dirección del producto o servicio; son los usuarios de los productos o servicios los que definen el rumbo a seguir. Los comunistas y socialistas impulsan al productor para que sea más eficiente y produzca en cantidad sin importar la calidad. No es para aumentar los beneficios del estado sino para uniformizar la producción, con poca variedad y mucha cantidad para forzar una igualdad inventada; todos comen igual, visten igual, se divierten igual, además, optimizan con esto la producción para reducir los costos.

Me parece interesante esa presentación ideológica, dijo Naveda, ya que esos dos enfoques aplican a una visión productiva. Profundizar en esos dos enfoques puede llevar volúmenes de texto, así que solo te daré unos consejos sobre las ventajas y desventajas. El enfoque al consumidor le ofrece satisfacción al cliente; por estar basada en la oferta y demanda responde con rapidez a los cambios; estimula la innovación, creando nuevos y mejores productos y da mejor servicio con el transcurso del tiempo. Como todo en la vida, también hay desventajas, los consumidores pueden consumir en exceso: el agua, la gasolina, la electricidad o también el alcohol; el consumo incontrolado puede llevar a impactar el ambiente dejándonos sin pesca, fauna y flora; finalmente, pueden crear necesidades ficticias que no se alinean con el bienestar social a largo plazo. El modelo orientado al productor busca optimizar el proceso de producción y tiene como ventajas minimizar los costos; se obtiene una economía de escala por reducción de costos de materia prima o de los componentes; este enfoque se centra en el punto de vista del productor, qué es lo que mejor produce, con qué tecnología, etc. sin tomar en cuenta al cliente; los gobiernos protegen a esos productores con subsidios y ventajas a través de políticas públicas. Algunas desventajas se refieren a desestimar a los consumidores, generando problemas de oferta y demanda que fomentan el mercado negro; incremeta los volumenes producidos para optimizar los procesos y suele mantener tecnologías desfasadas, arriesgando la contaminación del ambiente.

Medios de Producción del Estado y Privados

Este tema de los medios de producción define los dos grandes modelos económicos de los sistemas socialistas y capitalistas, dijo Jeremy. Se trata de quién debe controlar los grandes medios de producción, solo el estado, solo los empresarios privados o ambos. Los sistemas comunistas y socialistas pregonan un control de los medios de producción a través del estado. La toma de decisiones es centralizada, qué bienes y servicios se producen, cuánto, y a cuáles precios. Está relacionado con la planificación centralizada que coordina todas las actividades económicas y distribuye los recursos y la riqueza entre los habitantes. El estado es el propietario de las industrias, la infraestructura y los sectores estratégicos, todas son administradas por el gobierno o empresas controladas por el estado. La planificación central se usa para lograr los objetivos sociales; los entes privados pueden existir pero sus operaciones están reguladas por el gobierno.

El esquema estatista asigna los recursos para la educación, la salud, la infraestructura, dijo Ivory. Reduce las desigualdades redistribuyendo el ingreso, mantiene la estabilidad, por la fuerza, durante épocas difíciles y facilita el desarrollo económico a largo plazo. La gente debe aprender a vivir humildemente, a conformarse con lo que les brinda el estado. Un auto es para movilizarse entre dos puntos, no para lucir superior a los demás. En todos los ámbitos ciudadanos, la uniformidad es superior a la diversidad, de qué sirve gastar recursos para vestirse mejor que los demás, el objetivo de la ropa es protegerse de la intemperie, no es lucir más bella que las amigas. Reconozco que la orientación al estado tiene sus dificultades por ser ineficiente al cambio, no se adapta a las necesidades de los consumidores, no moderniza los procesos para no incurrir en gastos y lo peor, no mantiene la infraestructura existente. La burocracia hace que las decisiones sean lentas, las libertades económicas individuales son reducidas y el emprendimiento es secundario ya que todo lo define el estado.

Permíteme intervenir para presentar la participación de los entes privados en el control de los medios de producción, dijo Eloncio Muskatel. Los entes privados son independientes y no se involucran más allá de lo previsto, se rigen por las fuerzas de la oferta y la demanda, tienen libertad de acción y los gobiernos solo intervienen para asegurar la propiedad, la competencia justa y el marco legal. Además del libre mercado y la libertad de empresa, hay innovación en los negocios con menos intervención gubernamental. Pero hay desventajas, el libre mercado genera desigualdades cuando unos capitalistas ganan más que otros; el libre mercado no está dirigido a solucionar problemas sociales, no evita la contaminación, no colabora con la infraestructura del país y la contribución de las empresas es solo a través de impuestos. Sería ideal una posición consciente de los capitalistas para incorporar beneficios sociales a los necesitados.

Creo que el tema de los medios de producción es bastante problemático, dijo Bertold, que conoce empresas del estado por dentro. A veces los países cuentan con recursos naturales que se consideran estratégicos para la nación y los estados deciden apropiarse de la administración aludiendo que le pertenece al pueblo. Los recursos estratégicos pudieran compartirse entre el estado y los entes privados. Si un gobierno considera que un recurso natural es estratégico, tomará previsiones para que los empresarios privados respondan; los entes privados son responsables de los intereses sociales, cumpliendo las normas establecidas por el estado. Además, no deben tomarse atribuciones que no le pertenecen. Es bien conocido el tema del petróleo en Venezuela, que si hay que privatizar PDVSA o no, que si es el estado que la administra, que si es propiedad de todos los venezolanos. El petróleo es el excremento del diablo, así que nadie se lo va a comer, ni lo va a guardar debajo de la cama para que lo hereden los hijos o nietos. El petróleo es para que los venezolanos vivan mejor gracias a los ingresos que produce por su venta, y nada más. Hoy en día sabemos que el futuro del petroleo no es promisor ya que se venderá mucho menos por las nuevas tecnologías no contaminantes. De acuerdo a estudios recientes, el petróleo tendrá unos diez años más de apogeo y luego irá descendiendo su valor con el paso de los años; el volumen de ventas será cada vez menor. Si aunamos a esto la mala administración chavista, que ha deteriorado la industria, es poco lo que se podrá aprovechar para el bienestar social.

Empoderar a los Trabajadores y No Empoderar

El tema de empoderar a los trabajadores es una oferta común de los sistemas comunistas y socialistas, dijo Jeremy, tratan de buscar adeptos a como dé lugar, inventan una justicia social ficticia que no tiene asidero sustancial. El problema es definir qué se busca con el empoderamiento, ¿sustituir al emprendedor por un trabajador,? ¿darle más autonomía al trabajador,? ¿repartir equitativamente los ingresos,? ¿darle más participación al trabajador en las decisiones? Analicemos con mente abierta, integrar al trabajador en el proceso de producción es positivo. La motivación es un factor potente en la satisfacción de los trabajadores, la desmotivación solo produce abstención y disminuye la productividad. Los sistemas capitalistas ponen el énfasis únicamente en el capitalista; los trabajadores son simples piezas de recambio que pueden ser sustituidas fácilmente en caso de necesidad. Los capitalistas disponen de los recursos financieros para emprender grandes empresas y recurren a los trabajadores como si fueran un recurso más, como una materia prima, un transporte, un componente, etc. Idealmente, un trabajador pudiera ser un socio que pone su esfuerzo físico o intelectual al servicio de un emprendedor que tuvo la iniciativa y el crédito o capital, ¿es posible hacer cambiar a los emprendedores capitalistas? La única manera de cambiar ese esquema en una sociedad democrática es a través de la legislación; para ello hace falta negociar con los capitalistas y establecer las condiciones para que los trabajadores se sientan más implicados en los procesos productivos. Las leyes deben servir para integrar a los trabajadores sin espantar a los capitalistas pero facilitando la participación de los trabajadores.

El tema participativo de los trabajadores es una propaganda constante de las ideologías, dijo Naveda. Es evidente que los trabajadores son la fuerza motora de cualquier empresa u organización y merecen consideración. Es lamentable que un trabajador que dedica su vida a trabajar en una empresa, no participa activamente según sus competencias, tiene un potencial de contribución que no se utiliza. Los capitalistas tienen una visión orientada al poder, es la jerarquía la que decide el rumbo a seguir. Los trabajadores que participan tienen ventajas, ejercen autonomía y toman decisiones sin recurrir a los niveles gerenciales, haciéndose más eficiente la producción; desarrollan sus habilidades con estudio y experiencia; de acuerdo a su precisión en las decisiones, son mejor valorados por sus supervisores; el empoderamiento los hace más colaboradores y se involucran en las decisiones. Los comunistas y socialistas promueven la participación de los trabajadores con la intención de ganar la voluntad popular. Los capitalistas son forzados a participar en condiciones desventajosas para sus intereses. Es bien sabido que los comunistas y socialistas, a pesar de sus aspiraciones, nunca han dado buenos resultados con su enfoque.

Bertold había trabajado toda la vida en una gran empresa del estado e intervino para precisar algunas características del empoderamiento. Ya se habló de incrementar la autonomía pero sin detallar la participación en las decisiones de las empresas. Existe el modelo alemán, integrando a trabajadores y gerentes en la junta directiva, parece una buena estrategia para escuchar los puntos de vista de los trabajadores. Un problema en muchos países es garantizar al trabajador una pensión de vejez; muchos trabajadores son despedidos después de 20 o 30 años de servicio cuando ya no tienen el tiempo para integrarse productivamente en otra empresa y quedan a merced de la pensión del estado que no alcanza para subsistir. Hay otros problemas sobre el avance profesional del trabajador dentro de la empresa, como los planes de formación para que adquieran habilidades y ocupen cargos más relevantes, de acuerdo con sus potencialidades. Los trabajadores también necesitan el reconocimiento de sus contribuciones, no solo la moral sube sino que se integra con más fortaleza a la productividad general de la empresa. Una política de empoderamiento permite la inclusión, la comunicación y la colaboración; los trabajadores son los mejor ubicados para identificar problemas potenciales y sugerir soluciones innovadoras.

Eloncio Muskatel decidió participar ya que es un capitalista empedernido y tiene muchas sugerencias para integrar a los trabajadores en la empresa. Hay muchas ventajas en el empoderamiento, además de las que ya se han mencionado, se le tiene más confianza a un trabajador satisfecho que cuida la empresa como si fuera suya, tomando la iniciativa, y volviéndose creativos. Cuando no se les empodera, se necesita mucha más supervisión ya que ponen menos atención y están desmotivados, no comparten las ideas, no se involucran, volviéndose dependientes de los supervisores. No es raro que los trabajadores renuncien rápidamente ya que no se sienten integrados a la empresa.

Disponibilidad de Crédito y Escasez

Uno de los inventos más importantes de los sistemas capitalistas es el crédito, dijo Jeremy. El dinero permite iniciar emprendimientos, los empresarios pueden arriesgarse a solicitar créditos y fundar empresas o mejorar las existentes y adaptarlas a las necesidades. Para pedir créditos hace falta que existan prestamistas, aquellos que acumulan grandes riquezas y desean ponerlas a ganar intereses. Los gobiernos utilizan los ingresos nacionales, incluidos los impuestos, para prestar dinero y ayudar a la población con esa riqueza. Los prestamistas florecen en las épocas de crecimiento económico, las empresas prosperan y los gobiernos gastan recursos para mejorar la infraestructura y los servicios. Los prestamistas necesitan seguridad financiera y estabilidad legal para asegurar el retorno de sus capitales, en caso contrario prefieren limitar el crédito. Las regulaciones gubernamentales pueden afectar la liquidez disponible para los préstamos; a veces los gobiernos imponen un encaje legal (mantener un monto en efectivo intocable) en los bancos e instituciones financieras, limitando la liquidez.

Además de la disponibilidad de crédito, otro factor es el cumplimiento de los deudores, dijo Bertold, si éstos cancelan puntualmente se mantiene la liquidez y se atienden nuevos deudores. El riesgo de los emprendimientos siempre debe ser evaluado y se prefieren proyectos sustentables en el tiempo. Así como las empresas se benefician del crédito, los individuos también pueden acceder a él e incrementar sus gastos, los cuales se traducen en ingresos para las compañías que proveen productos y servicios. La escasez de crédito es negativa para la economía pero en ciertas situaciones se previenen las burbujas inflacionarias, sobre todo si el crédito es excesivo; la escasez de crédito favorece el ahorro, que puede usarse en el futuro, fomenta la disciplina financiera, produciendo mejor planificación financiera y gerencia del riesgo; reduce el consumo excesivo, la gente se acostumbra a vivir con lo poco que tiene y evita las burbujas consumistas que acaban con los productos. Se invierte en lo esencial, fomentando proyectos con alto grado de éxito financiero y asignando los recursos efectivamente; obliga a integrarse con financiamiento alterno diversificado, como la venta de acciones o asociarse con capitales de riesgo de empresas con altas expectativas.

Pienso que habéis hecho una muy buena introducción a la importancia del crédito y a su escasez, dijo Eloncio Muskatel. Aunque tengo poco que añadir, diría que el crecimiento económico, alcanzado con créditos bien evaluados, es un medio para incrementar la productividad, crear empleos y fomentar la innovación, invirtiendo en negocios y expandiendo los existentes. Los créditos ayudan a las familias en la adquisición de viviendas y a los constructores en la realización de proyectos; cuando hay crisis financiera, los créditos ayudan a estabilizar la economía. Los gobiernos que no tienen suficientes recursos para financiar la infraestructura pueden adquirir créditos para vialidad, puentes y edificios públicos los cuales se pagan a través de los impuestos; el crédito financia los proyectos de investigación innovativos que desarrollan y comercializan nuevos productos y servicios; las empresas exportadoras necesitan créditos para comerciar por el mundo y atraer inversores extranjeros que ingresan divisas al país y generan empleos.

Control y Liberación de Precios

Las economías basadas en control de precios o liberación de precios representan dos modelos opuestos, dijo Jeremy. Esos modelos impactan la asignación de recursos, el comportamiento de los consumidores y la eficiencia de la economía en general. En una economía de control de precios, el gobierno es el que define y regula los precios de bienes y servicios para lograr fines sociales que estabilice el consumo y no afecten los presupuestos de las familias, así como para controlar la inflación; usualmente se establece el precio máximo del producto; a veces se controla el precio mínimo para defender a los productores; el control de precios requiere de una intervención y supervisión constante por parte del gobierno. Las ventajas del control de precios incluye productos accesibles a los consumidores, protección a los consumidores limitando el precio en épocas difíciles, suministrando bienestar social a los consumidores y regulando los servicios clave como salud y educación. El modelo tiene sus desventajas ya que distorsiona el mercado y muchos productores prefieren cerrar sus negocios, causando escasez e inestabilidad alimenticia; aparece el mercado negro con acceso a productos más caros evitando la regulación; se reduce el incentivo de las empresas a querer producir e innovar.

Permitidme participar, dijo Eloncio Muskatel, ya introdujisteis el modelo de control de precios, yo presento el modelo de liberación de precios. Ese es el modelo que manejo, la oferta y la demanda determina los precios y no un gobierno intervencionista lleno de burócratas. La competencia entre productores, las preferencias de los consumidores y los costos de producción determinan los precios de los productos. Las características de este modelo son los precios determinados por el mercado, una intervención mínima del gobierno y una mayor flexibilidad en la determinación de los precios. Las ventajas se refieren a un mercado eficiente que se adapta rápidamente a los cambios; innovación constante para ofrecer mejores productos y servicios a los consumidores; incentivos para invertir ya que buscan ganancias rápidas y mayores. Las desventajas se refieren a desigualdades en el ingreso de los productores ya que unos tendrán mayor éxito que otros y ganarán más; si hay fallas en el mercado, por participación foránea o desarrollo de monopolios, la intervención gubernamental corrige las distorsiones.

Bienestar Social Amplio y Restringido

El tema del bienestar social es uno de los temas más importantes para los ciudadanos de bajos recursos, dijo Jeremy, en vista de que la ayuda social es necesaria en múltiples ocasiones. Ninguna sociedad ha logrado mejorar a sus ciudadanos a un nivel de autosuficiencia, siempre hay necesidades, bien sea por culpa de la economía, por falta de educación o habilidades, por discapacidad, por enfermedades, por accidentes, etc. Ya está demostrado que los sistemas comunistas y socialistas ofrecen sistemas de bienestar social amplios, el esfuerzo general se distribuye para ayudar a los más necesitados, pero en el fondo lo hacen para lograr adeptos y forzar a toda la población a vivir a un nivel de supervivencia. Los sistemas capitalistas, liberales y conservadores insisten en que se restrinja el bienestar social solo a casos extraordinarios, es el esfuerzo individual el que decide una vida mejor. El bienestar social es un esquema que permite colaborar con los pobladores más vulnerables de la sociedad, resolviendo las necesidades esenciales de comida, vivienda, salud y educación. El bienestar social usa redes de salvaguarda tales como seguro de desempleo, ayuda a los discapacitados y pagos mensuales para poder vivir en situaciones difíciles. Representa un sistema de redistribución del ingreso donde los más afortunados pagan impuestos altos para financiar programas sociales que benefician a los necesitados. Se combina con un sistema equitativo para darle oportunidad a los más necesitados, reducir las desigualdades sociales y darle acceso a los servicios esenciales. El bienestar social alivia la pobreza, promueve la estabilidad social y fomenta los valores humanos.

El esquema restringido de bienestar social, propio del capitalismo no se ataca a clases sociales específicas, dijo Naveda, sino que identifica a los individuos y familias con necesidad y les ofrece cierto grado de colaboración hasta que resuelven sus dificultades temporales. En este esquema, el gobierno no es intervencionista y solo se dedica a asegurar los derechos de propiedad, exigir cumplimiento de contratos y mantener el orden social a través de las leyes. El gobierno tiene una mínima influencia en los programas de ayuda social o en la redistribución del ingreso. Resumiendo, el esquema restringido se aboca a enfatizar la responsabilidad individual limitando la ayuda social, le da preferencia al modelo de libre mercado y aboga por un gobierno con interferencia mínima en la economía o las decisiones individuales. Este esquema se caracteriza por permitir la participación de organizaciones sin fines de lucro, asociaciones caritativas, empresas o individuos, ayudando a los necesitados; el énfasis está más orientado a organizaciones de voluntarios o filántropos y menos a usar el poder del estado. Algunas ventajas del esquema restringido son la promoción de la libertad económica, burocracia limitada e incentivo al crecimiento personal. La libertad económica fomenta el emprendimiento y la innovación; al reducir la intervención del gobierno, hay menos barreras burocráticas y menos costo administrativo. Con bienestar restringido se promueve a los individuos a mejorar su formación y participación, convirtiéndose en autosuficientes sin depender de la ayuda gubernamental.

Capítulo 15: Filosofía

La filosofía contempla las principales preguntas que nos hacemos sobre la existencia, el comportamiento ético y la naturaleza humana. Tiene relación estrecha con los individuos, las ideologías, la política y la sociedad con sus instituciones. Los gobiernos buscan inspiración en los trabajos de los grandes filósofos para definir principios, propósitos y políticas. Los trabajos de Platón, Aristóteles y Hobbes han contribuido a conceptualizar la gobernabilidad de las naciones. La República de Platón sugiere la conformación del estado y el rol del gobernante filósofo. Aristoteles sugirió el concepto de "Polis," influenciando la importancia de la democracia. Thomas Hobbes propone alternativas para el control del orden social y político para evitar el conflicto civil. En épocas recientes, los gobiernos se han inspirado en los trabajos de John Locke, Jean-Jacques Rousseau y John Stuart Mills. Locke propuso ideas sobre los derechos naturales y el contrato social, utilizadas por las democracias liberales, enfatizando las libertades individuales y los gobiernos con limitación de poder. Rousseau enfatizó la importancia de la voluntad general y la democracia participativa, creando las bases de la soberanía popular y la toma de decisiones colectivas. Mills propuso la importancia de la autonomía individual y la libre expresión, conceptos que definen la importancia de las libertades civiles en las sociedades modernas.

En este capítulo se presentan algunas dicotomías sobre el tema filosófico. Son factores que identifican características filosóficas y que tienen influencia en las concepciones ideológicas:

Realidad y Fantasía
Simplicidad y Complejidad
Conocimiento e Ignorancia
Pensamiento Crítico y Pensamiento Dogmático
Entusiasmo y Fatalismo
Esperanza y Desesperanza
Darle Sentido a la Vida y La Vida es Absurda

Realidad y Fantasía
Una crítica común hacia las ideologías es que proliferan fantasías, comenzó diciendo Jeremy. Las utopías son el principal ejemplo, un mundo inventado por la mente de unos intelectuales, que vislumbra un deseo

inalcanzable de orden, felicidad y solidaridad. Como ya hemos dicho, soñar no cuesta nada, por eso existen tantas películas y libros que presentan mundos inventados que no tienen posibilidad de materializarse. Recientemente he visto una serie, El Espejo Negro, que presenta situaciones que pueden ocurrir en la sociedad del futuro; tiene una fuerte inclinación hacia el uso de la tecnología y quién sabe, pudieran hacerse realidad. Imaginar una fantasía tecnológica no significa que pueda lograrse en el futuro, pero es un primer paso. Lo mismo ocurre con las ideologías, nos las imaginamos y pretendemos que se hagan realidad en el futuro. Personalmente, pienso que las ideologías son difíciles de implantar ya que dependen de la gente que es más compleja que las tecnologías; las ideologías recomiendan comportamiento humano que no todos están de acuerdo en aceptar; las tecnologías se usan para crear herramientas que todos puedan utilizar, por ejemplo, todos usan el teléfono, el computador, los sordos usan ayudas auditivas.

Gabriel creyó haber escuchado una afirmación novedosa y la quiso poner a prueba. Dijo, las tecnologías permiten resolver problemas o servir de herramienta para el uso de todos, no importa la personalidad de cada uno. Hay tecnologías que ayudan a los pacientes a identificar una enfermedad, pero dejan mucho que desear, le falta precisión y el contacto humano. Por ejemplo, una tecnología para ayudar en las relaciones de pareja, a ponerse de acuerdo en temas difíciles que se presentan en la vida, sería útil. En la vida real, cada pareja decide por su cuenta y sin ayuda; a veces reciben consejos de algún familiar o de un terapeuta. Si pudiesen sintetizarse las alternativas de acuerdo con el conocimiento del problema, la personalidad de los miembros, el contexto en que se presenta el problema y la gravedad del asunto, la tecnología ayudaría. La Inteligencia Artificial es la única que está a prueba actualmente y dicen que tiene un potencial de ayuda a los individuos y la sociedad.

Úrsula, con su conocimiento económico, expresó lo siguiente, los sistemas totalitarios son fantasiosos, la evolución de las sociedades ha seguido un camino comercial, realista, donde se intercambian los bienes y servicios de acuerdo con las transacciones libres que realizan los participantes; el que ofrece más adquiere los bienes y servicios; el que no ofrece lo suficiente se queda sin mercancía. Son transacciones que establecen el valor de los bienes y servicios utilizando los criterios de la oferta y la demanda. No hay intervención de poderes externos a las transacciones que limiten las condiciones en que deben hacerse. Cuando el estado tiene el poder de intervenir en las transacciones se genera un conflicto de intereses que altera la armonía entre los participantes y genera represalias que ponen en peligro la estabilidad de las futuras transacciones.

Todos sabemos, dijo Naveda, que cuando el gobierno interviene en la fijación de los precios de los productos y servicios, automáticamente desaparecen los productos del mercado; los comerciantes no van a trabajar a pérdida, prefieren dedicarse a otros renglones que les produzcan beneficios. Las ideologías totalitarias manipulan el sentido de las transacciones comerciales para sus propios fines, normalmente para llegar al poder y mantenerse eternamente; no es por el bien de la ciudadanía, es por su ambición personal; esas ideologías socialistas y comunistas nunca han demostrado que la intervención del estado sea beneficiosa para la vida de las personas. Venden una imagen justiciera de la humanidad en que todos merecen por igual, sin importar la contribución concreta que deben aportar los ciudadanos para sustentar esa aspiración.

La realidad, continuó Naveda, es lo que sucede durante la vida y que no podemos evitar que suceda. Cuando tomamos decisiones utilizamos la realidad sobre lo que nos rodea, la información recabada y decidimos tomar rumbos basados en esa realidad objetiva. Si aplicamos medidas subjetivas caemos en la fantasía, por lo tanto debemos ser objetivos; las mayorías pueden dejarse llevar por la fantasía por lo tanto las minorías pueden tener la razón. Si algunas ideologías explotan la fantasía, es preferible ser realista y basarnos en conceptos realistas que por lo menos harán menos daño a toda una población. Por eso estoy de acuerdo con Jeremy en que hay que conocer al ser humano en su diversidad y realidad y no en inventos fantasiosos que nos colocan como buenos, solidarios, alegres, etc. la realidad nos dice que hay de todo en la viña del Señor.

Simplicidad y Complejidad

La gente quiere resolver los problemas rápidamente, fácilmente y simplemente, comenzó diciendo Jeremy, muchas veces sin tomar en cuenta las consecuencias. Hay tantos ejemplos en la sociedad, parece mentira que todo lo quieren resolver a lo simple, no se dan cuenta de que un problema complejo con una solución simple, radical, no garantiza buenas consecuencias. No estoy seguro si la gente tiene un complejo de superioridad o inferioridad pero aplicar medidas simplistas, que aplican a todos por igual, no es una solución inteligente, más bien refleja flojera mental.

Yordano Faderson es psicólogo especialista, sabe que la mente humana se inclina por lo simple y no precisamente por la flojera mental. Los seres humanos tienen una tendencia natural hacia el confort y el placer, prefieren las soluciones simples para producir resultados rápidos. Aunado a esa comodidad, tienen una tendencia a ser importantes, quieren ser famosos, y sugerimos soluciones simplistas para demostrar que somos inteligentes. Me parece que se sienten superiores cuando proponen una solución simple, resuelven el problema fácilmente, para sentirse exitosos frente al grupo. Puede reflejar inferioridad ya que proponen una solución simplista para no demostrar su ignorancia, aunque sepan que no es la solución, a la larga no logran resultados sostenibles.

Un caso típico en la política, dijo Naveda, es el control de precios, es una solución simplista que se ha demostrado una y otra vez errada; las consecuencias conducen a la desaparición de los productos o servicios controlados. En el otro extremo entendemos la complejidad de los problemas y tratamos de profundizar los suficiente para resolverlo; en caso de exagerada complejidad debemos subdividir el problema en etapas que se vayan solucionando con el paso de tiempo, para evitar fracasos estrepitosos. No es conveniente complicar un problema proponiendo soluciones complejas, que no pueden ser implementadas y terminan fracasando.

Yordano, sin temor a contradecirse dijo que para los humanos, desear que se acabe el sufrimiento y el dolor es un impulso natural; más intenso el dolor, mayor deseo de que se acabe. Esto indica que cuando hay problemas graves, se quieren solucionar rápidamente y se propone lo simple en lugar de lo complejo ya que no hay tiempo de profundizar. Hay muchos otros factores a tomar en cuenta, por ejemplo, complicar un problema ocurre simple y fácilmente pero solucionarlo no es tan fácil. Debemos notar que siempre hay una solución simple a todo problema, clara, plausible y equivocada; sí, por lo general es equivocada, aunque hayan excepciones. Lo otro es que hay que imaginarse cómo se complica la situación cuando pasamos de la visión personal a la social; si es cierto al nivel personal, se vuelve exponencial al nivel social ya que se multiplica el problema con más personas afectadas.

Conocimiento e Ignorancia

El tema del conocimiento no parece un tema prioritario en las ideologías, aseveró Jeremy, aunque la educación sí lo es. La educación parece ser un tema automático, pero lo tratan superficialmente, que si necesitamos más maestros o más escuelas, que sí debemos aprovechar los recursos naturales y la naturaleza para atraer al turismo, pero hay que destacar que el conocimiento que necesitamos cambia en el tiempo, no es estático, los colegios deben adaptarse a las nuevas condiciones. Algunas ideologías patrocinan el atraso, consideran que los cambios no son saludables, algunas promueven el trueque en lugar del dinero. Los sistemas socialistas y comunistas prefieren el adoctrinamiento ideológico, quieren tener partidarios que los apoyen y actúan como los evangélicos, difundiendo sus dogmas. En lugar de temas filosóficos y existenciales, prefieren conocimiento neutro, como las artes, la economía, la medicina, que no pone en peligro su hegemonía. Sobre la política, prefieren el pensamiento único y se abstienen en temas tales como la democracia, la libertad y el libre albedrío.

Gabriel hizo una pregunta y le dio una interpretación, ¿Existe algún interés escondido en las acciones de los gobiernos para promover la ignorancia de sus pueblos? Es probable, ya que para los políticos lo importante es mantenerse en el poder el mayor tiempo posible y una población educada se convierte en una amenaza para su estabilidad. El peor caso es cuando la ideología promueve la ignorancia, prefieren un pueblo adormecido e inculto que apoye el abuso de autoridad y se conforme frente a la corrupción.

Ivory decidió participar en la conversación diciendo que las sociedades que promueven el conocimiento requieren de un ambiente que favorezca la mente abierta, la libre discusión de las ideas, la tolerancia social, donde las soluciones sean convincentes, balanceando las ventajas y desventajas de las distintas alternativas. La sociedad debe influir en las decisiones educativas que tomen los gobiernos para que se permita la libertad de conocimiento en lugar de limitarlo. Desde mi punto de vista, las sociedades socialistas y comunistas sí tienen interés por el conocimiento pero para uso práctico.

Este tema es bien importante, dijo Naveda, los liberales y anarquistas aceptan el conocimiento en todas las áreas, mientras que los socialistas y comunistas colocan prohibiciones. Es típico el adoctrinamiento en los sistemas socialistas y comunistas, quieren que los niños se conviertan en piezas de recambio cumpliendo los lineamientos ordenados por los gobiernos. Es por eso que los estados deben promover constituciones neutras que eviten el totalitarismo del conocimiento, y descarten la orientación a la ideología única, uniformizante. Recordó con nostalgia una institución universitaria que aplicaba el socialismo absurdo, forzaban a los estudiantes a realizar investigaciones de aplicación social, por ejemplo, hacer estudios sobre los métodos de recolección de basura en la comunidad, sin utilizar conocimientos de computadoras, que no eran cónsonos con un departamento de informática; por lo tanto, si un estudiante tenía un potencial más teórico, como por ejemplo, grafos de conocimiento, que se aplica en diversas áreas, tenía que cambiar su orientación para adaptarse a las exigencias limitativas de la directiva.

Eloncio Muskatel quiso aclarar que él es un anarquista utópico que no simpatiza con regímenes socialistas o comunistas. Me gusta profundizar en los conceptos y tengo una pregunta, acompañada de una respuesta, ¿Qué es el conocimiento? Es un esquema cognitivo que se considera verdadero en un cierto momento pero que puede perder su validez con el tiempo, cuando la experiencias adquiridas demuestran las debilidades del concepto. Eso significa que el conocimiento no es absoluto, está sujeto a las expectativas de los interesados. Por eso es que se puede afirmar la siguiente paradoja, cuanto más conocimiento poseemos surge más desconocimiento.

Jeremy no entendió, ¿cómo es eso de que más es menos? Uno busca más conocimiento para tomar mejores decisiones en la vida, no para tener más dudas.

Te entiendo muy bien, dijo Eloncio, por eso es que es una paradoja, parece lo contrario pero no lo es. La explicación es que al conocer más se abren nuevas incógnitas que requieren ser investigadas. Hay conocimiento que se mantiene estable por siglos, voy a poner un ejemplo complejo y simple a la vez, la famosa teoría del big-bang se considera como la mejor explicación del origen del universo, pero es un conocimiento que no es absoluto, podría ser modificado en un futuro, de acuerdo a los estudios, a las experiencias y las investigaciones que se hagan. El otro aspecto es que cuando conocemos sobre un tema nos motivamos a profundizar y a buscar conocimiento detallado y colateral, es por eso que surge el desconocimiento, se convierte en un estado de ánimo que nos hace seguir investigando.

Ivory afirmó que estamos en la sociedad del conocimiento, donde los intelectuales influencian las decisiones que toma la sociedad. Ese término corresponde con la sociedad moderna y está ligado a la sociedad de la información, donde la tecnología informática ha transformado la sociedad con redes interconectadas que ponen la información disponible instantáneamente en cualquier lugar del planeta. El trabajo manual tradicional y la explotación de las materias primas siempre sera necesario pero el conocimiento teórico repercute en las decisiones tecnológicas y espirituales. La tecnología tiene que ver con la sociedad post-industrial donde el conocimiento teórico es la principal fuente de transformación e innovación, y produce cambios a partir de una economía que produce productos a una economía basada en servicios.

Para Eloncio, el tema era fascinante, el era un inversionista en tecnologías de punta y había adquirido sus millones emprendiendo negocios que brindan servicios a la comunidad. Es un conocedor del área y dijo que la sociedad del conocimiento necesita de intelectuales preparados en las tecnologías de punta. Son profesionales especializados en tecnologías de la información y comunicación pero además con un vasto conocimiento sobre temas humanos y espirituales, incluidos la biología, psicología, medicina, y filosofía; usualmente promueven la capacidad de organizar esfuerzos conjuntos con especialistas de todas las áreas. Una característica que los identifica es su capacidad de innovación.

Jeremy intervino diciendo que la tecnología debe someterse a juicios morales e intelectuales en vista de que puede tener impactos nocivos hacia la vida de las personas. La tecnología es una herramienta de doble filo, puede ser útil en ciertos aspectos pero peligrosa en otros. Por ejemplo, imaginemos un robot capaz de aprender con el tiempo pero que carece de juicio moral para interpretar y decidir alternativas: puede tomar decisiones que pongan en peligro la vida de las personas. Otro ejemplo es el implante de circuitos electrónicos en el cerebro para regular ciertas funciones, pueden poner la vida del paciente en vilo. Lo mismo que las medicinas, que tienen efectos secundarios y que se hace difícil recomendarlas a todos los pacientes ya que el cuerpo humano no funciona igual en todos los casos.

Entusiasmo y Fatalismo

La vida se desenvuelve entre los extremos entusiastas y fatalistas, dependiendo de las experiencias que vivimos, dijo Jeremy. Al nacer tenemos una determinada tendencia optimista o pesimista, pero actuamos con entusiasmo o fatalismo dependiendo de nuestras creencias y experiencias. El fatalismo significa que creemos que todo permanecerá tal como está, que nada será distinto; es imposible cambiar la naturaleza individual engendrada; el ser humano está dirigido por instintos, impulsos y fisiología; cada individuo tiene su naturaleza particular que no puede ser alterada. Estas ideas las sugiere Nietzsche en sus obras, sugiriendo la importancia del individuo, aquel que se autorrealiza, explorando y disciplinando sus talentos y distinguiéndose de la plebe y de las influencias conformistas. "¿Qué te dice tu conciencia? - Te convertirás en la persona que eres." [Nietzsche, Gay Science, 270]

Aquí hay una doble interpretación del término fatalismo, dijo Ivory: autorealizarse y a la vez limitarse por los instintos. Todo se aclara si introducimos el concepto de perspectiva; el fatalismo y el autorrealizarse son complementarios en la vida, somos autónomos y por lo tanto responsables de nuestras acciones pero dependemos de las circunstancias desde que nacemos, por lo tanto tenemos ciertas limitaciones; se trata de la condición humana, somos libres y limitados a la vez.

Esta introducción nos alienta a entender la influencia de la filosofía en las ideologías y en la vida, dijo Gabriel, ¿cuál es la dirección a tomar, entusiasta o fatalista? Usualmente, las ideologías parten de un diagnóstico fatalista de la realidad que justifica ciertos cambios, orientándose hacia un futuro entusiasta de la vida. Es típico del socialismo y el comunismo achacar la culpa al capitalismo: fatalismo, y promoviendo el paraíso en la tierra: entusiasmo. Si somos realistas, aceptamos que en el mundo hay mucho por hacer, las perspectivas no son alentadoras, pero una alternativa es ser entusiastas para buscar alternativas que mejoren la situación.

Esperanza y Desesperanza

La esperanza es una expectativa positiva subjetiva, que anticipa la ocurrencia de algo, comenzó Jeremy. Esa expectativa permite ejecutar las acciones que hagan realidad las esperanzas, representan las estrategias que soportan el logro de resultados; la predicción del futuro, la planificación, y la acción permite convertir los sueños en realidades. Teniendo solo ilusiones, presentimientos, anhelos y deseos no lograremos gran cosa, hay que actuar. Por otro lado, la desesperanza refleja una visión negativa del futuro, se basa en creencias no comprobadas, falta de seguridad en sí mismo, inseguridad de tener éxito, creer que nunca se hará algo importante, y que nunca solucionaremos los problemas de la vida.

La esperanza está asociada al optimismo, dijo Gabriel. Mi inclinación filosófica indica que aspirar a resultados positivos genera pensamientos alentadores, ejecutamos acciones constructivas e incrementamos la satisfacción de estar vivos. La esperanza facilita cumplir nuestros sueños y alcanzar los objetivos que nos trazamos. La esperanza es una emoción y como tal genera expectativas de mejora de las penurias, nos hace más fuertes y nos enfrenta mejor a los retos del futuro.

La esperanza se puede estructurar en varios factores, dijo Yordano Faderson. Mi experiencia con pacientes que sufrían depresión me brinda un marco de apoyo para afirmarlo: la motivación, la fortaleza y resistencia, la salud y el bienestar, y las relaciones sociales, son claves para definir la propensión esperanzadora de las personas. La motivación hace actuar y luchar a las personas, crecen en todos los ámbitos de la vida, el éxito es un objetivo inspirador. El esfuerzo que realizan producirá efectos positivos en la vida. La fortaleza o resistencia actúa como un protector contra la adversidad, los que tienen esperanza son capaces de perseverar ante situaciones difíciles a sabiendas de que vienen mejores épocas. La salud y el bienestar mejoran para los que tienen esperanza ya que la salud física y mental aumentan; tener una actitud positiva disminuye el estrés y aumenta el sentido general de bienestar. Para finalizar, las personas que tienen esperanza fomentan relaciones sociales positivas, donde se valora a las personas; el optimismo de estas personas se difunde y se contagia para ver el lado bueno de la vida

Joseph escuchaba a los ponentes y coincidía con la visión esperanzadora pero notaba que el otro extremo desesperanzador no se manifestaba y dijo. La desesperanza es un síntoma de pesimismo, es una emoción negativa que demuestra desamparo y expectativas nocivas; lleva al estancamiento y apatía para lograr objetivos. Es lo contrario de la esperanza: apatía, debilidad, impacto en la salud y relaciones sociales negativas. Los que no tienen esperanza se vuelven apáticos, pierden motivación y no cambian su vida para bien; creen que sus esfuerzos son fútiles y dejan de actuar para superar las dificultades. El pesimismo aumenta el impacto de los retos y obstáculos haciendo difícil la recuperación ante las trabas; pueden caer en ciclos destructivos ya que carecen de la voluntad para superarlos; la presión y la ansiedad aumentan considerablemente. La desesperanza prolongada contribuye al estrés crónico, generando malestar físico y mental; la depresión es típica de los que se focalizan en la desesperanza. Para finalizar, las personas pesimistas tienen dificultades para mantener relaciones sociales, su presencia negativa significa una carga para los que los rodean; la familia, las amistades y los conocidos se distancian para evitar situaciones desagradables.

Pensamiento Crítico y Dogmático

Un tema interesante ideológicamente se refiere a la mente crítica o dogmática, dijo Jeremy. Este tema determina el comportamiento de las personas ante las decisiones de la vida. Las ideologías, por ser propuestas de vida, establecen una visión o perspectiva de vida en sociedad y las personas son las que determinan qué aceptar y qué rechazar. El pensamiento crítico y el análisis cuidadoso ayudan a evaluar distintas opciones e identificar las fortalezas y debilidades de los argumentos. El pensamiento critico significa el deseo de buscar, la paciencia para dudar, la afición a meditar, la lentitud para afirmar, la disposición para considerar, el cuidado para poner orden y el rechazo a todo tipo de imposición. Las posiciones críticas definen una estrategia para la discusión, por ejemplo, contradiciendo lo que se propone, aspiran a considerar otras opciones. El pensamiento crítico significa la capacidad de analizar y evaluar la consistencia de los razonamientos, en especial, las afirmaciones que la sociedad acepta como verdaderas; hoy día, las afirmaciones falsas ('fake news') ponen en peligro la veracidad de los temas importantes. Por otro lado, el dogmatismo establece que su verdad debe ser siempre aceptada sin cuestionamientos, que se puede conocer la verdad, con facilidad y plena certeza, sin necesidad de fundamentarla ni confrontar con la realidad. La palabra dogma proviene del griego, y significa "creencia," o "decisión."

Me permito intervenir, sin aviso ni protesto, dijo Gabriel, razonando filosóficamente. Las ideologías promocionan dogmas para hacerse importantes, es una manera de diferenciarse de las demás, por eso se dice que un dogma es una opinión filosófica pero fundada en principios que no se cuestionan. Está basado en posturas y opiniones que creen poseer una verdad incuestionable. Pero el dogmatismo es disfuncional al afirmar que posee la verdad absoluta, por rechazar cualquier hecho o información que contradiga sus creencias se aparta del espíritu filosófico. La filosofía demuestra duda y el dogma es la negación de la duda y la autocrítica, procesos básicos para flexibilizar la mente y hacerla abierta. Es evidente que la gente es la única que puede hacer la diferencia; en lugar de ser dogmáticos, deben promover la mente abierta y usar los dogmas como una alternativa pero no como la solución.

Yordano Faderson interpretaba a su manera las ideas expresadas y quiso colaborar con el tema, tratando de profundizar. Por lo que entiendo, hay dos contextos en pugna, uno es el ideológico y otro es el personal; ideológicamente hay contradicciones, las ideologías representan un modelo a seguir, por lo tanto tienen tendencia dogmática, definen un camino único, una alternativa específica de sociedad. A nivel personal, debemos tener mente crítica, abierta, para dilucidar el camino a seguir ante las circunstancias, sin dejarnos llevar por verdades inventadas. El sentido crítico nos permite discernir entre argumentos mediocres y brillantes, distinguir la información valiosa de la prescindible, permite desmontar prejuicios, ayuda a definir conclusiones, facilita la generación de alternativas, permite mejorar la comunicación, nos hace dueños de nuestro pensamiento y nos permite actuar en consecuencia. La naturaleza humana es proclive a la incertidumbre y el dogmatismo propone certezas, a veces imposibles de alcanzar, por lo tanto, debemos usar nuestro juicio para confrontar las dos posiciones.

Naveda, como buen pragmático quiso expresar su punto de vista. Algunas actitudes útiles para evitar el dogmatismo son las siguientes, analizar la información en pequeñas dosis, enfatizar la importancia de los detalles y promover la búsqueda de los matices. También practicar la curiosidad y el escepticismo, hacer preguntas y contrastar con otras fuentes. Es preciso cuestionar todo lo que nos dicen, sobre todo si coincide con nuestras propias creencias. Esta última frase es muy importante, las personas tienen creencias enraizadas que son muy difíciles de doblegar, usualmente no quieren dar su brazo a torcer y se empeñan en imponer sus creencias sin someterlas a juicios objetivos.

Joseph quiso dar su toque religioso sobre el tema y dijo, el dogmatismo es más común de lo que nos imaginamos, puede ser religioso, jurídico o científico. La mayoría de las religiones son dogmáticas, representan un acto de fe, un convencimiento supersticioso. Se habla de doctrinas para referirse al catolicismo, el judaísmo o el islamismo, son religiones que se basan en textos escritos hace miles de años, cuando los humanos no se entendían ni ellos mismos. Tenemos que usar el conocimiento adquirido y usar los textos sagrados solo como una referencia y no como un dogma. Uno de los problemas de los dogmas se refiere al sectarismo, una actitud que defiende las ideas con fanatismo e intransigencia, sin admitir críticas. Para empeorar su reputacion, el sectarismo se convierte en discriminación, perjudicando a personas inocentes que solo manifiestan sus creencias. Una mente sectaria compagina el dogmatismo, el fundamentalismo y el oscurantismo, estancando el desarrollo humano y personal. El dogmatismo refleja la incapacidad de razonar cerrándose sobre sí mismo al declararse en autosuficiencia permanente, demostrando una arrogancia innecesaria.

Bertold escuchaba atentamente y no quiso quedarse sin intervenir, diciendo, las instituciones poderosas de la sociedad, religiosas, políticas, ideológicas, militares, financieras, e incluso, científicas, rechazan el pensamiento crítico porque amenaza las relaciones de poder y de dominio existentes. El ser humano de arraiga extremadamente a sus ventajas y no le importa el sufrimiento ajeno, así es imposible mejorar a los sin techo, a los necesitados. La evolución de la sociedad ha sido lenta, han pasado siglos para lograr justicia; esta lentitud no dice nada bueno de la sociedad pero al menos indica un avance. Podemos ser optimistas ya que por lo menos hay mejoras, cada generación vive cambios que demuestran la búsqueda de justicia. La lucha entre los que se benefician del status quo y los que no, es inmensa y tienen ventaja los que poseen el poder.

Creo que la sociedad necesita participación, dijo Gabriel. La sociedad, en general, no entiende que la organización social es fundamental para lograr cambios, es una lástima que la gente sea desinteresada y no participa lo suficiente, se nota la apatía reinante. Yo creo que la apatía se incrementa de generación en generación, los abuelos o bisabuelos saben que hay más tendencia a degenerar que a mejorar; los descendientes deben ser autónomos pero se les facilita la vida y nunca progresan, se vuelven dependientes de los ancestros. Cada nueva generación debe aprovechar el conocimiento acumulado por las anteriores para mejorar la toma de decisiones; el objetivo es evitar los errores y corregirlos, los cambios positivos y la participación de los ciudadanos es clave para la transformación social.

Joseph apoyaba los comentarios de Gabriel sobre degeneración social y afirmó que el conocimiento generado por nuestros ancestros no debe perderse. Necesitamos una sociedad con instituciones sólidas pero flexibles, el conocimiento que promueve la justicia hace que la población colabore. Los ancestros creen que solo dejando instituciones establecidas se resuelven los problemas y no es verdad. El conocimiento sobre los problemas, la evolución histórica y los modelos ideológicos nos permiten focalizar los esfuerzos para transformar la sociedad.

Jeremy quiso finalizar el tema diciendo, hay un conflicto entre creencias y conocimiento que debe abordarse. Las creencias, que incluyen deseos, ilusiones, suposiciones e intereses, se imponen actualmente al conocimiento, generando una falsa imagen de la realidad; para progresar hace falta pensamiento objetivo, basado en hechos demostrables. El pensamiento crítico utiliza el conocimiento y la inteligencia para llegar a la postura más razonable y justificada sobre temas sociales. Hay que reconocer y evitar prejuicios, identificar y caracterizar los argumentos, evaluar rigurosamente las fuentes de información, y ponderar todas las evidencias para tomar decisiones acertadas. El dogmatismo es un mal consejero.

Darle Sentido a la Vida y La Vida es Absurda

Albert Camus consideraba que la vida es absurda, que no tiene sentido, que no tiene justificación, comenzó diciendo Jeremy. El universo es caótico a propósito y los humanos estamos como entes minúsculos sin comprensión de lo que sucede, decía el filósofo. Decir que la vida es absurda es una afirmación un poco exagerada en vista de que aquí estamos y aquí vivimos; lo que sabemos es que el único objetivo predefinido como humanos es sobrevivir pero la conciencia nos impulsa a trascender. Es por ello que la gente debe establecer un proyecto de vida individual que tome en cuenta el contexto social. El individuo es soberano por ser humano y siempre es más importante que la sociedad, que es solo un invento para la convivencia. Para los seres humanos, la búsqueda de significado es mucho más complicada que un simple proceso consciente de investigación, ya que depende de la intuición, o sea, que proviene de lo más profundo de nuestras mentes, del inconsciente.

Estoy en el mismo barco contigo, dijo Gabriel. El extremo absurdo no plantea soluciones para la vida, por lo tanto, es necesario buscar un rumbo, definido por las aspiraciones que tenemos en la vida. La evaluación del significado requiere pensar sobre el pasado, el presente, el futuro, y la relación entre todos esos períodos. La gente imagina historias de vida para interpretar los eventos que ocurren, y como diría Nietzsche, hay que 'establecer un por qué vivir y aceptar así casi cualquier cómo.' Es más importante el por qué en vista de que nos permite definir una dirección, al menos temporalmente, para darle sentido a nuestra vida; ese por qué puede cambiar con el tiempo para ajustarse a las nuevas realidades. El cómo vivir está sujeto a las condiciones del entorno, las cuales no son tan fáciles de cambiar en vista de que las fuerzas conservadoras siempre se oponen a las transformaciones.

Joseph, con su visión fraternal de la sociedad, intervino diciendo, un ejemplo para entender el concepto del significado de la vida se refiere a los objetivos que persiguen las personas. Unas se concentran en acumular dinero durante la vida para disfrutarlo y garantizar una vejez confortable. Hay otras que se dedican a acumular conocimiento para sentirse satisfechos con su sabiduría y tratar de contribuir con la humanidad. Hay otras que se dedican a hacer el bien sin mirar a quién, gasta su tiempo en actividades humanitarias que benefician a pequeños grupos pero que consiguen mejoras palpables. Finalmente, hay otras que se dedican a pasar el tiempo en tareas exclusivamente orientadas a subsistir y a la búsqueda de placer, sin preocuparse por el dinero, por hacer el bien, o por contribuir con la humanidad. Todo es posible en esta vida, pero los egoístas son los que menos contribuyen a mejorar la vida en sociedad ya que suelen aislarse dentro de su caparazón.

Yordano Faderson lleva años ayudando a individuos que sufren dificultades para comprender el sentido de la vida y dijo, cada individuo tiene la capacidad de definir qué significa para él la oportunidad de vivir y qué desea dejar como legado a la humanidad, si es que quiere dejar alguno. Ya que no existe un significado de la vida común a todos los seres humanos, podemos verlo como una ventaja o como una desventaja. Es una desventaja puesto que no facilita la toma de decisiones en sociedad, pues no hay un rumbo predefinido y las alternativas son variadas. Es una ventaja pues permite decidir cuáles son sus intereses y cuál contribución está dispuesto a dar a la humanidad, por lo tanto, cada uno tiene el potencial de hacerlo a su manera, sin imposición foránea.

La gente se deja llevar por mitos e imaginan historias para entender los eventos y darle sentido a la vida, dijo Gabriel. Al nacer tenemos definida una estructura de vida influenciada por la familia y la sociedad que nos rodea. Los mitos e historias no necesariamente son los más convenientes para las condiciones en que nos encontramos, entonces, una confrontación entre los antiguos mitos y las nuevas realidades se hace presente y tiene que ser resuelta.

Capítulo 16: Ética

La ética tiene que ver con el comportamiento aceptable de las personas y por lo tanto depende de los valores que se manejan; tiene que ver con lo bueno y lo malo, la forma de interpretarlo y las decisiones tomadas para solucionar problemas. La moralidad es parte de la ética, se refiere a los principios y valores que favorecemos, haciendo lo correcto, y aunque sea difícil y peligroso, lo convertimos en útil y beneficioso para nosotros y para los demás. La toma de decisiones toma en cuenta todos los puntos de vista y el contexto en que nos desenvolvemos; una visión 'desinteresada,' sin prejuicios, promueve la objetividad y facilita la participación, expresando puntos de vista variados.

La ética ayuda a aclarar los valores, evaluar las consecuencias, razonar moralmente, tomar en cuenta a los afectados y promover estándares profesionales. La ética ayuda a identificar los valores y prioridades, alineándose con creencias y objetivos de las personas y comunidades afectadas; las consecuencias de las decisiones se evalúan antes de tomarlas, seleccionando aquellos caminos que producen resultados positivos y causen el menor daño posible. La ética representa una plataforma para el razonamiento moral, permite evaluar los méritos de los argumentos expresados e identifica las fortalezas y debilidades de las distintas posiciones. La ética permite identificar a los participantes y sus intereses, los favorecidos y los afectados, utilizando principios de justicia; las profesiones más comunes, medicina, ingeniería, comercio y la interpretación de las leyes salen favorecidas con estándares de comportamiento. Una aplicación decisiva de la ética influye en la gobernabilidad de los pueblos, la legislación y la regulación deben sopesar los beneficios y daños potenciales con principios de justicia y equidad; considera a los marginados, el ambiente y las nuevas generaciones.

En este capítulo se presentan algunas dicotomías sobre el tema de la ética. Son factores que identifican características que tienen influencia en las concepciones ideológicas:

Correcto e Incorrecto
Verdad y Mentira
Respeto e Irrespeto
Inteligencia y Sabiduría
Entender y Malentender

Confianza y Desconfianza
Progreso y Decadencia
Moralidad e Inmoralidad

Correcto e Incorrecto

La conducta correcta e incorrecta estará siempre en discusión, es difícil justificar cualquier extremo, dijo Jeremy, en vista de que depende de la posición asumida por las personas. Cuando la gente discute sobre ideologías cree tener la verdad, su ideología es la correcta y las demás defectuosas o incorrectas. Es clásica la discusión entre socialismo y capitalismo, cada bando se atribuye la verdad, ambos grupos creen estar en lo correcto. La verdad es que nadie tiene la razón, siempre habrán críticas a las acciones tomadas, el motivo es variado, depende de las creencias, valores y conocimientos de las personas. A pesar de que ninguno tiene la razón, existen experiencias que comprueban que el socialismo nunca ha dado los resultados esperados y que el capitalismo está plagado de fallas. Sin embargo, está demostrado que dentro de los esquemas capitalistas la humanidad ha progresado, el liberalismo es un ejemplo que ha funcionado a pesar de las críticas. Otro ejemplo es la socialdemocracia, que a pesar de los defectos del estado benefactor ha dado resultados aceptables; el motivo es evidente, la socialdemocracia es una mezcla de socialismo y capitalismo que combina las bondades del capitalismo con las desventajas del bienestar social.

Siempre me inclino al liberalismo ya que la importancia del individuo es primordial ante la colectividad, dijo Gabriel. La socialdemocracia tiene ese lado oscuro de creer que todos merecen vivir igual, independientemente de su esfuerzo, cosa que no es natural. Éticamente es inaceptable que grupos de parásitos se aprovechen del esfuerzo de la mayoría trabajadora, y no me refiero a la minoría de ricos, que sabemos se aprovecha de las desigualdades, me refiero a los zánganos, vagos, vividores que proliferan en sociedades guiadas por el bienestar social. La ética nos ayuda a identificar los comportamientos correctos e incorrectos, provenientes de la naturaleza humana, para prever los efectos nocivos de las políticas colectivistas.

Me parece útil vuestra introducción, intervino Yordano Faderson, la ética se relaciona con los valores y las dificultades que enfrentan los seres humanos para resolver las situaciones pero hay que enfatizar la consciencia de las personas. Los participantes en los debates son los que determinan las posiciones correctas o incorrectas y las personas tienen dificultad para aceptar reglas morales, el subjetivismo siempre se manifiesta; lo más que se puede hacer es buscar ese consenso que pone de acuerdo a las personas. Permítanme ampliar algunos conceptos sobre la ética, se trata de aconsejar las acciones humanas relacionadas al bien, la virtud, el deber, la felicidad, y la vida de las personas. La cultura y las costumbres de la sociedad que nos rodea afecta nuestras percepciones de lo correcto e incorrecto; a veces hay que modificar esa cultura y costumbres para adaptarse a la evolución social. Al pasar el tiempo cambiamos nuestras posiciones morales aprendiendo nuevos puntos de vista que alteran nuestras creencias; por lo tanto, no hay posiciones éticas rotundas y eternamente duraderas. Hay que notar que existen códigos de ética en muchas profesiones que definen el comportamiento esperado de sus miembros. En política, los partidos establecen sus códigos para que los miembros se comporten a la altura y limiten la manifestación de su consciencia; aquellos que no cumplen las reglas son expulsados del partido.

La ética está relacionada con el bien y el mal, dijo Joseph, amante de las enseñanzas de La Madre Teresa. El bien, en general, se relaciona con acciones constructivas, entre otras, la supervivencia, pero pueden producir efectos secundarios, destructivos en algunos casos, que son inevitables. Por lo tanto, se trata de minimizar los efectos destructivos del bien; si construyendo superamos con creces lo destruido, valió la pena construir. Es correcto contribuir con el individuo, la familia, los amigos, los grupos, la comunidad, la humanidad y la vida; si contribuimos con un grupo y perjudicamos a otro, tenemos que sopesar y justificar la acción final que adoptemos, ya que cada grupo merece consideración. El mal se relaciona con acciones destructivas que no benefician la supervivencia, al contrario, favorecen sucumbir y perecer. Existen reglas morales que nos ayudan a seleccionar el camino correcto pero la imparcialidad es difícil de mantener. Los valores son parte fundamental de la ética, si diferimos en los valores, difícilmente alcanzaremos consenso universal. Aunque la ética busca respuestas universales siendo objetivos y usando el realismo moral, siempre se necesitan compromisos entre las distintas partes ya que no pensamos igual, unos son subjetivos, otros emotivos y otros prescriptivos. Personalmente pienso que no hay reglas universales, lo mejor que podemos hacer es apuntar hacia objetivos sanos a sabiendas de que no habrá consenso total; un análisis de ventajas y desventajas considerando lo constructivo y lo destructivo es lo mejor que podemos hacer.

Jeremy agradeció los comentarios diciendo, así se contribuye a que la gente se haga sabia ya que los puntos de vista distintos se complementan entre sí. Los códigos de conducta de los partidos políticos pueden aplicarse a las ideologías: cómo organizar y estructurar los gobiernos, con qué criterios, fomentar lo beneficioso y analizar las desventajas. Por ejemplo, el estado benefactor establece ese rumbo social sin contrastar con otros modelos; cuando se generalizan los beneficios sociales, unos se aprovechan y no contribuyen con trabajo productivo. Otro ejemplo es querer redistribuir los tesoros de los más ricos sin escuchar lo que estos tienen que decir, son medidas unilaterales que buscan justicias para una mayoría a costa de la minoría; habría que dejar participar a los ricos en la decisión de cuánto y para quién es la ayuda. Si eres rico, tienes derecho a decidir cómo contribuir; específicamente, generando trabajo y colaborando con asociaciones que fomenten el empleo; no apoyo el bienestar social generalizado. Todas las decisiones políticas tienen beneficiados y perjudicados, hagamos que ambos grupos participen en la decisión y así al menos buscar consenso.

Verdad y Mentira

La verdad y la mentira se relacionan a lo correcto e incorrecto pero con matices, básicamente las verdades no son eternas, son temporales, y las mentiras son fabricaciones intelectuales para confundir a los ingenuos, dijo Jeremy. Es evidente que estos términos están relacionados a lo correcto e incorrecto, la verdad quiere ser auténtica frente a lo falso, 'la verdad auténtica os liberará,' dice el dicho. El amor por la verdad tiene que ver con la filosofía y es un objetivo altruista mientras que la mentira tiene intenciones maliciosas, perjudicando injustamente. Desde el punto de vista ético ya hemos discutido lo correcto e incorrecto, ahora bien, filosóficamente podemos afirmar que hay una duplicidad de posiciones en los seres humanos donde mezclamos la verdad y la mentira; los escrúpulos humanos determinan la capacidad de promover la mentira perjudicando a los demás. La verdad que propone el ser humano debe ser contrastada con la realidad del mundo en que se vive, por lo tanto, el contexto entra en la ecuación.

Soy académico en este tema, dijo Bertold, por mi experiencia docente y estudios avanzados. La verdad es una afirmación o creencia que corresponde con la realidad, representando hechos o eventos con precisión. La verdad se considera objetiva y verificable, asociándola con el conocimiento y la comprensión. En las ciencias empíricas, la ingeniería, la gerencia, la política, la medicina, se realizan observaciones rigurosas de los procesos, se experimenta, se discute en grupos, antes de aceptarla como teoría científica; este enfoque se considera válido ya que presenta evidencias con hechos demostrables.

Por otro lado, las mentiras o falsedades son afirmaciones o creencias desviadas de la realidad, muestran eventos o hechos inexactos, dijo Yordano Faderson. Las falsedades son a veces deliberadas, como la decepción o imprecisión adrede; otras veces es resultado de errores genuinos o incomprensión. Distinguir la verdad de la falsedad es difícil por lo tanto debe evaluarse la información y las fuentes utilizadas. Es fundamental considerar la relación con la perspectiva y el contexto, para identificar la subjetividad de los argumentos. Yo he emitido afirmaciones sobre la verdad y concuerdo con todo lo dicho, no hay verdades universales. Sin embargo, puedo afirmar que es verdad que 'el individuo es soberano,' tiene derecho a decidir su futuro; siempre y cuando no moleste a los demás, puede elegir su propio camino, no tiene por qué obedecer caprichos ajenos.

Respeto e Irrespeto

Pienso que el tema del respeto es fundamental para los seres humanos, dijo Jeremy. El respeto es un sentimiento bidireccional, queremos respeto y debemos respetar pero no es un comportamiento automático ni ocurre todo el tiempo. Merecemos respeto si nuestro comportamiento lo justifica, en caso contrario nos pueden irrespetar. El respeto se manifiesta en el trato a los demás y con uno mismo, para juzgar una situación debemos escuchar a los participantes, a uno mismo y evaluar el contexto; tener la mente abierta, sin prejuicios, facilita la comprensión de los hechos. Hay que resaltar que en función de nuestros valores identificamos el irrespeto; el irrespeto varía entre personas o cosas, por lo tanto, sentir respeto o irrespeto no es un sentimiento universal, cada caso es único y debe ser interpretado. En el mundo hay muchas personas que disfrutan irrespetando a otras, el caso del bullying es patético. ¿Qué sucede cuando nos irrespetan? Sentimos disgusto y enojo, queremos demostrar que nos están insultando al tratarnos mal; algunos son asertivos y contundentes respondiendo al irrespeto; otros usan argumentos convincentes para contrarrestar el irrespeto; finalmente, hay unos que son violentos y responden agresivamente al irrespeto. El respeto propio es más importante ya que primero que nada nos respetamos como individuos y luego consideramos a los demás. El respeto propio se denomina dignidad y refleja la importancia que le damos a nuestro ser; ser indigno se manifiesta con actitudes sumisas y conformistas, sin evaluar la justicia de las decisiones.

El respeto en la sociedad se demuestra obedeciendo las leyes justas y luchando por erradicar las leyes injustas, dijo Naveda, que sabe de pragmática política. El respeto a la autoridad es un tema que causa polémica, los agentes de seguridad y la policía son ejemplos típicos de autoridad unilateral que muchas veces es desproporcionada y produce maltrato; cuantos no han sido los casos de violencia policial solo porque la autoridad se siente irrespetada, y esperan sumisión total de la población. Los agentes con autoridad deben ser los primeros en respetar a los ciudadanos, tratandolos con respeto; en caso de sentirse irrespetados, los agentes pueden actuar asertivamente y contundentemente, dejando la violencia solo para casos extremos y justificados.

Bertold escuchaba con atención y decidió intervenir en el tema diciendo que efectivamente el respeto es fundamental en todas las áreas de la sociedad, incluyendo las instituciones y los individuos propiamente dichos. La forma en que los individuos perciben, tratan e interactúan entre sí determina el nivel de respeto o irrespeto que manifiestan. El respeto expresa una comprensión positiva, una admiración, una estima hacia las personas o cosas que nos rodean basándonos en la calidad, los logros y la posición de ellas; requiere reconocer el valor y la dignidad de las personas o cosas tratandolas con consideración, cortesía y justicia. Por otro lado, el irrespeto se refiere a los comportamientos o actitudes que desconsideran, desmejoran o devaluan a los individuos o las cosas, incluidos sus derechos; puede variar entre actos sutiles de rudeza a formas severas de discriminación, humillación o abuso verbal o físico; el comportamiento irrespetuoso daña las relaciones, crea conflictos y promueve la negatividad en las relaciones personales, sociales y profesionales. Una cultura basada en el respeto promueve relaciones saludables, comunicación efectiva, y el bienestar de los individuos y las comunidades; se requiere demostrar empatía, escuchar activamente a los demás, aceptar la diversidad y valorar la contribución de otros; con respeto, la sociedad es armoniosa e inclusiva.

Gabriel estaba fascinado por la profundidad de los argumentos e indicó que Jeremy parecía motivado por experiencias propias mientras que Bertold tenía una versión académica del asunto. Comenzó precisando algunos detalles sobre respeto e irrespeto, sobre todo de acuerdo a su experiencia profesional con la tecnología y el comercio. Yo clasifico el respeto en básico, propio, diverso y profesional; como básico me refiero a reconocer el valor y los derechos intrínsecos de los individuos, independientemente de su pasado, creencias y estatus, tratandolos con decencia, empatía y cortesía; el respeto propio toma en cuenta a la persona, reconocer su valor, establecer límites sobre qué aceptar y qué no, y valorar su bienestar y dignidad; la diversidad reconoce las diferencias, aprecia y acepta las cualidades únicas de los individuos, sus perspectivas, su cultura e identidad, promueve inclusividad, tolerancia y el deseo de aprender de otros; como profesional hay que valorar las contribuciones de los colegas, su experiencia y opiniones, hay que saber colaborar, comunicarse y comportarse profesionalmente. El irrespeto se manifiesta con actitudes y comportamientos de indiferencia, degradación o devaluación hacia las personas o sus derechos; varía entre actos sutiles de rudeza a formas severas de discriminación, humillación y abuso verbal o físico.

Jeremy continuó con algunos ejemplos para ir finalizando la discusión del tema. El abuso verbal y los insultos, uso de lenguaje ofensivo, comentarios despectivos, poniendo sobrenombres, socavando la dignidad y autoestima de las personas; irrespetando límites, ignorando el consentimiento, interfiriendo en la privacidad, irrespetan la autonomía y la individualidad; la discriminación y los prejuicios, trato injusto y desfavorable por la raza, edad, sexo, son claras señales de irrespeto; menosprecio de las ideas, opiniones y sentimientos ajenos refleja falta de consideración y empatía, es el irrespeto a los ideales y experiencias. Para concluir diría que es conveniente promover una cultura de respeto para mantener relaciones saludables, una comunicación efectiva y mejorar el bienestar de las personas y comunidades. Para ello hay que fomentar la empatía, escuchar con atención, aceptar la diversidad y valorar la contribución de otros. El respeto nos dirige hacia una sociedad inclusiva y armoniosa.

Inteligencia y Sabiduría

El tema de la inteligencia y la sabiduría es importante en vista de que las grandes decisiones personales, políticas y sociales dependen de esos conceptos, dijo Jeremy. La toma de decisiones depende de las capacidades cognitivas de las personas y de la disponibilidad de conocimiento, comprensión y criterio para resolver situaciones. La inteligencia se refiere a la capacidad de aprender, razonar, solventar problemas y adquirir conocimiento; refleja las capacidades cognitivas de pensamiento lógico, memoria, habilidades analíticas, creatividad y expresión lingüística. La sabiduría se refiere a la madurez en las decisiones, van más allá del puro intelecto, es un concepto más profundo y amplio. Requiere integrar conocimientos, experiencias, y juicio sabio para interpretar y tomar decisiones significativas en la vida, adicionalmente, implica la habilidad de aplicar el conocimiento y la reflexión de forma ética, práctica y razonada. Para terminar, diría que la inteligencia tiene un componente innato y un componente adquirido. Al nacer, tenemos una estructura intelectual que nos hace entender y razonar las cosas, no todos nacemos con las mismas capacidades; al crecer podemos mejorar ciertas deficiencias heredadas pero solo el esfuerzo nos permite superar las debilidades. La sabiduría se adquiere a lo largo de la vida, nadie nace sabio, pero nos hacemos sabios a medida que experimentamos situaciones que merecen nuestra intervención. Aunque todos los viejos no son sabios, tuvieron el potencial de serlo, quizás desperdiciaron sus oportunidades. Ningún joven es sabio pero tiene el potencial de serlo si se esfuerza aprendiendo a tomar decisiones acertadas; es lamentable encontrarse con jóvenes 'sabios' que creen que la juventud es sinónimo de sabiduría, y lo peor, de madres que los alientan a sentirse sabios, antes de tiempo, solo para subirles la autoestima.

Yordano Faderson conoce muy bien estos temas y decidió precisar en qué se diferencian. La capacidad de aprender y procesar información rápidamente es característica de la inteligencia, facilita la solución de problemas; la sabiduría tiene que ver con la realidad, aplica el conocimiento de forma práctica, distingue las situaciones y las juzga sólidamente basado en la comprensión y la experiencia. La inteligencia se demuestra principalmente con conocimiento especializado, en matemáticas, ciencias o lenguaje, y es focalizada y estrecha en su alcance. La sabiduría tiene una perspectiva amplia y requiere de una comprensión de la vida, la naturaleza humana y las conexiones entre aspectos existenciales. La inteligencia se focaliza en aspectos cognitivos mientras que la sabiduría enfatiza las habilidades emocionales y sociales, control de las emociones, empatía con los demás y el manejo dinámico de situaciones. La inteligencia y la sabiduría no son mutuamente excluyentes, al contrario, se complementan, pero hay que entender que la sabiduría permite tomar decisiones justificadas con argumentos, considera las consecuencias y toma en cuenta la empatía.

Me pareció bien oportuna tu intervención, dijo Jeremy, ya que mucha gente confunde esos dos términos. La inteligencia siempre se ha definido como lo que miden los test de inteligencia, la memoria, la identificación de patrones, las habilidades matemáticas. La sabiduría se asocia a las decisiones de vida, los aspectos que determinan por qué evitamos discriminar, favorecemos la empatía, evitamos conflictos, en dos palabras, sabemos vivir.

Entender y Malentender

El tema de entender y malentender tiene mucho que ver con la percepción, dijo Jeremy, inclusive con la verdad y la mentira. Si mal entendemos un planteamiento lo consideramos falso, si lo entendemos lo consideramos cierto. La percepción es subjetiva ya que varía de persona a persona, por estar influenciada por las creencias, la experiencia, la cultura y los prejuicios. La percepción define nuestra realidad, la interacción y la comprensión del mundo que nos rodea. Entender es un paso adicional a la percepción, ya que requiere de comprensión e interpretación de la información y de los conceptos. Son muchos los factores a tomar en cuenta, integrar la nueva información con nuestro conocimiento y experiencia; la capacidad de analizar, sintetizar y evaluar la información; comprender el significado y la importancia de las ideas, eventos, o situaciones; requiere asociar conceptos, reconocer patrones y definir conclusiones. Malentender significa entender equivocadamente la situación que se nos presenta y está asociada a la confusión por falta de claridad, coherencia o comprensión; ocurre cuando la información que recibimos no concuerda con nuestros principios o creencias y nos lleva a la inseguridad y desorientación; la complejidad del tema tratado, las contradicciones, o una sobrecarga intelectual también entran en juego.

Gabriel se había dedicado a leer a los grandes filósofos y no quiso dejar escapar esta oportunidad de emitir sus opiniones. La percepción se refiere al proceso de interpretación de señales sensoriales recibidas, a través de la vista, el sonido, el tacto, el olfato y el sabor, provenientes del ambiente que nos rodea. La percepción tiene varios orígenes, de oídas, por conocimiento vago, por entendimiento y por retrospectiva; de oídas u orales implica inmediatez, prejuicios, suposiciones, convencionalismos; por conocimiento vago, implica instintos, empirismo; por entendimiento propiamente dicho, implica conocer la causa – efecto en las actividades prácticas, la técnica y la instrumentalización, el conocimiento propio del qué y el cómo; finalmente, la forma retrospectiva o reconstructiva, vía refutación que va desde los efectos hasta las causas, con base en el dónde, cuándo, y sobre todo, el por qué.

Fabuloso, exclamó Yordano, han realizado una síntesis brillante sobre un tema complejo que poca gente analiza en profundidad. El ser humano necesita darle sentido al mundo que lo rodea y por eso utiliza las herramientas perceptivas para entender y evitar la confusión. Hay dos etapas básicas, la percepción que es sensorial y el conjunto de comprensión y malentendido que se nutren mutuamente para llegar a entender o dudar. La percepción es subjetiva, varía de persona a persona, depende de la experiencia, las creencias, la cultura y los prejuicios. La percepción define la realidad e influencia cómo interactuamos y entendemos el mundo. La comprensión requiere la interpretación de la información y los conceptos; se integra la experiencia y el conocimiento para sacar las conclusiones pertinentes. La confusión y la duda permiten llegar a la comprensión, profundizando, aprendiendo y creciendo; permite revisar nuestras suposiciones, buscar información adicional y revisar nuestros modelos mentales para resolver las discrepancias. La confusión puede producir desorientación ya que hay un choque entre el conocimiento actual, las creencias y las expectativas.

Confianza y Desconfianza

La confianza y la desconfianza son temas importantes para la sociedad, dijo Jeremy. Necesitamos confiar en nosotros mismos y en los demás para sentirnos más seguros; el ejercicio de la política no debe dejar dudas, crea confianza en la población y evita la desconfianza que tenemos de los políticos. A nivel personal es conveniente confiar en uno mismo pero el tema importante es que confiemos en los demás y éstos en nosotros. La confianza se ve menguada cuando existe deshonestidad, falta de integridad o falta de confiabilidad. Tenemos desconfianza cuando dudamos de las intenciones ajenas, de su credibilidad, del cumplimiento de promesas; por ejemplo, desconfiamos de las políticas puestas en marcha por los gobiernos. A pesar de que deseamos confiar totalmente en los demás, no podemos tener fe ciega, por lo tanto, un poco de duda no hace daño; la duda facilita el control y la evaluación, para ello debemos implicarnos en las decisiones o establecer mecanismos para intervenir en las políticas. Sabemos que existe una carrera universitaria en ciencias políticas pero la realidad es que los que se dedican a la política no estudian la teoría; son pragmáticos, incapaces de ejercer los cargos a que aspiran; son personas que se han dedicado a la política por muchos años y saben cómo movilizar a las masas, realizar alianzas y llegar al poder pero carecen de la comprensión humana, administrativa y social para la toma de decisiones. Los políticos que se forman académicamente, o por su cuenta, necesitan conocer las estructuras sociales, las potencialidades de la población y los principios morales; tienen la oportunidad de contribuir a la estabilidad que buscan todos los pueblos. Aquellos políticos que saben utilizar los recursos humanos de acuerdo a sus capacidades y no de acuerdo a su militancia partidista son los que están capacitados para contribuir. Los políticos que malinterpretan las ideologías, las utilizan dogmáticamente y condenan a sus pueblos. Son muchas las experiencias nocivas por la mala interpretación de las ideologías, un ejemplo patético ha sido Venezuela, el socialismo absurdo ha hecho retroceder el progreso del país por lo menos un siglo; cuando un país está dividido ideológicamente hace falta buscar consenso, gobernar autoritariamente no es una solución, por lo tanto, hay que ceder y dejar a otros más capaces el gobierno del país. La política es una ciencia empírica muy compleja que no garantiza los efectos deseados; las políticas deben ser claramente estudiadas y evaluadas antes de ponerlas en práctica; no porque los chinos tengan un comunismo capitalista significa que en Venezuela pueda aplicarse este modelo; promover modelos que no están sincronizados a la cultura propia del país tiene efectos nocivos. Qué tiene que ver Venezuela con Rusia, China, Irán, Turquía, países que no comparten nuestra cultura. La comunicación entre las diversas tendencias políticas de un país es fundamental para definir una interpretación autóctona que permita integrar los esfuerzos sin aplastar a una parte de la población.

Eloncio Muskatel tiene una visión occidental de la política, influida por el comercio y la tecnología, y participó en la conversación. Los gobiernos deben demostrar resultados positivos en tiempos razonables para crear confianza; la participación social, la mejora de los servicios públicos, la contribución al bienestar social. Hay muchos temas por tratar, promover la transparencia en el manejo de los recursos, ser responsables por las decisiones tomadas, informar al público sobre los resultados; permitir la participación de la población creando canales de comunicación accesibles y rápidos que faciliten el diálogo; manejo eficiente de la economía, creación de empleos, mantener la estabilidad económica. Para que haya confianza, los gobiernos deben evitar situaciones que erodan su credibilidad; castigar la corrupción y evitar los escándalos, situaciones de soborno, apropiación de fondos públicos y mal uso de los recursos lleva al escepticismo. Hay que evitar las falsas promesas, cada vez que el gobierno no cumple, la vida se hace más dura, peor la aprobación de su gestión y mayor desilusión; utilizar estrategias polarizantes o divisionistas en la población, favorece a una parte de la población, darle oportunidad solo a los partidarios, empeñarse en imponer una ideología fallida, rechazar la crítica de la oposición. La inefectividad y desmejora de los servicios públicos, tales como educación, salud, infraestructura, crea frustración y desconfianza, desmotivando a la población y haciéndola menos comprometida con el futuro del país. Si no me equivoco, todas estas debilidades aplican al caso venezolano, es una lástima que no aprovecharon sus grandes recursos petroleros a tiempo, lo más probable es que nunca se recuperen; el petróleo está en fase final de apogeo, será substituido por las energías limpias que necesita el planeta.

Progreso y Decadencia

En los últimos 200 años la sociedad ha progresado en muchos aspectos pero ha decaído en otros, dijo Jeremy. Es innegable que la sociedad ha avanzado en tecnología, ciencia, medicina, educación, economía, derechos humanos, pero ha decaído en actitudes sociales y valores, igualdad, superación de la pobreza, justicia, integración social, mejoramiento ambiental y globalización constructiva. El progreso está circunscrito a un grupo de países desarrollados, los demás sufren de innumerables deficiencias, malos gobiernos, instituciones desorganizadas, servicios públicos deficientes, falta de agua, luz, desagües, carreteras, escuelas, dispensarios, hospitales. Todas las ideologías son progresistas, las diferencias son de apreciación y focalización. No interpretan igual al mundo, unas consideran al capitalismo negativo y reemplazable, otras lo consideran insustituible y estable. Se focalizan en los pobres, creen que penalizando a los ricos es posible salir de la pobreza; otras se focalizan en la autoridad, creen que la eficiencia se logra con mano dura.

Joseph es un ciudadano altruista, considera que hay mucho trabajo por hacer y el punto de vista humano es fundamental. La discusión sobre los derechos humanos permanece en el tapete, es constante la discriminación hacia las minorías étnicas, sexuales, religiosas, ancianas, pero se nota que existe una mejor comprensión y disposición para la búsqueda de soluciones. Existe división y polarización social generada por diferencias políticas, ideológicas y culturales, el diálogo se ha quebrado, la empatía se ha diluído, la cohesión social se ha fragmentado, y así, es imposible atacar los retos que demanda la convivencia en sociedad. Los problemas mentales aumentan gracias a la presión social, la inmigración inadaptada, la superpoblación urbana, el aislamiento social, contribuyen a desmejorar el bienestar humano. Mis afirmaciones pueden lucir desalentadoras pero hay que enfatizar que vivimos combinando progreso y decadencia, mitigando consecuencias negativas. Personalmente pienso que a nivel educativo hay que diseminar valores positivos entre la población para aumentar la armonía entre seres humanos, el énfasis en la economía ha degradado a las personas convirtiéndolas en robots biológicos que solo responden a señales alimenticias y a la codicia de bienes materiales. La búsqueda de la felicidad, de la verdad, del conocimiento y de la sabiduría debería ser el objetivo final que motive nuestras actuaciones.

Eloncio Muskatel reconoce el altruismo pero el comercio es primordial, dijo que la vida mejora gracias al esfuerzo humano, el cual se traduce en riqueza material. La construcción de infraestructura, carreteras, transporte, colegios, hospitales, servicios en general, contribuyen directamente en la vida de las personas. Las actividades productivas, incluyendo la cadena alimenticia, son fuentes de progreso; los alimentos están disponibles rápidamente en los mercados; hay construcción de viviendas para alojar a las familias necesitadas; se producen textiles para vestir a la población; se fabrican vehículos para el transporte; y así sucesivamente. Todas esas actividades generan trabajo para que las personas perciban un ingreso y puedan pagar por los bienes y servicios necesarios. Digan lo que digan del comercio, desde que se comenzó a utilizar se sabe que funciona; a pesar de que sabemos que tiene sus efectos colaterales, como la codicia y el enriquecimiento desalmado, no hay manera de vivir sin él, hasta los comunistas más recalcitrantes lo han incluido en su lista de indispensables. Millones de personas salen de la pobreza gracias al comercio; no importa su coeficiente intelectual, lo único que necesitan saber es comprar barato y vender caro gracias a la oferta y la demanda; algunos, los más ignorantes, ganan solo el diez por ciento, compran a diez y venden a ciento.

Moralidad e Inmoralidad

La moralidad es un concepto que se manifiesta en todas las actividades humanas, individuales y grupales, dijo Jeremy. Los principios, valores y juicios sobre lo que es correcto e incorrecto, bueno y malo, virtuoso y pecaminoso ayudan a las personas e instituciones a comportarse adecuadamente. La moralidad representa una guía para la toma de decisiones personales o sociales; en todas las situaciones en que actúan los humanos hay que tomar decisiones morales, por lo tanto hace falta aclarar cuáles principios utilizar. En la sociedad, las instituciones tienen responsabilidades morales que ponen en tela de juicio el ejercicio del poder; los líderes y los gobiernos tienen responsabilidades mucho mayores ya que afectan a muchas personas y el futuro de la sociedad está en juego. Los gobiernos usan estándares éticos, promueven la justicia, la imparcialidad y el bien común; la prioridad son los derechos y el bienestar humanos. Cuando los líderes dan prioridad a sus intereses o favorecen a sus partidarios, generan desigualdades, injusticias y despilfarro de los recursos públicos; el desvío de los fondos públicos, la corrupción, el soborno, la manipulación y el incumplimiento de las leyes, erosiona la confianza, debilita a las instituciones y pone en peligro el desarrollo y el progreso de la nación.

Eloncio Muskatel sabe que si los gobiernos no hacen su trabajo, los comerciantes tendrán mayores dificultades para progresar en sus emprendimientos y enfatizó la importancia de la moral en el gobierno. Dijo que la estructura legal de la sociedad debe ser reforzada, que las instituciones deben ser vigiladas por entes independientes y que la sociedad civil debe participar en la evaluación de la gestión gubernamental. Hay que prevenir y castigar la corrupción, asegurar la integridad de los administradores, supervisar sus acciones y revisar las cuentas públicas para evitar el derroche y penalizar a los que no cumplan.

Capítulo 17: Pragmatismo

El pragmatismo se refiere a las estrategias utilizadas por los gobiernos para afrontar los problemas de manera realista, práctica, rápida e insensible. Se trata de lograr resultados tangibles, solucionando los problemas, usando los recursos disponibles, considerando las circunstancias y tomando en cuenta el interés público. No es lo mismo ser pragmático en democracia que serlo en autocracia, En democracia el gobierno debe responder a los ciudadanos y a los poderes del estado, mientras que en autocracia solo considera sus propios intereses, haciendo ver que lo hace por el pueblo; en democracia el gobierno tiene la buena fe de mejorar a sus ciudadanos, mientras que en autocracia solo le interesa mantenerse en el poder el mayor tiempo posible, dándole migajas a la población. En autocracia se alteran los objetivos de un buen gobierno, en lugar de mejorar a toda la sociedad, solamente se beneficia a la élite y a los partidarios, el énfasis es obtener apoyo popular y amainar a la oposición.

En este capítulo se presentan algunas dicotomías sobre el tema del pragmatismo. Son factores que identifican la influencia en las concepciones ideológicas:

Propaganda Positiva y Propaganda Negativa
Trato Justo y Trato Injusto
Honestidad Judicial y Deshonestidad Judicial
Culto a la Personalidad y Culto a la Democracia
Investigar los Hechos y Aceptar los Chismes
La Masa y El Individuo
Aprender de los Maestros y Aprender Razonando
Controlar la Información y Permitir la Libre Información
Aprovechar la Idiosincrasia y No Tomar Ventaja Idiosincrática
Comprar Consciencias y Convencer Consciencias
Políticos Honestos y Políticos Deshonestos

Propaganda Positiva y Negativa
La propaganda es una estrategia para la diseminación de la información o mensajes, con la intención de producir percepciones y actitudes amañadas para beneficiar al gobierno o a los políticos; usualmente promueven una imagen positiva de los que mandan y una

negativa de los opositores, dijo Jeremy. La propaganda sería positiva cuando demuestra logros o explica la visión del gobierno para mejorar la vida de las personas. Sí resalta la capacidad de los mandatarios con pruebas contundentes; transmite mensajes inspiradores y empoderadores que incrementan las esperanzas de los ciudadanos. Si desarrolla obras benéficas y demuestra resultados; obtiene el apoyo de figuras importantes de la comunidad, intelectuales, científicos, economistas, etc. La propaganda negativa suele ser ficticia y manipuladora, atacando a los adversarios por sus defectos personales, la apariencia, la forma de vida o la integridad para perjudicarlos ante la opinión pública. Si intimidan a la población para que no apoye a los oponentes, si manipulan la información distorsionando la realidad fuera de contexto. Si usan etiquetas y estereotipos para crear una percepción negativa de los oponentes o usan la publicidad para atacar a sus oponentes, sin presentar pruebas. Si utilizan los rumores para difundir campañas de información tergiversada para perjudicar a los oponentes.

Yordano Faderson tiene una opinión sobre el efecto psicológico de la propaganda. La propaganda es la difusión de ideas, información o rumores, con la intención de ayudar, quizás perjudicar, a una institución, una causa o una persona. Por ejemplo, en el siglo XVII la Iglesia Católica propagó su doctrina para amainar el progreso del Protestantismo. La propaganda manipula las emociones y no solo con objetivos negativos, se apela a los miedos y al coraje, al odio y al amor. Ante la propaganda, las personas deben buscar la verdad, científicamente o razonadamente, buscando las evidencias y analizando los hechos. La propaganda es como el mercadeo de productos, es la ciencia de cómo comprar sabiamente y es la población la que define la ruta a tomar; nos referimos al manejo interesado de la información con objetivos políticos. En el comercio se ofrecen servicios, considerados útiles para el uso de los clientes, pero en política se ofrecen promesas sin garantía de consecución. La propaganda es una estrategia de los gobiernos pero la oposición también la usa. El problema de la propaganda es que busca aprobación sin entregar un servicio tangible; produce un efecto emocional en lugar de una respuesta racional en la población. En épocas de guerra se utiliza la propaganda para movilizar a las masas, se transmite el odio hacia los enemigos y se convence a la población de lo justo de la causa; se busca la cooperación de países neutrales y se fortalece el soporte de los aliados. En épocas de paz, la propaganda tiene el potencial de producir polarización en la población, minar la confianza en los procesos políticos, y reducir las oportunidades de participar en diálogos constructivos. Los ciudadanos deben actuar críticamente y buscar información confiable y balanceada antes de tomar decisiones. Una comunicación política ética y responsable es fundamental para el funcionamiento de una democracia saludable y eficiente.

Trato Justo e Injusto

El trato en sociedad siempre debería ser justo pero para los opositores es un factor crucial para una democracia saludable y funcional, dijo Jeremy. En democracia, el debate político y la competencia son fundamentales para progresar, y es normal que existan distintos partidos, grupos e individuos, con distintos puntos de vista, compitiendo por el poder. Es necesario respetar, ser justos e íntegros con cada ciudadano y especialmente con los adversarios. El respeto a la opinión ajena es un deber, aunque diferimos de los otros, consideremos el mérito de los argumentos en lugar del bando al que pertenecemos o el carisma de las personas. El debate debe ser constructivo, enfocándose en las políticas y las mejoras para la sociedad, discutiendo ideas, propuestas y evidencias en lugar de los defectos personales, insultos o acusaciones, con la intención de dañar la reputación. Hay que reconocer los logros de los adversarios si lo han hecho bien, eso promueve el respeto y la apreciación mutua por el servicio público. Debemos evitar la desinformación y la distorsión de los hechos tratando injustamente a los opositores, la reputación se ve afectada y se amenaza la competencia saludable. Los opositores tienen una responsabilidad denunciando los manejos equivocados de los asuntos públicos, por lo tanto, debe reconocerse ese derecho a la participación, sin penalizar. La aceptación de los resultados de las elecciones, aunque no gane nuestro candidato, garantiza una transición pacífica y la posibilidad de colaborar con nuestro contrincante.

Eloncio Muskatel comprendió las ventajas del trato justo a los opositores e intervino presentando las desventajas del trato injusto. Los ataques personales son insatisfactorios, todos sabemos que es posible criticar a cualquiera con verdades o mentiras y es negativo usar el terreno personal en lugar de criticar lo sustantivo: las ideas, los procesos, los resultados. Diseminar información falsa sobre los opositores produce resentimiento y daña la credibilidad del contrario ante la opinión pública. En las elecciones, ciertos gobiernos manipulan territorios geográficos para incorporar electores favorables y obtener victorias a costa de la bondad de los ciudadanos. El abuso de poder es otra manifestación destructiva, la persecución y la intimidación buscan suprimir a la oposición y desconectarla del trabajo político. Ignorar las preocupaciones válidas de los opositores es contraproducente, solo por oponerse a la fuente de la crítica y no reconocer los errores perjudica a los ciudadanos. Prohibir el acceso de los opositores a las plataformas comunicacionales es injusto e inhibe el diálogo constructivo.

Honestidad y Deshonestidad Judicial

El sistema judicial es el responsable de interpretar y aplicar las leyes de forma justa e imparcial, dijo Jeremy. La función principal del sistema judicial es administrar justicia y resolver las disputas según la regla de la ley (rule of law) pero siempre es posible caer en deshonestidad, y debe evitarse. Es tan común escuchar acusaciones contra políticos que han ejercido cargos públicos que ya nadie se mortifica de las noticias, se convierten en noticia de ayer. Creo que lo peor de esas noticias es que los ciudadanos se imaginan llegando al poder para usufructuar los tesoros públicos, enriqueciéndose a costa del malestar de los demás. Cuando el sistema judicial se presta al juego deshonesto, perjudica a la nación pues favorecen a un bando sin tomar en cuenta al conjunto de la sociedad. El sistema judicial debería ser imparcial, justo, seguir las reglas de la ley, ser transparente, rendir cuentas, ser independiente, e íntegro. La imparcialidad garantiza un trato igualitario sin favoritismos de cualquier tipo, raza, género, religión, riqueza o afiliación política. La justicia permite que todas las partes tengan la oportunidad de presentar sus argumentos y evidencias, las decisiones se toman basadas en las pruebas, los méritos del caso y en las leyes. El uso de la regla de la ley garantiza la fuerza de la constitución, asegurando de que nadie, ni siquiera los gobernantes, pasen por encima de ésta. La transparencia asegura que los procesos judiciales sean abiertos al público y no escondan trampas, así, la confianza del sistema judicial se incrementa. Todos los participantes del proceso judicial deben rendir cuentas de sus acciones, deben saber que sus acciones están siendo supervisadas y que deben cumplir con los preceptos éticos de la institución. Los jueces deben ser independientes de intervención foránea, política o personal para evitar parcialidades en la toma de decisiones; la integridad de los jueces amerita estándares para evitar los conflictos de intereses, abstenerse de recibir sobornos o ejecutar prácticas corruptas beneficiando a los poderosos.

Naveda quiso enfatizar la influencia de la política en los procesos judiciales expresando su punto de vista. Para mí, es muy grave la judicialización de la política, han sido tantos los casos de emisoras de radio y televisión cerradas por el gobierno utilizando al sistema judicial como intermediario. El ataque a la prensa libre incauta la imprenta, usa subterfugios judiciales amañados, atenta contra la propiedad privada, se adueña de fábricas, terrenos, edificios e impulsa legislaciones para perjudicar a los políticos opositores. En definitiva, el ejecutivo utiliza su poder para perjudicar a los opositores utilizando el sistema judicial como un aliado. Los sistemas totalitarios son los principales abusadores de los derechos humanos y de propiedad gracias a un sistema judicial sumiso a las órdenes de la élite al mando. Para finalizar puedo presentar ejemplos de sistemas judiciales deshonestos: la corrupción, los prejuicios, las preferencias, los procesos secretos, las demoras judiciales. La corrupción es factible, principalmente si no hay supervisión, aceptando sobornos, favoreciendo a grupos políticos y financieros poderosos. Los casos de prejuicios, perjudicando a grupos minoritarios o prefiriendo a grupos de partidarios políticos afines. Aceptar procesos secretos, bajo cuerda, para la toma de decisiones judiciales, va en contra de la transparencia y la confianza necesaria de los ciudadanos. Las demoras en los procesos judiciales demuestran ineficiencia y se prestan a sospechas sobre la honestidad de los responsables. Para superar todas las deficiencias de los sistemas judiciales deshonestos se requiere de una plataforma legal para la supervisión de los procesos. Creando entes independientes que supervisen los procesos, favorezcan la transparencia y la rendición de cuentas. Un sistema judicial robusto y honesto garantiza la regla de la ley, protege los derechos individuales y de propiedad y mantiene la armonía social.

Culto a la Personalidad y Culto a la Democracia

El culto a la personalidad es típico de los seres humanos, dijo Jeremy, querer ser admirado, famoso, importante, poderoso proviene de nuestro subconsciente, la naturaleza humana, es algo instintivo que algunos suelen exagerar. En política es común ese culto, los políticos y los ciudadanos están poseídos por la necesidad de reflejar o promover la popularidad de los líderes. Tomar en cuenta solo a la persona, el carisma, la simpatía, el dominio de las masas, puede considerarse una enfermedad, inclusive mental; primero hay que analizar las ideas, los proyectos, la factibilidad, los equipos de trabajo, etc. Hay casos bien conocidos de apoyo a un líder en particular, por su raza o clase social: Hugo Chavez Frías en Venezuela, Evo Morales en Bolivia, Los Castro en Cuba, Ortega en Nicaragua, son casos típicos de ese culto insano a la personalidad. Hugo Chavez prometió ayudar a los pobres a costa de la clase media y los ricos y al fin de cuentas, los ricos siempre siguen siendo ricos, la clase media desapareció y los pobres son muchos más. Todo es una pantalla emocional para manipular a los pobres en favor del gobierno y perpetuarse en el poder, el país sigue sin reaccionar económicamente y el sistema político sigue discriminando a la población inconforme y minando la salud de todo el pueblo. El liderazgo basado en ideas, propuestas y equipos de trabajo, opuesto al culto de la personalidad, requiere de principios éticos y responsabilidad política; se enfoca a resolver los problemas sustantivos y promover la democracia, que a pesar de sus defectos, sigue siendo un referente político.

Eloncio Muskatel decidió intervenir diciendo, puedo considerarme un experto en el culto a la personalidad ya que he logrado embellecer la mía a niveles extraordinarios, ¿quién no me conoce en el mundo? Ha sido todo un esfuerzo intelectual y comercial ejecutado por muchos años, donde el éxito y el fracaso me han llevado por el camino triunfador. Para empezar, he construido la lealtad de mis seguidores y he nutrido una serie de admiradores que me apoyan en todas las empresas que instalo. Los políticos hacen lo mismo, con su carisma se ganan el afecto y aprovechan la carga emocional de los admiradores para favorecer su imagen. La lealtad de los seguidores puede movilizar electores, voluntarios y permite recoger recursos financieros para apoyar las campañas. Los políticos inspiran la devoción y la admiración de sus seguidores, éstos se convierten en los principales sostenes de la figura política y apoyan todas las acciones propuestas por el liderazgo. El culto a la personalidad consolida el poder del líder y se opone a cualquier acto negativo a sus ideales. Ese deseo es opuesto a la democracia y al buen manejo gubernamental; lleva a la centralización del poder, debilita las instituciones y reduce la posibilidad de colaboración de la oposición. Cuando se desvían las políticas y los gobiernos siguen lineamientos sospechosos, emanados del líder, se perjudica a la sociedad; ser carismático no significa poseer el conocimiento suficiente para favorecer al pueblo.

La democracia es una forma de gobierno popular que permite la participación ciudadana en la toma de decisiones, exclamó Bertold, un fanático de la democracia. La democracia tiene un defecto intrínseco pues permite la participación de todos los ciudadanos independientemente de su nivel de conocimiento sobre el tema en discusión; las personas pueden opinar libremente y pronunciarse a favor o en contra de determinadas políticas sin demostrar que entienden lo que opinan. Esta afirmación que parece aristocrática, o sea, solo aquellos con conocimiento participan, no es tal, la intención es que aquellos que no saben sobre un tema de importancia participen en la discusión del tema y logren comprenderlo mejor, antes de opinar. La participación del ciudadano debe estar basada en el conocimiento y no en la cantidad de personas opinando, tal como hoy en día, en que la mayoría, aunque pueda ser ignorante, decide el camino de la sociedad. Claro, estos requisitos de participación hacen que los tiempos de decisión se alarguen y los autoritarios introduzcan su mano peluda para hacer las cosas más rápido y a su manera y no como debe ser hecha, con sabiduría.

Investigar los Hechos y Aceptar los Chismes

Un problema de los gobiernos es utilizar los chismes para detectar el descontento y penalizar a los transgresores, dijo Jeremy. En los regímenes influenciados por ideas socialistas y comunistas es común organizar asociaciones de ciudadanos dedicadas a husmear lo que dicen y hacen los vecinos para denunciarlos ante las autoridades y castigarlos de acuerdo a una interpretación sesgada de la justicia. Es común establecer leyes sobre el odio y castigar a los que critican los procesos gubernamentales. En Cuba se utilizan los comités de defensa de la revolución, en Venezuela se usan los círculos bolivarianos y la policía política. El chismorreo sobre personas, eventos, políticas, es el proceso de difusión de rumores, información inexacta y opiniones personales sin basamento real. El chisme tiene muchas consecuencias negativas, falta de precisión, desplazamiento ineficiente de recursos, pérdida de confianza, manipulación parcializada y toma de decisiones inconsistentes. Por carecer de precisión, el chisme perjudica la toma de decisiones y las políticas establecidas ya que se alejan de la realidad. Los recursos son distribuidos ineficientemente ya que proceden de información inexacta, favoreciendo a los partidarios y perjudicando a los opositores. La confianza en las instituciones gubernamentales se debilita ya que se nota de que pata cojean y los gobernados comienzan a dudar del gobierno. El chisme se convierte en un arma política manipulando la opinión pública y poniendo a los grupos unos contra otros. La toma de decisiones basada en los chismes es ineficiente, procede de información inexacta.

A Joseph le molesta la injusticia del chisme y por su inclinación católica que le ha enseñado la moral, intervino para complementar el otro extremo basado en hechos. La información precisa, real, basada en evidencias y la opinión de expertos garantiza mejores resultados. Algunas ventajas se refieren a políticas informadas, asignación racional de recursos, confianza del público, presentación de resultados, planificación a mediano y largo plazo y una evaluación basada en evidencias. Las políticas son eficientes por estar basadas en información real, los recursos se colocan donde se necesitan y son utilizados eficientemente, evitando gastos innecesarios. La confianza del público aumenta gracias a la transparencia y logro de resultados basados en hechos, entregar los resultados y defenderlos se facilita con información real y acertada. Los gobiernos pueden tomar las medidas adecuadas gracias a la información real y establecer planes que den resultados a mediano y largo plazo, enfocándose a las causas de los problemas y no solo reaccionar a casos eventuales. Las políticas se evalúan y adaptan gracias a la información real, generando confianza gracias a las evidencias y los resultados.

Se me ocurre proponer unos lineamientos, cuando se basan en los hechos, para mejorar el control de la gestión gubernamental, dijo Eloncio Muskatel. No basta con disponer de los hechos, hace falta organización para ejecutar las políticas necesarias. No solo se necesita ser honesto, se requiere de capacidad de trabajo para obtener resultados positivos. Algunos consejos se refieren al análisis y recolección de datos, disponer de una consultoría de expertos, permitir una investigación independiente, establecer una comunicación transparente e impulsar el compromiso público. Los gobiernos deben disponer de una organización dedicada a la recolección de evidencias para la toma de decisiones; no necesariamente centralizada ya que puede pertenecer a cada uno de los entes del estado. Facilitar la existencia de organizaciones de expertos que se dediquen a evaluar la gestión gubernamental, usar las consultoras o los profesionales capacitados, añaden profundidad y relevancia en el momento oportuno; claro está, los gobiernos que no tienen interés en que las cosas mejoren evaden esta alternativa ya que nunca le harán caso a los consejos. La investigación independiente es otra herramienta útil para evaluar las políticas gubernamentales y producir una visión desinteresada de su eficiencia. Si los gobiernos se comunican de forma transparente y abiertamente sobre la racionalidad de sus decisiones, con los datos y las evidencias relevantes, generan confianza en la población. Muchos gobiernos actúan de forma soterrada, en lugar de abrirse a la opinión pública. Es preferible intercambiar con los ciudadanos, obtener su opinión sobre las políticas e implementar las sugerencias, legitimando la gestión interventora. No son solo los partidarios del gobierno los que opinan, sino también los opositores, permitiendo así integrar los distintos puntos de vista.

La Masa y El Individuo

Los políticos conocen la importancia de dominar a las masas y buscan estrategias para influenciar a los individuos, dijo Jeremy, la suma de partidarios se convierte en masa. La toma de decisiones políticas se basa en la idiosincrasia de los ciudadanos, la dinámica requiere de una comprensión profunda e interesada del comportamiento del pueblo. Me refiero a conocer las teorías, la cultura, los individuos y la sociedad en que nos desenvolvemos. La masa es conformista, producto de una sumisión forzada por las circunstancias, acepta lo que piensan los demás o lo que les propone el líder, sin criticar o emitir opiniones propias para la toma de decisiones. El individuo es solo una pieza, se conforma con el cartel noticioso del gobierno y se asocia a las masas, el grupo mayoritario, sin iniciativa propia. Además de la conformidad, se manipulan las emociones desvirtuando la verdad, sin profundizar en los asuntos, discutiendo solo lo elemental. Asociándose a la masa le achaca al grupo la decisión tomada, liberándose de responsabilidad. Los políticos, manipuladores de oficio, se aprovechan de la ceguera de las masas para implantar sus fines perniciosos que no ayudan a la población, haciendo ver que sí. Es tan grave la mentalidad masificada que transmite unidad de criterio, sentido de pertenencia y seguridad ante el camino a seguir; las decisiones, aunque ineficientes, se toman rápidamente ya que el acuerdo se difunde como la pólvora, sin mayor oposición. Una buena parte de los miembros de las masas son personas indulgentes, que no se preocupan por nada, quieren solo garantizar su subsistencia y mantener su seguridad.

Se nota que tu visión de la masa es puramente negativa, dijo Ivory, siempre pensando en las grandes revoluciones socialistas. Aunque no lo creas, hay consideraciones positivas en los argumentos a favor de una visión masiva de la sociedad. Por un lado, produce cohesión social, la mentalidad masificada produce un sentido de pertenencia y unidad con el grupo; aunque esa mentalidad exige lealtad para con el grupo, lo cual puede eliminar la objetividad de las decisiones. Por otro lado, la toma de decisiones se facilita ya que los individuos aceptan rápidamente los acuerdos, sin tanta discusión, por estar en modo automático de aceptación sumisa.

Las desventajas de la masificación, dijo Gabriel, con perspectiva filosófica, se refieren a la pérdida del pensamiento crítico, aumento de la polarización e intolerancia a la disidencia. La masificación es opuesta al pensamiento crítico pues considera que cada individuo puede sugerir alternativas tan variadas que son imposibles de analizar y no hay tiempo para ello. La masificación tiene tendencia a producir decisiones extremas y riesgosas ya que el efecto masa es contagioso y emocional, sin basamento justificado o científico. La presión por el conformismo desfavorece la discusión abierta y las opiniones divergentes, limitando la exploración de puntos de vista alternativos.

Hasta ahora no he oído nada sobre el extremo individualista, dijo Nuyma, con su perspectiva sociológica. El pensamiento independiente tiene que ver con el pensamiento crítico y se le conoce como individualismo, vale la pena analizarlo detalladamente. El individualismo es la capacidad o habilidad de los individuos para definir sus propios juicios, creencias y decisiones sin tomar en cuenta las opiniones de los demás; yo agregaría que no significa que no acepten ponerse de acuerdo, sino que tratan de aclarar mejor las cosas antes de decidirse por una alternativa. En general, cuestionan la sabiduría convencional, razonan basados en las evidencias y le dan prioridad a sus valores y principios. Algunas características del individualismo se refieren a la autonomía, la mente abierta, la innovación y la separación emocional. El pensamiento individual es autónomo, se va formando con el tiempo a través de experiencias y aprendizaje. Cuando las personas expresan sus pensamientos de forma estructurada y argumentada, con madurez, significa que comprenden la materia de fondo. La mente abierta del individualista demuestra su capacidad de aprendizaje, acepta opiniones diversas y analiza cada una para tomar un camino basado en evidencias antes de llegar a conclusiones. Los pensadores independientes son propensos a generar nuevas ideas y enfoques que los llevan a crear e innovar. Insisto, no es un proceso instintivo exclusivamente, lleva tiempo formarse y tener una visión completa de las situaciones. Otro aspecto favorable al individualismo es deshacerse de emociones o presiones sociales y tomar en cuenta la razón.

Les agradezco su contribución con el tema pero debo completar el extremo independiente, intervino Jeremy. Como todos los temas de importancia, tiene sus ventajas y desventajas y es por ello que la combinación de estrategias entre la visión social masiva y la independiente se convierte en una búsqueda de balance entre ambos aspectos. Las ventajas del individualismo se refieren a una toma de decisiones crítica, considerando diversas perspectivas y resistiendo la manipulación. Los pensadores independientes son críticos, toman decisiones basadas en la lógica, la evidencia y sus valores personales, aportando cada uno distintos puntos de vista que son analizados y sopesados para producir soluciones racionales para el conjunto social. Las diversas perspectivas promueven la exploración de alternativas, enriqueciendo la calidad de la discusión y aportando soluciones sostenibles. Los pensadores independientes son menos propensos a la manipulación o la propaganda ya que analizan cuidadosamente las propuestas sin sesgo político. Entre las desventajas, hay un aislamiento social y una toma de decisiones más lenta. Hay una tendencia a apartar de la vida pública a los pensadores individuales ya que mantienen puntos de vista poco convencionales y retrasan los procesos de toma de decisión por escudriñar en los detalles. Ya que la participación de pensadores independientes requiere de más deliberaciones y retrasa el proceso de toma de decisiones. En conclusión, la visión masificada suministra cohesión social y decisiones rápidas pero lleva a la conformidad, a una pobre toma de decisiones y a una intolerancia al desacuerdo. Por otro lado, el pensamiento independiente fomenta la crítica constructiva, la diversidad de perspectivas y la innovación pero lleva al aislamiento y la toma de decisiones lenta. Idealmente, un balance entre los dos enfoques es pertinente para fomentar la cooperación y el sentido de comunidad con posibilidad de participación individual y crítica.

Aprender de los Maestros y Razonar

Aprender política imitando a los maestros es una alternativa aceptable cuando la enseñanza es saludable, dijo Jeremy, pero es perniciosa cuando se promueve la maldad. En política, es común que los malvados se asocien a los maestros 'malfaisants' para imitarlos. Cuando un político se da cuenta del éxito de un maestro utilizando estrategías sólidas, quiere copiar esos pasos para asegurar su futuro. Aprender de los políticos requiere estudio y comprensión de las circunstancias, así como analizar las ideas, trabajos, resultados y experiencias. Los maestros saludables suelen ser experimentados, tienen bases teóricas, son intelectuales y dominan la filosofía; leyendo sus trabajos y su evolución histórica se gana profundidad en las complejidades de las ciencias políticas y su práctica. Los maestros se convierten en filósofos de la política y han gastado su vida reflexionando sobre temas sociales, gubernamentales y políticos. Las ventajas del copiarse de los maestros reside en comprender el contexto histórico en que se toman las decisiones y permite adaptarse al mundo actual; estudiando las experiencias de cada maestro se comprende la diversidad de alternativas disponibles, las perspectivas utilizadas y las ideologías aplicadas. Las teorías presentadas por los maestros han sido demostradas en la práctica, por lo tanto, han sostenido el paso del tiempo, suelen ser sustentables.

Permíteme intervenir dijo Naveda, está bien tener unas referencias históricas pero hay desventajas. No se pueden tomar literalmente, hay que analizar los consejos para adaptarlos a la época. Las ideas pueden representar prejuicios o ser subjetivas ya que los maestros son productos de una cultura, una época y pueden estar desfasados o reflejar contextos específicos; algunas ideas de los maestros, aunque profundas, pueden carecer de aplicabilidad por ser difíciles de implantar. Los sistemas socialistas y comunistas tienen ejemplos de maestros, Lenín, Mao, Castro, si ellos fracasaron, el que intente imitarlos también lo hará. Muchos países de latinoamérica lo intentaron y han fallado, se han empobrecido aún más; los casos de Cuba, Venezuela, Nicaragua, son patéticos, imitaron el modelo marxista-leninista y acabaron destruyendo a sus países. Por otro lado, imitando a Deng Xiaoping, pueden tener algún éxito ya que transformó China en una economía mixta; el modelo es totalitario combinando mano dura en la política y una economía socialista mixta con fuerte componente capitalista. A pesar de las críticas al capitalismo, los maestros son respetables, Adam Smith y Milton Friedman dieron aportes concretos al avance y progreso de los pueblos.

Si me lo permiten, intervino Bertold, les noto una orientación a imitar a los maestros pero hay otros caminos más prudentes, uno de ellos es razonar. Los maestros son por supuesto útiles pero representan una vista limitada. Conociendo las teorías políticas, aunadas a las evidencias de la historia, la lógica y la racionalidad, podemos usar nuestro pensamiento independiente para evaluar los hechos y considerar las perspectivas. Las ventajas del razonamiento son: nos adaptamos rápidamente a la época actual, respondemos a los eventos y enfrentamos los retos sin demora. El razonamiento es objetivo, promueve la evidencia y la lógica, minimizar sesgos y subjetividades. La generación de ideas y enfoques sin exigir el estudio de la historia, resulta innovador y constructivo.

El razonamiento tiene también sus desventajas, dijo Yordano Faderson, una es carecer de información relevante y suficiente, creando lagunas en el análisis; sin información sobre el contexto social, sin datos concretos sobre los problemas, sin cifras económicas confiables, es cuesta arriba tomar decisiones acertadas. Los sesgos personales son evidentes en el proceso razonado, por lo tanto, las interpretaciones y las conclusiones pueden verse afectadas; la formación ideológica determina el razonamiento político, al menos parcialmente. Otra desventaja es la carencia de conocimiento histórico ya que la política se nutre del contexto y la historia social; las ideas propuestas en países desarrollados no son adaptables directamente al contexto de países subdesarrollados.

Controlar y Permitir la Libre Información

El tema del control de la información es muy bien conocido en la sociedad, no solamente desde el punto de vista de los gobiernos sino también desde el de los ciudadanos, dijo Jeremy. Los gobiernos manipulan la información para su beneficio, evitan matrices de opinión que los perjudican; el control de la prensa y de los medios de comunicación es bien conocido. La mentalidad ciudadana influye, aceptan limitaciones impulsadas por la cultura social; si la tradición es que haya censura, la gente la acepta sin mucha discordia. Las opiniones sociales morales, influidas por la religión, consideran que hay degeneración en el comportamiento ciudadano y por lo tanto hay que controlar la información; las tradiciones fomentan la limitación de la información. Arremetiendo contra los vientos de cambio se neutralizan los efectos perniciosos de las generaciones modernas.

Hay muchas maneras de limitar la información, dijo Joseph, una es la censura, otra es el control de los medios por el estado, pero también el acoso y la intimidación, la desinformación y el uso de propaganda. La censura es bien conocida, bloqueando a los críticos de las políticas públicas o confrontado a la autoridad gubernamental; es típica la limitación del acceso a ciertas páginas web, controlando la prensa escrita o en línea y silenciando a las emisoras de televisión, radio y redes sociales. El estado se apropia de las emisoras no solo para eliminar la crítica sino para convertirse en difusores de propaganda gubernamental y difundir su ideología. El acoso y la intimidación se manifiesta con amenazas a los periodistas, multa o cárcel entre las opciones, así se desalienta al reportaje independiente y al periodismo investigativo. La desinformación es otra estrategia de los gobiernos, así se manipula la percepción pública y se confunde a la gente.

Déjenme decirles algo, dijo Gabriel, el control de la información es típico de los gobiernos autoritarios pero en democracia no tiene sentido. La democracia se basa en libertad de expresión, transparencia para que todos se enteren del manejo de los recursos, y para una mejor toma de decisiones; la toma de decisiones requiere de información precisa y confiable que permita el logro de objetivos. El control socava las bases de la libre expresión, oscurece la transparencia y restringe el acceso a la información confiable para la mejora de las decisiones.

Noto que han presentado el tema del control de la información pero la libertad sigue siendo prioritaria, dijo Eloncio Muskatel. La libertad de expresión requiere de la no intervención gubernamental y de ser tolerantes con los individuos. Los gobiernos deben promover la diversidad de opinión, la libertad de prensa, la pluralidad de los medios, el periodismo investigativo, la autorregulación de los medios, y el acceso libre a la información. La libre información es saludable mientras los difusores se comporten a la altura, si difunden informaciones imprecisas el público comienza de desconfiar y la democracia se debilita. El periodismo debe ser responsable, transmitir información imprecisa no se corresponde con los principios de prensa libre. Los rumores y los chismes no se corresponden con un periodismo serio, la información debe ser investigada en profundidad, sobre todo cuando se critica a los gobiernos. Sin embargo, hay que entender que la libertad de expresión tiene sus límites, los mensajes racistas o peyorativos no se compaginan con la libertad sanamente entendida, por lo tanto, deben ser regulados. Conocemos el caso de las guerras de Rusia contra Ucrania y Hamás contra Israel, dada la existencia de opiniones divergentes, hay grupos extremistas que transmiten mensajes de odio inaceptables ante problemas complejos. Las plataformas de redes sociales tienen una responsabilidad muy delicada cuando analizan el contenido de los mensajes, me ha tocado enfrentar con seriedad este dilema ya que el balance entre libertad y el respeto es muy tenue. Espero convencer a los que participan en los debates a ser más prudentes a la hora de juzgar al contrario y así mantener una armonía aunque sea precaria.

Aprovecharse de la Idiosincrasia y No Tomar Ventaja Idiosincrática

El tema de la idiosincrasia se asocia a los individuos, organizaciones y sociedades, comenzó Jeremy. Idiosincrasia se refiere a las peculiaridades, rasgos, temperamentos, caracteres, comportamientos de las personas, grupos o sociedades. Hay comportamientos que son comunes a los seres humanos como comer, beber, dormir, respirar, trabajar, pensar, etc. y no se les considera idiosincráticos per se, pero, por poner un ejemplo, si comen un alimento específico todos los días o preparan una comida de una manera distinta, convierten ese hecho en idiosincrático. Si se comparan las sociedades occidentales con las orientales, observaremos que hay diferencias entre ellas y por lo tanto cada una tiene una idiosincrasia distinta, aunque coincidan en otros comportamientos comunes. Los políticos socialistas suelen ser astutos en el arte de identificar la idiosincrasia de los ciudadanos y se aprovechan de ese conocimiento para reclutar partidarios y conseguir el anhelado poder del estado. A nivel individual hay muchas diferencias, por lo tanto, el arte del político exitoso es determinar, dentro de la variedad, la coincidencia, para usarla como herramienta convincente de adhesión ciudadana. Las diferencias individuales, para bien o para mal, se uniformizan en criterios sociales comunes para integrar esfuerzos para el logro de objetivos. El éxito de la vida en sociedad depende de cuáles criterios aplicamos para balancear la opinión de los distintos grupos y lograr que todos se beneficien; las normas sociales pueden ser limitantes o abiertas para los ciudadanos, unos salen favorecidos directamente otros ceden ante la conveniencia de sumar voluntades en lugar de restar. Si todos los procesos de transformación se hacen con la participación de los involucrados y están abiertos a posibles modificaciones, los distintos grupos pueden ceder a sus pretensiones propias y aceptar algunas desventajas, pero de lo contrario, es la fuerza de la sinrazón la que prevalece.

Comprar y Convencer Conciencias

El dinero, maldito dinero, comenzó Jeremy, compra la conciencia ciudadana y principalmente la de los políticos. El capitalismo ha sido el medio utilizado para torcer la voluntad de las personas pero sabemos que hay otros valores que manipulan las personas, por ejemplo, la fama, el poder, la lujuria. Releyendo la historia de la filosofía me encontré con Marx, el materialista histórico, definiendo el avance histórico de la sociedad según los modos de producción de cada época y lo primero que me vino a la mente fue exclamar "pero si este hombre es un simple capitalista, solo le importa la economía y no considera la espiritualidad," luego me di cuenta de que usaba la dialéctica mezclando economía y espiritualidad para definir un futuro social. No simpatizo con Marx ya que solo critica al capitalismo sin definir que es el comunismo o el socialismo; solo cambiar de manos la propiedad de los medios de producción no garantiza el bienestar social. Perdonen la digresión, pero quería reflejar que las conciencias se compran en múltiples contextos. No es solo el capitalismo el que corrompe, el socialismo y el comunismo tienen sus métodos para torcer las voluntades; todos sabemos lo bien que viven los jerarcas comunistas y socialistas comparados con la plebe. En el otro extremo tenemos los métodos persuasivos legítimos, la comunicación y la argumentación para ganar apoyo en los campos políticos y sociales, sin manipular las necesidades humanas.

Bertold se sintió inspirado por el tema, había escrito un ensayo hace muchos años sobre el problema de la corrupción en los países subdesarrollados. Lo dejó inconcluso ya que las críticas recibidas superaron su capacidad de asimilación. En cuanto a la compra de conciencias, ya conocemos sobradamente que los incentivos económicos influencian la postura de los políticos, oficiales públicos y al simple ciudadano; aceptan actuar en contra de sus principios para favorecer a los que suministran el tesoro. Esa práctica mengua la integridad del sistema político, acentúa la corrupción social, oscurece la transparencia de los gastos y desmejora la representación del interés popular. Sobornando la toma de decisiones de los empleados públicos, de los congresistas y de la misma oposición política, se favorece a los poderosos, a los ricos, al gobierno pero se perjudica el progreso social. Hay casos de políticos que salen favorecidos cuando salen del gobierno, se les ofrecen cargos en empresas del estado o privadas para agradecerles su contribución a la causa. Finalmente, esa compra de conciencias se profundiza en las campañas electorales, premiando a los políticos corruptos con fondos mal habidos para llegar al poder y favorecer a los poderosos.

Joseph no era político, ya lo sabemos, tiene una mentalidad altruista tratando de ayudar al prójimo. Decidió contribuir enfatizando la honestidad, hay que convencer a la dirigencia con argumentos y propuestas provenientes de las raíces del pueblo. Es necesario educar al pueblo en los temas álgidos y complejos, los ciudadanos deben tener una formación sólida sobre los asuntos comunes y así tomar decisiones bien analizadas apuntando a responsabilizar de los decisores públicos. En democracia se requiere encontrar consenso entre los afectados para proponer políticas que beneficien a muchos y perjudiquen a pocos; hay que tener mucha paciencia, intelecto y capacidad de negociación para resolver los problemas que tanto nos afectan. El respeto por las opiniones ajenas es fundamental para lograr consensos, el intercambio de ideas y la discusión abierta permite avanzar hacia soluciones satisfactorias.

Políticos Honestos y Deshonestos

La política tiene mala fama, los políticos participan en la administración del estado para su beneficio y no para dar un servicio a la comunidad, dijo Jeremy. Afortunadamente hay excepciones pero la regla deshonesta se viene cumpliendo, hace falta determinar cuál es la causa de ese comportamiento pernicioso. He conocido personalmente personas que aceptan cargos gubernamentales con el propósito de hacerse ricos en los años de gobierno. Siento una incomodidad estomacal al escuchar esas afirmaciones pero no está en mis manos cambiar las cosas. Puede afirmarse que la falta de educación o de valores es una causal deshonesta, los políticos actuales creen que su profesión les permite apropiarse de los tesoros públicos o aprovecharse de la información de primera mano para hacer negocios ilícitos. En teoría, los políticos deberían tener ética, enfatizando transparencia, rindiendo cuentas, y beneficiando a la colectividad. Tener disposición de servicio público para el beneficio de todos y no de sus intereses personales. Hay que dar confianza a los ciudadanos con el ejemplo, ser consistente con los principios, ser responsables, reconocer errores y corregirlos, estar dispuestos a escuchar a los ciudadanos para entender sus puntos de vista. Los políticos deshonestos se caracterizan por prácticas corruptas: aceptando comisiones, usando fondos públicos, aprovechándose de su posición para beneficio propio. Manipulan la información para engañar a los ciudadanos y ganar ventajas políticas. Tienen interés propio en lugar de interés ciudadano; favorecen a sus familiares y amigos sin importar sus calificaciones; usan secretismo y falta de transparencia, pactan bajo cuerda para su beneficio; son irresponsables en sus acciones y no reconocen errores.

Tu presentación ha sido convincente, dijo Joseph, que tiene los principios morales en alta estima. Puedo, si me lo permites, plantear posibles soluciones, para combatir la deshonestidad hace falta que el público, la sociedad civil y las instituciones colaboren. Las acciones sugeridas incluyen mantener al público informado, supervisar la función pública constantemente, exigir integridad a los medios de comunicación, establecer reformas de los partidos políticos, controlar las campañas publicitarias exigiendo transparencia en el uso de los fondos y protegiendo a los que denuncian irregularidades. La educación constante del público en temas éticos y la deshonestidad en particular, requiere de participación en el proceso político y el apoyo a candidatos de honesta reputación.

Los políticos honestos se caracterizan por su capacidad de servicio, dijo Naveda. La integridad, el compromiso, la confiabilidad, la consistencia, la rendición de cuentas y la voluntad de escuchar son algunas de sus fortalezas. Para ayudar se necesitan principios morales y un código de ética que coadyuve a generar transparencia, rendición de cuentas y una orientación al bien sin mirar a quien, sin importar lo difícil de la situación.

Pero y los políticos deshonestos ¿cómo debemos manejarlos?, preguntó Joseph, siempre preocupado por las cuestiones morales y espirituales. Los políticos deshonestos se caracterizan por su tendencia corrupta, embaucadora, el interés propio, el nepotismo, la falta de transparencia y la falta de rendición de cuentas. Para promover la honestidad se requiere un esfuerzo social de parte de los ciudadanos, la sociedad civil y las instituciones públicas. El público debe estar informado sobre la importancia de un liderazgo ético y las consecuencias de la deshonestidad. Hay que promover la participación del pueblo en el proceso político con fines constructivos y no por pura crítica destructiva. Hay innumerables mecanismos para identificar a los políticos deshonestos pero la gente es temerosa y no se atreve a retarlos; la educación de la población, la supervisión independiente de organizaciones sin fines de lucro, la integridad de los medios informativos, la reforma de los partidos políticos promoviendo códigos de conducta y fomentando el mérito, transparencia en el uso de las finanzas durante las campañas, y métodos de protección de los denunciantes que exponen la corrupción y la deshonestidad del sistema político.

Capítulo 18: Seguridad y Defensa

La seguridad y la defensa son conceptos que abarcan múltiples niveles, desde la seguridad personal y económica, pasando por la seguridad nacional, y continuando con el bienestar social. Refleja las aspiraciones colectivas y los valores de la comunidad para el mantenimiento de la estabilidad social; refleja cómo se sienten protegidos los ciudadanos y que tan cómodos se sienten en sociedad. Algunos temas de importancia son, la seguridad personal, la estabilidad económica, la defensa nacional, la cohesión social, la sostenibilidad ambiental y la estabilidad política. La sociedad percibe que la seguridad es satisfactoria si las condiciones económicas son buenas, la tasa de crimen es baja, los servicios de salud son de calidad, los procesos políticos son estables, existe equidad social y se respeta al ambiente. Se requieren grandes esfuerzos comunitarios, políticas e inversiones para mantener segura a una sociedad. Los encargados de implantar las políticas en la sociedad tienen una gran responsabilidad en sus manos y deben cumplirla.

En este capítulo se presentan algunas dicotomías sobre el tema de la seguridad y defensa. Son factores que identifican características sobre la seguridad y defensa y que tienen influencia en las concepciones ideológicas:

Seguridad e Inseguridad

Defensiva y Ofensiva

La Guerra y la Paz

Privacidad y Acceso a los Datos

Derechos Humanos y Mantener Seguridad

Terrorismo y Capacidad de Intervención

Debilidad y Poder

Paz y Violencia

Terror y Argumento

Seguridad e Inseguridad

El tema de la seguridad es uno de los más importantes para los seres humanos, casi equivalente a la supervivencia, dijo Jeremy. Sentirse seguro significa estar libre de peligro, riesgo o daño; sentirse inseguro significa sentirse vulnerable ante la incertidumbre. El efecto de la seguridad y la inseguridad se siente en varios contextos, personal, familiar, social, organizacional o nacional; hoy en día la ciberseguridad es fundamental para la privacidad y la continuidad de los servicios públicos ya que depende del buen funcionamiento de las redes y los computadores. Desde el punto de vista ideológico es necesario proponer estrategias para asegurar a las personas, propiedades e instituciones del riesgo de ser perjudicadas emocionalmente, económicamente, físicamente u operativamente.

El sentimiento de inseguridad o peligro es natural en los seres humanos, dijo Gabriel, es instintivo reaccionar ante lo inesperado. Si nos sentimos seguros no tememos al peligro, riesgo o daño pero la seguridad va más allá de lo personal, puede ser también nacional, internacional o universal. Son muchas las áreas afectadas por la seguridad e inseguridad en la sociedad; primeramente son las personas las que sufren, luego es la sociedad que permite desigualdades, después son los problemas económicos y finalmente, los problemas políticos. La incertidumbre y el conflicto social ayudan a incrementar la inseguridad. Para combatir la inseguridad se necesitan políticas que promuevan seguridad, estabilidad y oportunidades de los necesitados; el acceso a la educación, salud, vivienda y bienestar social mitiga la inseguridad personal y económica; disminuyendo la discriminación y aumentando la cohesión social se reduce las inseguridad. Creando oportunidades de trabajo, promoviendo el emprendimiento, entrenando a las personas con nuevas habilidades, se progresa y mejora la calidad de vida. Invirtiendo en infraestructura de seguridad, inteligencia y ciberseguridad, se identifican los criminales potenciales, y se mejora la seguridad organizacional y nacional. Fortaleciendo la gestión del gobierno, haciéndolo transparente, rendidor de cuentas, y respondiendo a tiempo, se promueve la seguridad política y la estabilidad.

Bertold, aunque no se especializa en el tema, quiso dar su interpretación desde el punto de vista de la seguridad en la comunidad. La gente quiere sentirse segura en sociedad, primeramente como personas; vivir sin miedo a la criminalidad, a los accidentes o a las amenazas contra la salud pública. La seguridad económica se ha transformado en una prioridad que garantiza el sustento; se necesita un empleo, una vivienda, acceso al servicio sanitario y un ambiente de soporte social. La armonía social es seguridad, apunta a menos conflictividad y más comprensión de todos. La estabilidad política es fundamental, con un gobierno que cumple sus deberes, aplica la regla de la ley, protege los derechos individuales y define instrumentos para resolver conflictos pacíficamente.

Naveda escuchó con atención y expresó su opinión pragmática del asunto sobre la seguridad y defensa de las personas, la nación y sus instituciones. La soberanía nacional debe ser resguardada, la integridad del territorio y la protección contra los ataques foráneos asegurada. La protección de los ciudadanos, evitando el crimen y el terrorismo. La seguridad económica, dando oportunidades de trabajo, cuidando los bienes y las inversiones productivas, la infraestructura, la energía, las comunicaciones y los sistemas de transporte. Hoy en día, la estabilidad global entra en juego, los conflictos mundiales tienen consecuencias inesperadas en todos los rincones del planeta y se deben identificar a tiempo.

Defensiva y Ofensiva

Los términos defensa y ataque aplican en muchos niveles individuales y sociales, comenzó Jeremy, desde la defensa personal hasta la defensa del territorio nacional, incluye la defensa de los valores personales y culturales en la sociedad. Desde el punto de vista militar, los gobiernos implantan la defensa a través de las fuerzas armadas y las instituciones de seguridad nacional para proteger el territorio y las instituciones de amenazas externas o locales; involucra organizar tropas, infraestructura, armamento y sistemas para la defensa; el mantenimiento de una fuerza armada se justifica para disuadir a los agresores potenciales, repeler ataques y asegurar la soberanía nacional.

Aunque no soy un experto en el área, tengo familiares que trabajan en la defensa de la nación, dijo Bertold, a través de ellos he recogido información valiosa. La soberanía nacional es una de las principales responsabilidades de la fuerza militar, la toma de decisiones es independiente, sin ninguna coerción externa, se protege además el territorio nacional. Se mantiene la estabilidad interna gracias a la contribución de distintas fuerzas defensivas, incluida la policía nacional. Un ambiente seguro es la garantía para desarrollar la economía, se protege la infraestructura, el transporte, las fuentes de energía y las redes de comunicaciones, fortaleciendo los negocios y emprendimientos. Otra área defensiva se refiere al fortalecimiento de la paz mundial, una nación capaz de defenderse no requiere de ayuda externa en caso de conflictos.

La Guerra y la Paz

La guerra es una amenaza latente para las sociedades y, aún cuando se mantengan buenas relaciones internacionales, se requiere asegurar la seguridad y el bienestar de los ciudadanos, dijo Jeremy. Los gobiernos tienen la responsabilidad de identificar las situaciones que justifican el enfrentamiento entre sociedades en conflicto; lo normal es someter a escrutinio público la declaración de guerra, justificándola por las agresiones al territorio o para disuadir posibles ataques. Hay múltiples consideraciones para entrar en una guerra, la justificación, las leyes internacionales, las operaciones militares, las consecuencias por los crímenes de guerra y la negociación de la paz cuando llega el momento.

Naveda ha vivido toda su vida en una sociedad pacífica y opinó lo siguiente, la paz es un proceso constante de construcción de valores para evitar las guerras pero los conflictos siempre están presentes. No por mantener la paz se evitan los conflictos; 'la guerra es la paz,' como diría Orwell en su famosa distopía. Los procesos de paz requieren de diplomacia, prevención de conflictos, cooperación internacional, operaciones para conservar la paz, procesos de desarme, reconciliación y asistencia humanitaria. La diplomacia es el contacto directo entre países, la negociación, los tratados y los intercambios diplomáticos se establecen para solventar disputas, construir alianzas y promover la cooperación. Hay que evitar que los conflictos escalen a guerras declaradas interviniendo temprano en los asuntos, la prevención es un proceso adelantado de definición de riesgos. Las operaciones de paz cuentan con organizaciones internacionales para el envío de tropas y recursos que contribuyan a una paz duradera; se estabilizan las zonas en conflicto, se protege a los civiles y se reconstruyen las zonas afectadas por la guerra. Los procesos de desarme contribuyen a evitar víctimas y eliminar los riesgos de guerras nucleares; promover tratados de no proliferación de armas nucleares es fundamental para la continuidad de la humanidad. Con el fin de las guerras se necesitan procesos de reconciliación para eliminar las divisiones y promover una paz duradera; las comisiones de la verdad van al fondo de los problemas para neutralizar los errores cometidos. La asistencia humanitaria a los perjudicados por el conflicto y el desarrollo de la infraestructura necesaria contribuye a identificar las raíces de los conflictos y a estabilizar las instituciones encargadas de mejorar la vida diaria de la gente.

Bertold estaba atento a los comentarios y por su larga experiencia de vida sabe que la guerra y la paz, aunque reconocida entre países, ocurre también dentro de los territorios nacionales. Las luchas internas por el poder pueden destruir a las poblaciones de la misma manera que una guerra nuclear, por lo tanto, hay que proceder con las mismas estrategias en la lucha política. Los gobiernos tienen la responsabilidad de negociar con la oposición para lograr que el país funcione y prospere la gente; una posición agresiva hacia los opositores solo mantiene el conflicto y no contribuye a mejorar la vida de los ciudadanos.

Privacidad y Acceso a los Datos

Los gobiernos tienen un rol importante para la seguridad de los ciudadanos y las instituciones del estado, pero debe respetarse la privacidad de los ciudadanos, dijo Jeremy. La privacidad se refiere al derecho individual de controlar su información privada y limitar su acceso. Desde el punto de vista personal, los datos, la comunicación, el acceso a los espacios, los pensamientos y creencias son privados. Los datos recogidos y procesados por los gobiernos y entidades públicas o privadas deben protegerse del acceso indiscriminado; se establecen reglas para consentir publicarlas, recolectarlas, almacenarlas y compartirlas. La confidencialidad de las comunicaciones personales, por correo, correo electrónico, llamadas telefónicas o redes sociales, protege la privacidad de las personas. Para los gobiernos, la privacidad ciudadana no es prioritaria puesto que tienen responsabilidades que superan la de los individuos. La seguridad de la nación, de los ciudadanos y de sus intereses, permite evitar las amenazas terroristas, ataques cibernéticos, el crimen organizado y las agresiones externas; la seguridad pública y el contraterrorismo complementan las medidas necesarias.

Esa visión de la privacidad personal y de gobierno es fundamental, pero hace falta entender sus interrelaciones, dijo Naveda. La interacción entre la privacidad de los ciudadanos y la seguridad que requieren los gobiernos involucra varios factores: la vigilancia de las personas, el uso de medios y la transmisión de mensajes, recolección de datos personales, el uso de tecnología para reconocer a las personas, el acceso a datos encriptados, una actuación transparente, la existencia de leyes para prevenir accesos a datos y el establecimiento de cuándo pueden infringirse las leyes. Los gobiernos vigilan a los ciudadanos para recolectar información y evitar amenazas subversivas, sin embargo, el exceso de vigilancia infringe los derechos de privacidad individual; los servicios de vigilancia masiva son contraproducentes para la privacidad ciudadana. Es difícil establecer el balance correcto entre la cantidad de información personal recabada y la garantía de privacidad individual; el tiempo que se almacena la información también es un factor ya que la gente cambia con el tiempo. La tecnología utilizada se ha convertido en un factor potencial de problemas de privacidad con mayores dificultades que beneficios; el reconocimiento facial, la biometría y la vigilancia con inteligencia artificial pueden afectar en lugar de mejorar la privacidad. Los gobiernos pueden exigir el acceso a los datos encriptados por los sistemas comunicacionales para prevenir o enjuiciar a transgresores de la ley; el acceso a datos encriptados necesita de leyes que garanticen el debido proceso para evitar abusos gubernamentales.

Los gobiernos enfrentan dificultades para balancear la seguridad y la privacidad, dijo Bertold, hay casos en que se vulneran los derechos de las personas u organizaciones. Es preferible ser transparente en los procesos de identificación de ciudadanos y prevención de actos punibles para justificar los accesos a información sospechosa. Deben existir plataformas legales claras para definir en cuáles casos se puede vulnerar la privacidad de ciudadanos u organizaciones; debe existir supervisión judicial y entidades independientes para que las medidas sean proporcionales a las sospechas. Aunque el gobierno tenga la responsabilidad de la seguridad, debe promover leyes de protección de los datos personales, incluyendo las condiciones para la recolección, el uso y la distribución; debe incluirse la posibilidad de compartir los datos gubernamentales para mantener informada a la comunidad.

Derechos Humanos y Mantener Seguridad

Los derechos humanos pueden salir afectados cuando los gobiernos tratan de mantener la seguridad del estado y de los ciudadanos, dijo Jeremy. No voy a describir los detalles de la declaración de los derechos humanos pero al menos presentaré una lista: derechos civiles y políticos, derechos económicos, sociales y culturales, derechos de las minorías (razas, géneros, edad,...). Hay que balancear derechos humanos y seguridad, la vigilancia y privacidad, las medidas contra el terrorismo, la libertad de expresión, los derechos de los refugiados y los derechos de asilo, el tratamiento del conflicto civil o del conflicto armado, las violaciones de derechos humanos, la transparencia y el reporte de logros y la prevención de radicalización.

Joseph es un devoto por la defensa de los derechos humanos y decidió aportar su contribución. Los seres humanos son los entes más importantes en el tema ideológico, los derechos civiles y políticos son fundamentales. La libertad de expresión, agrupación, religión y juicios justos, además de la protección contra las torturas, detenciones arbitrarias y discriminaciones. Para vivir una vida satisfactoria hacen falta garantías económicas, sociales y culturales; el derecho a la educación, la salud y un estándar de vida suficiente para el bienestar evita las desigualdades. Hay otros derechos para la vida en sociedad y la solidaridad anhelada que dependen de la actitud gubernamental, debe balancear las medidas de seguridad con los derechos humanos. Las medidas a tomar deben ser necesarias, proporcionales a las faltas y de acuerdo con estándares internacionales. Son varias las áreas afectadas por la seguridad ejercida por los gobiernos, por ejemplo, la privacidad, la vigilancia, el contraterrorismo, la libertad de expresión y los derechos de asilo y refugio.

Terrorismo y Capacidad de Intervención

El terrorismo se relaciona al uso de la violencia, intimidación, amedrentamiento, quebrantar la sociedad para imponer objetivos políticos, religiosos, ideológicos o sociales, dijo Jeremy. Para los gobiernos es importante considerar los riesgos del terrorismo ya que ponen en peligro la seguridad de las naciones, es su responsabilidad tomar las medidas pertinentes para evitarlos. Los tipos de terrorismo provienen de motivos religiosos, ideológicos y separatistas; los religiosos, generados por odio hacia esas creencias o para imponer una religión; los ideológicos, son políticos, para derrocar a los regímenes al mando o para imponer una determinada ideología; los separatistas buscan la autonomía o la independencia de ciertas regiones y utilizan medios no convencionales. Las tácticas terroristas son muy variadas, secuestros, bombardeos, asesinatos, ataques cibernéticos y diseminación de propaganda, pueden convertirse en guerrilleros atacando a las fuerzas militares de seguridad nacional. El blanco de los terroristas es muy variado ya que el fin justifica los medios, atacan a civiles, instituciones gubernamentales, instalaciones militares, infraestructuras y a los símbolos de autoridad de la nación. Hay grupos terroristas donde el componente internacional es muy importante, por ejemplo, Al-Qaeda o el Estado Islámico.

Lo más importante es la lucha antiterrorista, dijo Naveda, las medidas para evitar actos terroristas son prioritarias. Podemos dividirlas en estrategias antiterroristas, contrainteligencia, hacer cumplir la ley, proteger la frontera, el transporte, la infraestructura crítica; es necesaria la cooperación internacional, evitar la radicalización, facilitar la rehabilitación, elaborar leyes antiterroristas y acrecentar la conciencia ciudadana. Las estrategias antiterroristas son de prevención, protección, respuesta y recuperación; recogen información, previenen a las autoridades y coordinan las acciones entre agentes. La contrainteligencia maneja la información e identificar amenazas potenciales de los grupos subversivos, se infiltra en esas organizaciones para vigilar las amenazas y prevenir los daños. Hace falta contar con fuerzas policiales y de seguridad para prevenir y responder a los actos terroristas, tienen que investigar las denuncias, arrestar a los sospechosos e intervenir a tiempo para desmantelar los actos subversivos. La seguridad en la frontera y los sistemas de transporte requiere proteger los puertos, aeropuertos y toda la infraestructura de transporte público y de bienes y servicios; se limita el movimiento de los terroristas y el contrabando de armas y explosivos. Hay que proteger la infraestructura crítica, las plantas eléctricas, las fuentes de agua potable y las redes de comunicación, para minimizar la vulnerabilidad en caso de ataque. En vista de la naturaleza internacional del terrorismo, las naciones deben compartir información y coordinar esfuerzos para combatir al terrorismo conjuntamente; existen organizaciones internacionales que se dedican exclusivamente a la lucha antiterrorista. Para evitar la radicalización hay que comprender las causas que motivan a los terroristas y promover encuentros para discutir posibles soluciones; se requieren programas de rehabilitación, educación, servicios sociales y trabajos comunitarios. La estructura legal para enjuiciar y castigar a los terroristas pone en marcha la vigilancia, la detención y el juicio de los sospechosos. La ciudadanía debe estar informada sobre los riesgos terroristas. Los gobiernos solicitan la colaboración ciudadana para vigilar y responder a cualquier ataque; la capacidad de aguantar y recuperarse rápidamente de cualquier eventualidad es fundamental. Los gobiernos deben evitar exagerar en la lucha antiterrorista en vista de que las consecuencias imprevistas de sus acciones ponen en peligro los derechos y libertades de los ciudadanos.

Debilidad y Poder

El tema del poder es y será fundamental para los humanos, dijo Jeremy. Es un tema muy amplio que incluye la visión individual y la visión política en la sociedad. Para comenzar, el poder es la capacidad de ejercer control, influencia o autoridad sobre las personas o situaciones; se manifiesta de muchas formas: fuerza física, capacidad intelectual, estatus social, autoridad institucional, etc. El poder se ejerce por diferentes medios, con riqueza, conocimiento, carisma o posición. La debilidad se refiere a la falta de fortaleza, capacidad o resistencia en las situaciones difíciles de la vida. Las limitaciones físicas, emocionales o intelectuales son algunos síntomas de debilidad, ésta puede ser temporal o permanente y afecta a las personas o circunstancias. El poder se ejerce aprovechando ciertas circunstancias, por ejemplo, el rol o posición que desempeñamos, que nos da autoridad, por ejemplo, un supervisor, un gerente, un presidente. La habilidad o conocimiento es signo de poder, puede ser el de un profesor, un médico, un científico. El carisma, la simpatía o la reputación que nos favorece, permite que seamos admirados, respetados, nos convertimos en un referente o modelo a imitar, tenemos influencia en los demás. La coerción es poder, ya que utiliza la fuerza y el castigo para canalizar y controlar; la autoridad está usualmente relacionada a la coerción. Premiando mostramos poder, por ejemplo, dando incentivos o beneficios para influenciar el comportamiento o las decisiones; si tenemos recursos los usamos premiando a otros, los padres a los hijos, los gerentes a los empleados, el dictador al pueblo. Las debilidades se manifiestan en diversos medios, en lo físico, intelectual y emocional.

Gabriel considera que el poder es el principal motivante en la sociedad y recordó a Nietzsche con su "will of power," deseo de poder. El poder se origina por riqueza, fama, o reputación, y los seres humanos tienen deseo de poder. El poder puede utilizarse para el bien o para el mal, por lo tanto, la responsabilidad es grande; los principios éticos y la justicia son guías para ejercer adecuadamente el poder; el bienestar de los ciudadanos, la igualdad y la moral definen la trascendencia del poder. El extremo débil requiere de persistencia individual para superar las desventajas; hay que buscar soporte especializado, mejorar las habilidades, aprender para adaptarse mejor al mundo que nos rodea. Hay que destacar que todos tenemos fortalezas y debilidades, por lo tanto, el trabajo constante nos permite mejorar las deficiencias y proyectar las fortalezas.

Naveda prestaba atención al discurso pero notaba que estaba más orientado a las personas que a las instituciones y comenzó a explicar su punto de vista. La sociedad es un ente político por naturaleza y requiere del manejo de poder en los sistemas políticos, la toma de decisiones y la gobernabilidad de la sociedad. La autoridad se atribuye democráticamente, legalmente o históricamente; se ejerce a través de instituciones que definen, implementan y controlan las actividades sociales; exige influencia y persuasión para implantar las políticas, seguir las ideologías o imponer los candidatos; requiere de convenios internacionales para compartir fortalezas diplomáticas, económicas o militares para recibir, influir o ejercer el poder a nivel mundial. Las debilidades se manifiestan en las minorías, los marginados, y los de menor capacidad económica; las instituciones pueden verse afectadas por la incapacidad técnica o administrativa, la corrupción; las debilidades en el contexto internacional se manifiestan por incapacidad comercial o de protección del territorio. Las ideologías afectan el éxito social; la intolerancia, la incapacidad de comprensión de los seres humanos, los prejuicios que confrontan a los pobres con los ricos y el atraso intelectual de las políticas propuestas, inciden directamente en los resultados a corto y mediano plazo.

Paz y Violencia

En la sociedad se presentan situaciones que ponen en peligro la paz y la armonía, dijo Jeremy, y las ideologías se orientan hacia extremos pacíficos o violentos. Los seres humanos tienen que ver con la violencia y la paz, hay una mezcla natural hacia esos extremos; unos piensan que el origen de la violencia es genético y otros que es cultural. Independientemente del origen, la existencia de ambos extremos es real. Unas ideologías promueven la violencia, hablan de revolución, dicen que es la única manera de construir una sociedad justa. Otras plantean una vía pacífica donde el trabajo y el estudio son los caminos que permiten avanzar racionalmente, convenciendo a los ciudadanos. Ante la disyuntiva violenta, Thomas Hobbes propuso la autoridad del estado para imponer la paz, creando un orden social en que los ciudadanos renuncian a su independencia para que la paz y el orden se imponga. John Locke contradijo a Hobbes diciendo que era la lógica del beneficio común, y no el temor a la violencia, la que definía el contrato social y propuso un estado con poder limitado que podía ser derrocado.

Hay ideologías que dividen la sociedad en explotadores y explotados, dijo Gabriel, ricos y pobres, creando tensiones entre sus miembros. El socialismo, el comunismo, el anarquismo, el fascismo, son ejemplos de ideologías que promueven la violencia (a través de la revolución o el totalitarismo) para transformar a la sociedad. Otras ideologías como el liberalismo, el conservatismo, la socialdemocracia y el capitalismo democrático, favorecen la paz, manejando el conflicto y evitando la violencia. En tiempos de paz, se requiere administrar el conflicto ya que para resolver las situaciones debemos encontrar argumentos convincentes. Hay situaciones en que se recurre a la violencia, sobre todo cuando se acaba la paciencia y se desean cambios rápidos.

Joseph intervino diciendo que un enfoque pacífico hace que la gente sea más creativa para el bien; un enfoque conflictivo solo produce estancamiento y atraso. Hay una tendencia armamentista que solo da beneficios a corto y mediano plazo para que los especuladores de armas se enriquezcan mientras están vivos; evitan las innovaciones pacíficas en favor de la guerra, que les permite lucrar rápidamente. Es lamentable que esto ocurra ya que hay muchas cosas por hacer en la sociedad y se necesitan recursos para ello. Desperdiciando los recursos en guerras solo se alimenta la ambición de unos pocos y se mantiene a muchos pasando trabajo.

Todos sabemos que Marx propuso la lucha de clases, dijo Jeremy, abogando por la emancipación de los trabajadores para el logro de una sociedad más justa. Otras ideologías, como el socialismo y comunismo plantean la eliminación de los ricos para crear una sociedad de pobres. Prefieren el conflicto a la paz, creen que es posible hacer justicia con métodos totalitarios, imponiendo por la fuerza la igualdad de resultados. La lucha de clases nunca llevará a soluciones satisfactorias, la naturaleza de los intercambios sociales siempre se organiza jerárquicamente, hay unos que trabajan más, hay otros que entienden mejor las cosas, hay otros que son más ingeniosos. Lo que no es conveniente es manipular las jerarquías con métodos foráneos como la intervención gubernamental o forzar a que los pobres sean más importantes que los ricos.

Ivory seguía con atención la conversación pero notaba una tendencia a contrastar los enfoques capitalistas y comunistas en lugar de resaltar los beneficios de una paz duradera, que haga progresar a la humanidad. Dijo, hace falta una comprensión de lo que son los seres humanos, independiente de las ideologías. El mensaje es el siguiente, para aspirar a vivir bien hay que hacer un esfuerzo, nada en la naturaleza es gratuito y si acaso, es temporal. Las sociedades deben entender qué es un ser humano, ya que idealizar la potencialidad del ser humano es impráctico, ya lo habéis dicho reiteradamente, los humanos mejoran muy lentamente de generación en generación. La culpa no es de las generaciones anteriores, es de las nuevas generaciones, que nacen con delirios de poder y fama y le achacan a los ancestros los errores de la civilización; hay que educarlas para comprender qué hay de bueno, qué hay de malo y proceder en consecuencia.

Terror y Argumento

Una manera de controlar a la población, disminuir la disidencia y mantener el poder es a través del terror, dijo Jeremy. El terror se refiere al uso de la fuerza y la coerción para controlar a la población, suprimir la disconformidad y mantener el poder político. El uso de argumentos para tratar de convencer pasa por la mente de los políticos pero a veces no hay justificación válida a la terrible realidad y los gobiernos recurren a la violencia. Los casos más graves ocurren cuando se violan los derechos humanos, propiciando el miedo, la intimidación y la fuerza, se convierte en el modus operandi para controlar o eliminar la oposición. El método más común se refiere a la violencia patrocinada por el estado, incluye el fomento de la censura, la vigilancia de la población y la opresión de las minorías políticas o étnicas aplicando discriminación.

Te has concentrado en criticar el terror generado por los gobiernos sin expresar cuáles son los argumentos que éstos manejan para justificar el flujo siniestro del terror, dijo Ivory. Un argumento es la necesidad de estabilidad, los gobiernos prefieren suprimir rápidamente la oposición para evitar una ola de manifestaciones que no puedan controlar, y para ello recurren a la fuerza inmediata y contundente. Otro motivo para justificar la violencia es desalentar los retos de la oposición al gobierno, eliminando los riesgos de golpes de estado o revoluciones.

Las dos presentaciones han resaltado el terror pero han dejado los métodos pacíficos en el olvido, dijo Naveda. En democracia, los métodos pacíficos son la norma, el diálogo, la cooperación y la comprensión, son los ejemplos más notorios y todos ellos favorecen los derechos humanos. El diálogo y la negociación son procesos constructivos de búsqueda de concenso para definir los puntos comunes y resolver los conflictos pacíficamente.

Bibliografía

[Boloix 2017] Germinal Boloix, "Socialist Bingo: Knowledge Distorted Journey," Germinal Boloix Editor, 2017.

[Boloix 2018] Germinal Boloix, "Socialism is Dead, Nietzsche is Eternal," Germinal Boloix Editor, 2018.

[Boloix 2019a] Germinal Boloix, "Socialism and Failed States," Germinal Boloix Editor, 2019.

[Boloix 2019b] Germinal Boloix, "Human Nature against Socialism," Germinal Boloix editor, 2019.

[Boloix 2020] Germinal Boloix, "Know Thyself Ideologically," Germinal Boloix editor, 2020.

[Boloix 2021] Germinal Boloix, "Ideolocity (1): Humanidad Consciente," Germinal Boloix editor, 2021.

[Boloix 2023] Germinal Boloix, "Ideolocity (2): "Las Llaves de la Política," Germinal Boloix editor, 2023.

[Brown 2009] Archie Brown, "The Rise and Fall of Communism," Doubleday Canada, 2009.

[Bueno 2011] Bruce Bueno de Mesquita, Alastair Smith, "The Dictator's Handbook, Why bad behavior is almost always good politics," PublicAffairs, Perseus Book Group, 2011.

[Escohotado 2008] Antonio Escohotado, "Los Enemigos del Comercio: Una historia moral de la propiedad," Editorial Espasa Libros, SL, 2008.

[Fromm 1980] Erich Fromm, "El Arte de Amar," Ediciones Paidós Ibérica, S.A. 1980.

[Heywood 2003] Andrew Heywood, "Political Ideologies: An Introduction," Palgrave MacMillan, 3rd. Edition, 2003.

[Keltner 2010] Keltner, Dacher, Born to be Good, The Science of Meaningful Life, W.W. Norton & Company – New York – London 2009.

[Maslow 1970] Abraham Maslow, "Motivation and Personality," 2nd. ed., Harper & Row, New York, 1970.

[Niemietz 2019] Kristian Niemietz, "Socialism: The Failed Idea that never Dies," IEA, Institute of Economic Affairs, London Publishing Partnership Ltd. 2019.

[Nietzsche 1998] Friedrich Nietzsche, "Twilight of the Idols," Oxford University Press, 1998.

[Piketty 2022] Thomas Piketty, " Brief History of Equality," The Belknap Press of Harvard University Press, 2022.

www.ingramcontent.com/pod-product-compliance
Lightning Source LLC
Chambersburg PA
CBHW070742270326
41927CB00010B/2070